김동환의 다니엘 3년 150주
주단위 내신관리 학습법

고등학생 편

고즈윈은 좋은책을 읽는 독자를 섬깁니다.
당신을 닮은 좋은책 ― 고즈윈

김동환의 다니엘 3년 150주
주단위 내신관리 학습법
고등학생 편

개정판1쇄 발행 | 2009. 9. 20.
개정판5쇄 발행 | 2022. 6. 30.

발행처 | 고즈윈
발행인 | 고세규
신고번호 | 제313-2004-00095호
신고일자 | 2004. 4. 21.
(121-896) 서울특별시 마포구 동교로13길 34(서교동 474-13)
전화 02)325-5676 팩시밀리 02)333-5980

값은 표지에 있습니다.
ISBN 978-89-92975-30-8

고즈윈은 항상 책을 읽는 독자의 기쁨을 생각합니다.

고즈윈은 좋은책이 독자에게 행복을 전한다고 믿습니다.

김동환의 다니엘 3년 150주 주단위 내신관리 학습법

고등학생 편

김동환 지음

고즈윈
God'sWin

여러 일들로 절망하고 좌절하기도 했지만

새롭게 뜻을 정하여 다시 시작하려는 모든 후배들과

그들을 위해 눈물과 땀으로 뒷바라지하시는

세상의 모든 학부모님들께

'희망'으로 초대합니다

병과 친구가 된 지도 어느덧 10년이 넘었다. 맨 처음에는 왜 내게 이런 고통이 찾아왔는지 무척 화가 났다. 나 자신에게도 화가 났고 주변 환경에도 화가 났다. 고3 초반에 생긴 허리 통증은 허리 디스크로 발전했다. 아픈 몸을 참고 달래며 공부를 했지만 결국 그해, 대학에 떨어졌다. 나는 절망했다. 몸과 마음이 다 아팠다. 그러나 포기할 수 없었다. 결국 또다시 한 해 동안 아픈 몸과 마음을 달래며 어렵게 공부한 끝에 하나님의 도우심 가운데 대학에 합격할 수 있었다. 나는 대학 시절 역시 거의 하루걸러 한 번씩 병원에 다니면서 공부를 해야 했다. 대학 생활의 좋은 추억 중 하나인 엠티조차 갈 수 없었다. 건강이 허락하지 않았다. 매일 치료하고, 재활운동 하고, 학교 가고, 공부하고, 교회 가는 일이 반복되었다. 그렇게 나의 20대는 지나갔다.

고3 시절 여러 힘든 일을 겪으면서 나의 마음은 가난해졌다. 앞만 보고 달리느라 주변을 돌아보지 못했다. 그런데 계속되는 시련과 절망 끝에 나는 비로소 주변을 돌아보게 되었고, 대학에 들어가면서 한 가지 결심을 하게 되었다. 내가 몸이 건강하고 재수 시절 부모님이 교통사고를 당하는 아픔을 겪지 않았다면 결코 할 수 없었을 결심이었다. 나는 우선 공부 때문에 절망에 빠진 친구들을 만나기 시작했다. 도저히 대학을 꿈꿀 수도 없고 꿈꾸지도 않는 회색지대에 사는 친구들을 만났다.

　　만약 내가 회색지대를 통과해 보지 않았다면 그 친구들을 가르칠 엄두도 내지 못했을 것이다. 평균 50점도 안되는 친구들, 공부로 인해 철저하게 좌절하여 자기혐오에 빠진 친구들……. 이상하게 그 친구들을 보고 있으면 그들이 겪고 있는 아픔이 남의 일처럼 느껴지지 않았다. 모두 내 동생 같았다. 못난 이 형을 쏙 빼닮은 동생들이었다. 나는 건강 때문에 심하게 좌절하고 있던 터라 공부 때문에 괴로워하는 그들과 쉽게 친구가 될 수 있었다. 동병상련이랄까!

　　이렇게 해서 나는 야학에서 아이들을 가르치게 되었다. 그들과 동고동락했던 10년이 참 그립다. 10년 동안 함께했던 문제아 군단 아이들이 하나둘씩 대학에 진학했고 이제는 졸업을 앞두고 있기도 하다. 철없던 중학생들이 이제는 선생님의 아픔을 위로해 주는 귀한 친구가 되었다. 그들을 보고 있으면 병과의 힘든 싸움을 다시 시작할 용기가 샘솟는다.

　　요즘 들어 부쩍 희망과 용기를 잃고 스스로 목숨을 끊은 사람들의 이야기를 자주 듣게 된다. 2008년 한 해 자살한 사람의 수만 약

13,502명에 이른다고 한다. 매일 37명 정도가 스스로 목숨을 끊는 것이다. 이 중에서 특히 성적 때문에 살기를 포기한 학생의 수는 278명. 거의 하루에 1명꼴로 귀중한 어린 생명이 꺼져 가고 있는 것이다. 더욱 끔찍한 것은 이러한 학생의 수가 해마다 늘고 있다는 사실이다.

좋지 않은 성적 때문에 괴로워하다 스스로 삶을 포기한 학생들 소식을 신문이나 뉴스를 통해 들을 때마다 나는 몹시 안타깝다. 마치 예전의 나를 보는 것 같다. 나 역시 병이 주는 고통을 견디기 힘들어 심각하게 자살을 고민한 적이 있다. 너무나 힘들어 이렇게 사느니 차라리 그냥 죽는 것이 낫겠다고 매일 매일 생각했다. 그렇게 자살을 동경하던 어느 날 밤 꿈을 꾸었다. 많은 사람이 천국으로 가는 버스에 타고 있었다. 나는 버스를 향해 마구 달렸다. 겨우 버스 문이 닫히기 전에 도착해 올라타려고 하는데 갑자기 버스 기사 아저씨가 내 앞을 막아서며 버스에 태워 줄 수 없다고 말했다. 나는 펑펑 울었다. 난 정말 버스에 타고 싶다고, 사는 것이 너무 힘들어 천국으로 가고 싶다고 막 매달렸다. 그런 나를 보던 아저씨는 아직은 때가 아니라면서 힘내라는 말을 남기고 떠났다. 버스는 곧 출발했다.

꿈에서 깬 후 나는 더 이상 자살을 동경하지 않았다. 아무리 힘들어도 다시 힘을 내기로 작정했다. 그리고 다짐했다. '한번 살아 보자. 나처럼 힘든 청소년들에게 용기와 희망을 줄 수 있는 좋은 책을 쓰기 전에는 절대로 죽지 말자.'

나는 이미 『다니엘 학습법』이라는 책에서 우리가 왜 공부를 해야 하는지 이야기했다. 그리고 나처럼 건강이 나빠 무엇 하나 쉽게 할 수 있는 것이 없어서 하루하루를 힘겹게 살아가는 사람들에게 뜻을 정해 노력하면 좋은 결실을 맺을 수 있다는 것을 보여 주려 했다. 이제 이 책에서는 『다니엘 학습법』을 통해 공부할 뜻을 확실히 정한 학생들이 구체적으로 어떻게 공부하고 마음관리를 해야 하는지, 그 방법에 대해 말하고자 한다.

이 책은 내가 지난 10년 동안 오르지 않는 성적 때문에 의욕을 잃고 절망했던 친구들과 함께 지내면서 겪었던 일들을 토대로 꾸몄다. 나의 강의를 직접 듣지 못하는 많은 친구들에게 한 주 한 주 어떻게 공부해야 하는지 가르쳐 주고자 마치 내가 옆에 있는 것처럼 느껴지도록 꼼꼼하고 자세하게 썼다. 이 책에 실린 모든 글은 청소년들의 꿈을 싹틔우기 위한 구체적인 방법들이다.

지금까지 수많은 학생이 『다니엘 학습법』을 읽고 마음가짐을 새롭게 하여 공부할 뜻을 세웠다. 나는 요즘도 매일 그들에게서 수십 통의 이메일을 받는다.

"뜻을 정했는데 좀 더 구체적인 공부 방법을 알고 싶어요."

"공부를 하려고 마음은 굳게 먹었는데 구체적으로 어떻게 시간을 관리하고 과목별로 어떻게 공부해야 하는지 잘 모르겠습니다. 도와주세요."

"전 가난해요. 혼자 공부해야 하는데 방법을 모르겠어요. 도움이 필요합니다."

"도와주세요. 학원은 다니지만 어떻게 공부해야 할지 정말 모르겠습니다. 바쁘시더라도 꼭 도와주세요."

이런 편지들을 볼 때마다 마음이 아프다. 강의를 통해 직접 도움을 줄 수 있는 학생들은 한정되어 있는데 그에 비해 너무나 많은 학생들이 도움의 손길을 기다리고 있다. 나는 이러한 친구들을 외면할 수 없어서 이 책을 쓰겠다는 결심을 굳혔다. 그래서 그 어느 학습법보다 구체적이고 세세하게, 그리고 학생들의 입장에서 정확히 쓰기 위해 노력했다. 학생들의 절망을 희망으로 바꾸어 줄 수 있는 책이 되기를 바라는 간절한 마음으로 한 자 한 자 적었다. 만약 아직도 공부하기 위한 구체적인 동기와 뜻을 정하지 않은 친구들이 있다면 이 책을 읽기 전에 『다니엘 학습법』을 보고 왜 힘든 공부를 해야 하는지 꼭 한번 되새겨 보기 바란다.

혹시 '나는 지금 고3이라 너무 늦었어.' 라고 생각하는 학생이 있는가? 이런 학생이 있다면 더욱더 그들에게 말하고 싶다. 아직 늦지 않았다고. 이제부터라도 마음을 새롭게 하고 공부할 뜻을 세워 시작하면 된다고. 이 책을 잘 읽고 적극적으로 활용한다면 2년 동안 흐지부지 흘려보냈던 시간들을 충분히 만회할 수 있다. 지금은 포기할 때가 아니다!

이 책은 기존의 학습법과는 구성 면에서 특별한 차이가 있다. 바로 시간 순서에 따른 구성이 그것이다. 우선 책의 처음은 고등학교 1학년 3월 첫째 주부터 시작한다. 차례를 보면 알 수 있듯이 한 주 단위로 글이 짜여 있기 때문에 자신이 현재 속한 날짜를 확인하고 그때부터 어떻게 공부를 해 나가는 것이 가장 효과적인지 구체적으로 알 수 있다. 마치 형이나 오빠가 옆에서 자상하게 어떻게 공부하며 학창 시절을 보내야 할지 이야기해 주는 형식으로 되어 있기 때문에 실질적인 도움을 받을 수 있을 것이다.

이 책은 이렇게 활용하자. 우선 자신이 속한 학년의 시기에 따라

책을 본다. 예를 들어 3학년 4월 첫째 주에 이 책을 처음 보는 학생이라면 3학년 4월 첫째 주에 해당하는 내용을 먼저 살펴본다. 그런 다음 책의 처음부터 마지막까지 전체적인 내용을 훑어봐야 한다. 왜냐하면 1·2학년 때 꼭 해야 할 공부를 하지 않고 3학년이 된 경우가 많기 때문이다. 그런 부분을 책을 통해 확인하고 부족한 부분을 보충하기 위한 계획을 새롭게 세워 실천해야 한다. 그리고 3학년 4월 이후에 해야 할 일들을 살펴보고 미리미리 준비를 하도록 한다. 말하자면 숲을 전체적으로 한번 본 다음, 숲을 이루는 나무 한 그루 한 그루의 생김새를 눈여겨보는 방법이다.

이 책으로 여러분은 고등학교 생활 전체의 종합 지도를 가지게 된 셈이다. 따라서 이제 더 이상 길을 잃고 헤매지 않아도 된다. 방향을 잘 모르면 언제든지 책을 펴서 자신의 위치를 확인하고 새롭게 뜻을 정해 한 걸음 한 걸음 앞으로 나아가면 된다. 한 걸음씩 내딛을 때마다 여러분의 시행착오는 줄어들 것이다.

이 책을 통해 내가 여러분에게 주고자 하는 것은 '희망'과 '구체적인 방법'이다. 많은 것을 이룰 수 있는 중요한 시기에 걱정과 근심으로 혼란을 겪고 있는 여러분에게 새로운 희망을 주고 싶다. 성적과 여러 주변 상황 때문에 공부하는 것을 포기하고 될 대로 되라는 식으로 인생을 살고 있는 학생들에게 이 책은 무너진 내면의 질서를 바로 세우고 고등학교 시절에 올바른 마음관리를 할 수 있는 용기를 심어 줄 것이다. 무엇보다 단순히 공부만 잘하는 학생이 아니라 뛰어난 실력과 따뜻하고 건강한 내면을 지닌 후배들이 더욱 많이 나오기를 바라는 마음으로 이 책을 썼다.

마음이 불편할 때는 억지로 공부를 하려고 해도 잘되지 않는다.

집중력을 높이려면 마음을 어지럽게 하는 원인을 찾아 없애고 평안한 마음을 유지해야 한다. 오늘날 많은 학생들이 마음관리는 소홀히 한 채 무조건 공부에만 열을 올리는데 이는 효율적인 학습이 아니다. 공부를 하기 전에는 반드시 먼저 마음관리 시간을 가지고 자신이 무엇을 위해 공부하는지 재확인한 후 내면의 걱정들을 깨끗이 정리해야 한다. 간단한 것 같지만 이 습관을 잘 들이면 공부 때문에 받는 스트레스를 적절히 극복할 수 있고 자신도 모르는 사이에 끝까지 공부할 수 있는 힘을 얻게 될 것이다.

공부한다는 것이 쉬운 일은 아니다. 공부로 인한 스트레스가 너무 심해 멀리 도망가고 싶을 때도 많다. 아무런 스트레스 없이 공부하는 학생들은 없다. 그렇기 때문에 스트레스를 어떻게 해소하느냐, 어떻게 인내하느냐가 공부를 잘하는 학생과 못하는 학생을 판가름한다. 그러므로 이제 마음관리 시간의 중요성을 깨닫고 다시 시작하자. 귀한 후배들이여, 힘을 내기 바란다. 아직 포기할 때가 아니다. 이 책에 나온 대로 하나하나 뜻을 정해 시작한다면 희망은 현실로 다가올 것이다. 역전의 그날을 위하여 모두들 다시 한 번 힘을 내기를 간곡히 기도한다.

이 책이 나오기까지 수고해 주신 고즈윈 가족들에게 감사드립니다. 그리고 나에게 학습과 교육에 대한 새로운 지평을 열어 주신 서울대학교 교육학과 한숭희 교수님께 진심을 담아 감사드립니다. 부족한 선생님을 위해 늘 기도해 주는 중앙리더십아카데미의 귀한 제자들에게 진심으로 감사합니다. 특별히 오랜 기간 동안 병들고 유약한 자식을 지극한 사랑과 눈물로 키워 주신 어머니 박삼순 님께 진심으로 감사드립니다. 더불어 교통사고 후유증으로 다리를 저시면서도 부족한 자식 뒷바라지를 위해 예순이 넘은 나이에도 지금까지 묵묵히 일하시는 아버지 김학열 님께 고개 숙여 감사드립니다. 두 분께 다시 한 번 진심으로 감사드립니다.

2009년 9월
김동환

차 례

1학년

2학년

3학년

무릇 지킬 만한 것보다 더욱더

여러분의 마음을 지키십시오.

생명의 근원이 바로 이곳에서 나옵니다.

プロローグ

고등학생이 된다는 것

예전에 가르친 학생 중에 정수라는 친구가 있었다. 정수는 고2 때 폭주족으로 지냈는데, 어느 날 친한 친구 두 명을 오토바이에 태우고 광란의 질주를 했다고 한다. 그런데 급히 차선을 바꾸다가 미처 다른 차를 보지 못해 사고가 났다. 기적적으로 자신은 크게 다치지 않았지만 뒤에 타고 있던 친구 두 명은 그 자리에서 즉사했다. 정수는 그 일로 소년원에 갔다. 그 후 정수는 밤에 제대로 잔 적이 거의 없다고 했다. 자기 위해 눈을 감으면 즉사한 두 친구의 피 흘리는 모습이 떠올라 도저히 잠을 이룰 수 없었기 때문이다. 심한 자책과 정신적 충격으로 정수는 긴 방황을 했다.

그런 정수가 내가 강의한다는 소식을 듣고 멀리서 찾아왔다. 정수는 고등학생이 세상에서 가장 부러운 사람이라 말했다. 제대로 고등학교를 마치지 못하고 그 시절을 소년원에서 보냈던 정수에게 고등학교 시절은 다시 돌아가고픈 시간이었다. 하지만 몹시 돌아가고 싶지만 더 이상 갈 수 없는 시간이기도 했다. 나는 지금도 다시 돌아갈 수만 있다면 고등학교 시절을 제대로 보내고 싶다는 그의 말이 귓가에서 떠나지 않는다.

고등학생이 된다는 것은 인생에서 가장 중요한 시간을 맞이하는 것이라 해도 과언이 아니다. 이 시간은 기회의 시간이자 가능성의 시간이며 꿈을 현실로 만들 수 있는 시간이기 때문이다. 절망을 극복하고 희망을 싹틔울 수 있는 시간이기 때문이다. 고등학교 3년을 어떻게 보내느냐에 따라 인생의 모습은 각양각색으로 결정된다. 그렇기에 이 3년의 시간은 돈으로 환산될 수 없는 아주 귀한 시간이다. 억지를 부려 굳이 돈으로 환산한다면 최소 30조 원 정도는 되지 않을까?

동시에 고등학교에서 보내는 3년은 질풍노도의 시기라 불릴 정도로 극도로 혼란스러운 시기이기도 하다. 주체할 수 없이 마음이 흔들릴 뿐 아니라 신체 발육도 왕성해지고 성에 대한 관심도 최고조에 이른다. 그와 동시에 지옥보다 더 아수라장 같은 대학입시를 준비하기 위해 모든 학생들이 밤잠을 설치는 때이기도 하다.

대학에 가기 위한 본격적인 공부가 시작되는 때가 바로 고등학교 시절이다. 중학교에 비하여 훨씬 어려워진 학습 내용을 접하면서 처음에는 당황하게 될 수도 있다. 특히 수학은 갑자기 어려워지기 때문에 상당히 힘들 것이다. 공부에 대한 중압감이 중학교 때와는 비교할 수 없을 정도로 무거워져서 공부를 잘하는 학생이든 못하는 학생이든 때로 학교에 가기 싫어지고 교과서를 쳐다보기조차 싫을 정도로 공부하는 것이 지긋지긋해지기도 한다. 공부 때문에 매사에 짜증이 나고 다 포기하고 싶을 때도 많아질 것이다. 공부를 해야 되는 것은 알지만 뜻대로 공부가 잘되지 않아 자포자기식으로 대충대충 흘려보내는 시간도 많아질 것이다. 공부에 대한 스트레스 때문에 머리도 아프고 허리도 아프고 소화도 잘되지 않을 때가 많아질 것이다. 고등학교 3년이라는 시간이 지긋지긋해서 스스로 학교를 그만두는 학생이 많아지기도 한다.

그래서 고등학교에서 보내는 3년은 희망의 시기이기도 하지만 죽음보다 더 잔인한 절망의 나락으로 떨어지기도 하는 시기이다. 나도 그랬지만 많은 학생들이 인생의 숲은 보지 못한 채 자기 코앞에 닥친 문제에 급급한 나머지 방향을 잃어버리고 무의미하게 시간을 흘려보내는 경우가 다반사다. 눈앞의 나무만 보다가 고등학교 시절 만나게 되는 여러 고난의 숲 속에 갇혀 버리는 것이다. 어떤 학생들은 일 학년 때 지나가야 하는 고난의 숲에서 헤어나지 못한 채 고등학교 3년을 보내고 졸업하는 경우도 있다. 이때 고난의 숲을 지나가 본 누군가가 조금만 길을 가르쳐 주고 함께 이끌어 주기만 해도 멋지게 고난의 숲을 지나 자기 갈 길을 잘 갈 수 있는 많은 학생들이 안타깝게도 고난의 숲에 갇혀 신음하고 있는 것이 현실이다. 나 역시 고등학교 때 고난의 숲에 갇혀 힘들어하고 고통스러워했다. 공부를 잘하고 싶었지만 어떻게 해야 할지 몰라 이리 비틀 저리 비틀 댔다. 그때 받은 몸과 마음의 큰 상처의 후유증이 아직도 남아 있을 정도다.

이 책에서 나는 고등학교 3년이라는 긴 시간을 주 단위로 나누어 어떻게 지내야 하는지 상세하게 설명하고자 하였다. 고등학교 시절 만나게 되는 수많은 고난의 숲과 절망의 계곡, 그리고 잔인한 슬럼프들을 어떻게 지혜롭게 극복하고 3년을 비옥하게 가꿀 수 있을지 직접 나의 강의를 듣지 못하는 수많은 학생들을 위해 친동생에게 가르쳐 주는 마음으로 한 주 한 주 정성을 다해 이 책을 썼다. 고등학교 3년 내내 나는 누군가 나를 이끌어 주고 도와주었으면 했지만 불행히도 그런 사람을 만나지 못했다. 그 마음이 얼마나 절박한지 알기에 사랑하는 후배들이 내가 겪었던 시행착오를 최대한 겪지 않고 자신의 꿈과 희망을 멋지게 이루어 가기를 바라는 마음에 이 책을 썼다.

그렇기 때문에 이 책을 정독하고 이 책에 나온 대로 한 주 한 주 공부하고 생활한다면, 3년 후 여러분이 가고자 하는 대학과 학과에 진학할 수 있는 것은 물론이거니와 그 이후에도 자신의 꿈과 희망을 이루는 사람이 될 수 있을 것이라 생각한다. 더불어 그 과정에서 여러분의 내면도 놀라울 정도로 잘 정리되어 질서를 갖추게 될 것이다. 고난이 찾아와 잠시 주춤거리고 당황하더라도 곧 다시 뜻을 정해 지혜롭게 고난을 헤쳐 나갈 수 있는 강인한 마음을 지닌 사람이 될 수 있을 것이다. 이제부터라도 이 책에 실린 것들을 묵묵히 실천한다면 여러분은 인생을 살아가는 데 있어서 중요한 인내 · 절제 · 성실과 같은 마음의 열매를 얻게 될 것이다.

특히 이 책을 보는 많은 고등학생들 가운데 '나는 이미 너무 늦었어. 날 도와줄 사람은 아무도 없어.'라고 탄식하며 절망과 슬픔의 계곡에 빠져 있는 학생에게 이 책은 그를 도와줄 새로운 친구가 될 것이다. 중앙리더십아카데미에서 나에게 직접 강의를 듣는 학생들은 한정되어 있다. 전국의 많은 학생들에게 미약하지만 도움을 주고 싶어 이 책을 쓰게 되었고 이 책은 또 다른 나의 분신이 되어 여러분에게 도움을 줄 것이다. 결코 혼자가 아님을 알게 될 것이다.

　아직 늦지 않았다. 이 책을 고2 때 보는 학생이든 고3 때 보는 학생이든, 중요한 것은 지금부터라도 마음을 굳게 먹고 뜻을 정해 이 책을 참고하여 새롭게 시작하는 것이다. 비록 중학교 때 노느라 제대로 선행학습을 하지 않았어도, 비록 고등학교 1·2학년을 어영부영 보낸 학생이라도 괜찮다. 얼마든지 다시 시작할 수 있다. 결코 늦지 않았다. 부디 다시 용기를 내어 뜻을 정해 시작하기를 부탁한다. 비록 늦었지만 다시 시작해 보려고 뜻을 정한 후배들에게 이 책은 좋은 형과 오빠가 될 것이다. 힘을 내자! 아직 늦지 않았다. 지금 시작해도 얼마든지 지나간 시간을 만회할 수 있다. 중요한 것은 뜻을 정해 지금 시작하는 것이다.

1학년

3월 초 고등학교 1학년의 교실 분위기는
매우 조용하면서도 때로는 시끄럽다.
공부에 대한 중압감이 조금씩 현실로 느껴지기 시작한다.
수업진도는 수학은 집합부터 시작이다.

이제는 고등학생, 뚜렷한 목표 세우기

드디어 고등학생이 되었다. 입시전쟁을 피할 수 없는 시간이 이제 막 시작되었다. 3월 초 고등학교 1학년의 교실 분위기는 가끔 시끄러워지기도 하지만 매우 조용하다. 공부에 대한 중압감이 서서히 현실로 다가오기 때문이다.

수학은 집합부터 배우기 시작하고 영어는 학교에서 정한 교과서로 배운다. 미리 고등학교 수학과 영어를 공부하고 기초를 준비해 온 학생들에게는 3월 수업은 쉽다. 그러나 수학과 영어를 중3 때나 중3 겨울방학에 준비하지 못한 학생들은 왠지 모를 불안감을 조금씩 느끼기 시작할 것이다.

3월 첫째 주는 학교 분위기를 살펴보는 시간이다. 특히 각 과목 선생님들이 첫 시간에 개괄적인 수업 개요와 중시하는 점들을 말씀해 주시는데 이때 이 이야기들을 귀담아 잘 들어야 한다. 자신을 한 학기 동안 지도할 선생님들의 성향을 잘 알아두면 내신 공부에 많은 도움이 되기 때문이다.

하기 싫은 공부, 그래도 꾹 참고 해야 할 이유를 찾자

공부를 잘하기 위해서는 우선 왜 공부를 잘하고자 하는지 분명한 목적이 있어야 한다. 막연히 공부를 못하면 부모님께 혼나니까와 같은 마음가짐으로는 입시지옥, 무한경쟁의 정글 속에서 상위권 대학에 진학하기 어렵다. 공부 잘하는 학생 대부분은 왜 공부를 해야 하는지 나름의 당위성을 가지고 있다. 왜냐하면 수험공부는 한 달이나 육 개월만에 끝나지 않는 장기 레이스이기 때문이다. 그리고 소수를 제외하고 대다수의 학생들은 공부하는 것을 그다지 재미있어 하지 않기 때문이다. 공부를 아주 잘하는 학생들도 너무 힘들어 슬럼프에 빠지고 공부가 싫어지는 경우가 허다하다. 그러므로 하기 싫은 공부, 너무 힘든 공부, 흥미를 잃은 공부를 억지로라도 해야 하는 분명한 목적이 있어야 한다.

가령 공부하기가 너무 싫고 매일 놀고만 싶은 고1 학생을 생각해 보자. 아마 이 책을 보는 학생들 중에도 그런 사람들이 많을 것이다. 학원에서 강의를 하면 별의별 학생들을 참 많이 만나는데 그들 대부분은 평균이 50점도 안 된다. 공부를 완전히 포기한 채 노는 아이들도 있고, 일진도 있고, 생양아치도 있고, 매일 뻥을 뜯는 아이들도 있고 매일 뻥을 뜯기는 아이들도 있었다. 하루는 그 중에서 공부하기를 특히 싫어하는 아이들 다섯 명을 모아 놓고 이야기를 해 보았다.

"너희들 공부하기가 그렇게 싫으니?"

"네."

"하루에 4시간은 공부할 수 있니?"

"불가능해요. 죽었다 깨어나도 못해요."

나는 아이들에게 다음과 같이 제안했다.

"만약 너희가 공부하기 싫은 마음을 꾹 참고 밤 8시부터 밤 12시까지 공부한다면 공부가 끝나자마자 그 자리에서 하루에 20만 원씩 줄게. 그 돈은 너희들 마음대로 써도 좋아. 어떡할래. 한번 해 볼래?"

그러면 오만 인상을 쓰고 앉아 있던 아이들의 얼굴이 금세 환해지며 아이들은 '한번 해 보겠다, 열심히 해 보겠다.'며 의욕을 불태운다.

그 친구들에게 다시 말했다.

"공부하는 시늉만 해서는 안 되고 진짜로 제대로 하는 거야. 그 동안 공부와 담 쌓고 있다가 4시간 동안 공부하고 나면 머리가 많이 아플지도 모르는데 그래도 해 볼래?"

"20만 원이잖아요? 알바해서 시간당 잘 받으면 5000원인데 그게 어디에요? 진짜 해 볼 거예요."

"그 돈 생기면 새로 나온 리바이스 바지랑 폴로 티 사야지."

이제 아이들에게는 확실한 목적이 생겼다. 정말 공부하기 싫어하는 아이들이지만 4시간 동안은 꾹 참고 아무리 힘들어도 공부해야 하는 확실한 목적이 그들에게 생긴 것이다.

나는 그 아이들에게 한 가지 제안을 더했다.

"하루 한 번 공부하는 데 20만 원이잖아? 그럼 한 달간 매일 4시간씩 규칙적으로 공부하면 600만 원을 줄 건데, 어때? 4시간씩 편의점 아르바이트하는 대신 공부하는 아르바이트인 거지, 어때?"

고등학생에게 600만 원이라는 돈은 어마어마한 금액이다. 그런 돈을 하루 4시간씩, 선생님께 혼나지 않으려고 하는 숙제가 아닌 나를 위한 공부를 하면서 받는다! 생각만 해도 기분 좋은 일이다. 이런 제안을 받은 아이들은 즉시 공부를 해보겠다고 달려든다.

고1, 17세, 3월의 어느 하루, 학교 수업을 마치고 집에 와서 저녁을 먹고 잠자기 전까지 4시간의 공부 시간. 과연 그 4시간이 그들의 인생에서 차지하는 값어치는 얼마나 될까? 하나님은 인간에게 하루 24시간을 공평하게 선물로 주셨다. 그러나 꿈과 가능성이 있는 고등학교 1학년생에게 주어진 이 선물은 오십대의 24시간과는 질적으로 다르다. 양적으로는 같지만 그 시간이 가지는 값어치는 너무나 다르다. 그들의 한 달이 600만 원이라면 일 년이면 7,200만 원, 삼 년이면 2억 1,600만 원이 된다. 그러나 고교 3년간 그가 가진 가능성과 꿈과 비전의 값어치는 여기에 그치지 않는다. 고등학교 3년을 어떻게 보내느냐에 따라 2억이 20억, 200억, 2,000억, 2조가 될 수도 있다. 수많은 고교 1학년생들에게 말하고 싶다. 매일 성실하게 저녁 동안 4시간씩 공부하는 것은 20만 원, 600만 원보다 훨씬 큰 값어치를 지닌 것이다.

이 책을 보는 인생의 후배들이 하루가 가진 값어치를 부디 빨리 깨닫기를 바란다. 뜻을 정한 후 새로 시작하는 하루가 바로 여러분의 인생역전 시작점이 될 수 있다는 것을 명심하길 바란다.

고교 내신 제도를 바로 알자

고1 3월 첫 주는 아주 빠르게 지나간다. 보통 중간고사가 4월 말에서 5월 초에 있다. 그리고 기말고사는 7월 초에서 중순에 시작된다. 고1 내신 성적은 대학입시에 매우 큰 영향력을 가지기 때문에 고1 때부터 잘 관리해야 한다. 내신이란 대학입시를 3년 동안 조금씩 나누어서 미리 치르는 거라고 생각해야 한다. 내신 성적은 바로 대학입시의 중요 기준이라는 사실을 잊지 말자.

서울대를 지원하는 경우 내신 1등급이 되지 않으면 1차 서류전형에서 탈락될 정도로 내신 성적은 중요하다. 특목고 혹은 일반고 학생들 가운데서 꼭 서울대에 가고자 하는 학생들이 내신 성적이 좋지 않아 중간에 자퇴를 하고 검정고시를 보는 경우가 흔할 정도로 내신 성적 관리는 매우 중요하다. 따라서 고1 첫 번째 내신 시험인 중간고사를 미리미리 잘 준비해야 한다.

고등학교에 입학하자마자 3월 첫째 주부터 중간고사 공부를 시작하는 것이 좋다. 특별히 중3 때 고1 수학과 영어를 미리 공부하지 않은 학생들은 미리 공부한 학생들을 따라 잡기 위해서라도 3월 첫째 주부터 중간고사 범위에 해당하는 국·영·수 공부를 시작하는 것이 좋다. 자신이 목표로 하는 대학이 어디냐에 따라 공부 방법과 공부 시간을 조절하는 것이 필요하지만, 내신은 어느 대학을 목표로 하든지 항상 중요하므로 내신 성적 관리를 소홀히 해서는 안 된다.

고1 중간고사는 고등학교에 들어와서 처음으로 보는 시험이다. 중학교 때 공부를 잘했더라도 고등학교에 들어와서 성적이 떨어지는 경우가 많은데 이는 중3 때 고교 영어와 수학을 충분히 준비하지 못했기 때문이다. 물론 예습이 무조건적으로 좋지만은 않다. 대충대충 공부하고서는 공부했다는 자만심으로 수업시간에 집중하지 않는 학생보다 아무것도 모르는 상태지만 긴장감을 가지고 수업 시간에 집중하여 차근차근 공부하는 학생의 성적이 더 좋다. 하지만 허술하게 예습한 것이 아니라 중3 때부터 고교 수학과 영어를 철저히 준비한 학생이라면 그 학생은 대학입시라는 마라톤에서 10킬로미터는 앞서 나가기 시작했다고 해도 과언이 아니다.

이 책을 보는 학생들 중에는 중3 때 고교 1학년 수학과 영어를 차근차근 준비하지 못한 학생들도 많을 것이다. 제대로 선행학습을 하고 꼼꼼히 준비한 학생들은 전체 학생들 중에서 5퍼센트 정도이다. 5퍼센트라고 하면 결코 적지 않은 수이다. 소위 말하는 명문대 정원을 다 채우고도 남는 숫자인 것이다.

강남에 위치한 중학교의 상위권 학생들은 미리 고교 교과 과정을 공부하는 것을 관례로 여길 정도라서 대치동이나 서초동 학원가에서는 중3 학생들에게 고1 과정을 가르치는 것을 당연하게 생각한다. 빠른 학생들 중에는 중1인데 고1 과정을 나가는 학생들도 많다. 이런 학생들과 경쟁하여 좋은 내신 성적을 받으려면 주먹구구식 공부로는 부족하다. 단순히 '열심히 하면 되겠지, 옛날보다 더 공부하면 되겠지.' 이런 마음가짐으로는 원하는 성적을 받기 힘들다. 자기에게 맞는 정교한 공부 방법과 전략이 필요하다.

어떤 사람에게 최선의 공부 방법이 다른 사람에게는 차선이 될 수 있다. 따라서 왜 공부해야 하는가에 대해 분명한 동기부여를 한 다음 자신에게 맞는 공부 방법을 시행착오를 통해 정교하게 다듬고 수정하는 것이 중요하다.

고등학교 과목별 단위수 계산법과 친해지기

중1 공부와 고1 공부의 차이점을 알고, 고1 중간고사를 공략하는 것이 중요하다. 고등학교에 들어오면 국·영·수에 할당되는 시간이 다른 과목에 비하여 현격하게 많아진다. 중3 때는 과목별 점수가 동등하게 계산되었지만 고등학교에서는 '단위수'라 하여 수업 시간과 비례해서 과목별 점수를 산정한다. 예를 들어 음악은 일주일에 한 시간 들었고 영어는 다섯 시간 들었다고 하면 음악 점수가 100점일 때 영어 점수는 500점이 된다. 즉 영어 점수가 음악 점수와 똑같은 100점이라도 영어 점수는 내신에서 음악 점수에 비해 다섯 배나 높다.

국·영·수 이 세 과목은 단위수가 가장 높은 과목들이다. 중학교 때는 다른 암기 과목을 잘 보고 국·영·수를 웬만큼 보아도 평균이 높을 수 있으나 고등학교 때부터는 다르다. 국·영·수가 80점 정도이고 나머지 암기 과목을 100점 받은 학생과 국·영·수가 90점 이상이고 나머지 암기 과목이 70점대인 학생이 있을 때 어느 학생의 내신이 더 좋을까? 중학교 때라면 앞의 학생 내신이 더 좋을 수도 있지만, 고등학교에서는 뒤의 학생이 더 좋다. 왜냐하면 단위수가 높은 과목에서 나는 한 등급 차이가 여타 단위수가 낮은 암기 과목에서 나는 다섯 등급 차이 보다 더 큰 차이일 수 있기 때문이다. 단위수를 계산하는 방법은 각 학교별, 지역별로 차이가 있을 수 있다. 따라서 고등학교 1학년에 올라가자마자 자기 학교의 내신 성적 반영 비율과 평가 방법을 세밀히 살펴보고 1학기 중간고사를 준비해야 한다.

3월 둘째 주

본격적인 수업 시작, 예습은 필수

$3^{②}$

3월 첫째 주가 지나갔다. 대략 고등학교 생활이 어떤지 느꼈을 것이다. 어느 선생님께서 어떤 과목을 일주일에 몇 번 수업하시는지, 어떤 과목 선생님이 나와 잘 통할 것 같은지, 반 친구들은 대충 어떤 아이들이 모인 것 같고 반 분위기는 어떻고, 담임선생님의 성격은 어떤지도 대충 눈치챘을 것이다.

3월 첫째 주와 둘째 주에는 담임선생님의 성격과 지도 방식을 파악하는 것이 중요하다. 일 년간 그분이 여러분의 생활기록부에 여러 일들을 기록하기 때문에 담임선생님과 좋은 관계를 유지해야 한다. 그러기 위해서는 담임선생님의 성격과 수업 방식에 유의하고, 가급적 담임선생님의 눈 밖에 나지 않도록 조심해야 한다. 대부분의 선생님들은 공부 잘하는 학생들을 좋아한다. 무엇보다 자신이 가르치는 수업을 잘 이해하고 열심히 듣고 따라와 주는 학생들을 선생님은 좋아할 수밖에 없다. 따라서 특별히 담임선생님의 수업 시간에는 아무리 졸리고 피곤해도 눈을 똑바로 뜨고 선생님의 입을 뚫어지게 보기를 충고한다. 비록 공부를 잘 못한다 하더라도 성실하게 수업에 임하는 학생들에게 담임선생님도 많은 관심을 가지게 된다.

1학기 중간고사 준비를 위해 알아 두어야 할 것들

첫 주는 주로 수업 소개로 시간을 보내기 때문에 본격적인 수업은 3월 둘째 주에 시작된다. 첫 주부터 중간고사 공부를 시작하면 좋지만, 시작하지 못했다 하더라도 둘째 주부터는 꼭 시작하기를 바란다. 보통 4월 중순에 있을 중간고사까지는 한 달여 기간이 있다. 중간고사 때 예체능 과목은 주로 실기 시험으로 보기 때문에 국·영·수와 암기 과목만 실제로 필기 시험을 치른다. 일단 단위 수가 높고 시간이 오래 걸리는 국·영·수 공부를 미리미리 시작해야 하는데, 이때 국·영·수 각 과목별로 중간고사 시험 범위가 대충 어디쯤인가를 알아 둘 필요가 있다.

각 과목 선생님께 물어보면 시험 범위는 쉽게 알 수 있다. 그러나 수업 시간에 손들고 물어보면 친구들에게 공부하는 티를 낸다고 욕먹을 수도 있다. 소심하거나 예민한 사람들은 차마 그렇게 할 자신이 없을 테니 조용히 교무실에 가서 알아보는 것도 좋다. 그럴 자신도 없으면 작년 중간고사 시험지를 구해 보는 것도 한 방법이다. 작년 시험지를 살펴보면 작년 시험 범위는 물론 문제 유형도 알 수 있기 때문에 성적 향상에 도움이 된다. 물론 똑같은 문제가 나오지는 않는다. 하지만 유형이 비슷하게 나오기 때문에 내신 성적을 잘 받는 데는 매우 유용하다.

소위 말하는 강남의 좋은 학원들은 내신을 대비하여 학원 학생들이 다니는 학교의 적어도 5년 치 중간·기말고사 시험지를 보관하고 있다. 그래서 각 학교 선생님들이 어떤 방식으로 시험을 출제하는지 분석하여 올해 중간·기말고사 내신 대비 예상 문제를 두 배수에서 삼 배수로 뽑아 둔다. 이렇게 준비하는 학생들이 내신에서 높은 점수를 받는 것은 당연한 일이다.

3월 둘째 주가 시작되기 전 일요일 저녁에는 중간고사를 대비해 전체적인 계획을 세워야 한다. 최소한 국·영·수 계획만이라도 세워 두어야 한다. 여기서는 10-가 수학을 미리 공부하지 않은 학생들을 위해 예를 들어 보겠다. 일단 수학은 한 주간 배운 범위를 확인해 본다. 대개 첫 주는 수업 진도가 빠르지 않아 공부할 범위가 그리 많지 않을 것이다. 하지만 학교 진도에 따라 예습을 하게 되면 4월 중순쯤에 있을 중간고사 수학 시험 범위의 뒷부분은 소홀히 한 채 시험을 보게 될 가능성이 높으니 학교 진도보다는 적어도 두 주 정도 앞서 공부해야 한다.

혼자 공부하는 학생들이 유의할 점

일단 혼자 공부하는 학생들은 학교 수업을 충실히 들으면서 예습을 혼자 힘으로 해 본다. 예습을 할 때는 가장 쉬운 책으로 시작하도록 한다. 일단 기본 개념을 확실히 정립하는 것이 중요하기 때문에 평이한 설명과 함께 많은 예제가 있는 교과서가 혼자서 예습하기에는 적합하다. 교과서 문제들 중에서 잘 이해가 되지 않는 부분은 자습서를 보면서 확인하면 된다.

자습서를 봐도 이해가 되지 않는 부분은 수업 시간에 선생님이 어떻게 푸는지를 유심히 본다. 만약 선생님이 자신이 잘 이해하지 못한 문제를 제대로 풀어 주지 않고 건너뛴다면 손들어 질문을 하는 것이 바람직하다. 마음이 담대하고 주변의 시선에 별로 신경 쓰지 않는 학생들은 마음껏 질문하도록 하자. 대부분의 학생들이 수업 시간에 자주 질문을 하지 않기 때문에 좋은 질문을 한다면, 선생님들에게 매우 좋은 인상을 줄 수 있다. 특히 학생이 수업 내용을 예습한 상황에서 모르는 부분을 물어보는 것은 선생님을 매우 유쾌하게 만든다.

예습한 부분에서 본인이 모르는 내용은 대부분 다른 학생들도 모를 가능성이 크다. 그러므로 다른 학생들을 위해서라도 수업 시간에 질문하도록 하자. 수업 시간이 끝난 후 따로 물어보는 것도 좋은 방법이지만 수업 시간에 물어보는 것이 선생님뿐 아니라 다른 학생들에게도 좋다.

그런데 문제는 어느 반이나 꼭 열심히 공부하려는 학생들을 뒤에서 욕하고 의지를 꺾어 버리는 친구들이 있다는 것이다. 자신은 공부하지 않으면서 열심히 하려는 학생들을 괜히 욕하는 학생들 말이다. 이 학생들보다 여러분이 싸움을 잘한다면 별 문제는 없다. 뒤에서 욕하는 학생들은 자기보다 싸움을 잘하는 학생들 앞에서는 찍 소리도 못하니까. 하지만 반대의 경우라면 여러분은 질문하는 것이 두려울 수도 있다. 이런 경우에는 따로 선생님을 찾아가서 물어보도록 하자.

만약 선생님께 질문하는 것이 부담스럽고 자신 없으면 공부 잘하는 주변 친구들에게 물어보는 것도 좋은 방법이다. 각 반에는 수학은 누구, 영어는 누구, 국어는 누구 하면서 각 과목에서 다른 학생들보다 우수한 학생들이 있게 마련이다. 따라서 그 친구들에게 가서 쉬는 시간에 짬을 내어 물어보면 선생님보다 더 친절하면서도 쉽게 설명해 주는 것을 들을 수 있다. 친구들끼리는 더 편하게 물어볼 수 있기 때문이다.

또 다른 방법으로는 EBS를 보며 공부하는 방법이다. EBS는 무료로 수업을 들을 수 있기에 부담 없이 선행학습을 할 수 있다. 강남구청 사이트도 일 년에 3만 원만 내면 전과목을 두제한으로 볼 수 있기에 매우 저렴한 학습 사이트이다. 나는 이 두 학습 사이트를 고등학생들에게 적극적으로 추천한다.

이런 방법들을 통해서 수학 시험 범위를 학교 진도보다 두 주에서 세 주 정도 빠르게 예습해 놓는다. 3월 둘째 주에 집중적으로 공부해야 할 수학, 영어 그리고 국어의 시간 배분은 각각 40 : 40 : 20으로 한다. 수학은 우선 교과서 중심으로 예습하고, 복습을 할 경우에는 다음 방법을 적용해 보자. 우선 예습한 내용을 수업 시간을 통해 다시 반복한다. 수학 시간에 임하는 마음이 무척 가볍고 즐거워 질 것이다. 왜냐하면 오늘 배울 내용을 미리 살펴보았기에 자신감이 생겼기 때문이다. 그리고 예습하지 않은 과목을 들을 때보다 훨씬 집중이 잘될 것이다. 예습하면서 자신이 잘 이해하지 못한 부분을 파악하고 있기 때문에 그 부분의 설명을 잘 듣기 위해서 자신도 모르게 정신이 그곳으로 쏠리게 된다. 그러면 예습이 주는 새로운 기쁨을 알게 될 것이다. 이렇게 수업 시간을 통해 수학을 다시 한 번 공부한 다음에는 한 번 더 복습하도록 한다. 이때 복습은 그날 바로 하는 것이 중요한데 어떻게 하느냐에 따라 그 효과는 천차만별이다.

수학 문제집 선택하는 법

자기 주도적 학습이 핵심인 다니엘 학습법을 몸에 잘 익히기 위해서는 자기 스스로 공부하는 방법을 모든 학습 영역에서 지금부터 터득하는 것이 매우 중요하다. 우선 문제집을 고르는 요령은 자기 주도적 학습을 잘하기 위해서 반드시 습득해야 할 기술이다. 일단 문제집을 고르기 위해서 자신이 살고 있는 동네에서 가장 큰 서점이 어디에 있는지를 파악한다. 서울에 사는 학생들은 지하철을 타면 쉽게 큰 서점들에 갈 수 있다. 대형 서점 고1 수학 문제집 코너에 가면 수십 권의 문제집들이 즐비하게 있다. 그 많은 책들 중에서 자신에게 필요한 문제집을 선택해야 한다.

예를 들어 지금 서울 광화문에 있는 교보문고에 왔다고 하고, 학교에서 보는 교과서와 수준이 비슷한 문제집, 그보다 약간 더 어려운 문제집, 상위권 문제집, 최상위권 문제집 이렇게 네 종류를 생각해 보자.

교과서와 비슷한 수준의 문제집을 고르기 위해서는 우선 다른 출판사에서 나온 교과서를 고르는 것이 한 방법이다. 다른 방법은 천재교육에서 나온 10-가 수학 문제집을 가장 기초편부터 고르는 것이다. 천재교육은 오랜 기간 수학 문제집만을 전문적으로 만들어 온 출판사이다. 그렇기 때문에 고1 수학 문제집을 고를 때 천재교육 시리즈는 매우 유용하다. 우선 교과서 문제를 한 번 풀어 본 상태이므로 천재교육 시리즈에서 나온 쉬운 문제집들을 한번 죽 훑어본다. 그러고 나서 이 정도면 풀 만하겠다는 문제집을 고른다. 그 다음에는 응용 문제와 심화 문제가 좀 더 많이 섞여 있는 문제집을 골라 본다.

천재교육은 문제집을 잘 만드는 편이고, 10-가 수학 참고서는 정석 시리즈가 무난하다. 난이도에 따라 기본편과 실력편으로 나뉘어 있다. 자신의 실력에 맞게 골라 참고서로 사용하면 된다. 최근 대학입시에서 수학 문제가 점차 어려워지고 있는 실정이다. 문과의 경우 수 I에서만 출제된다고 하지만 실제로 나온 문제를 살펴보면 10-가와 10-나 그리고 중학교 도형 부분에 걸쳐 내용이 복합적으로 출제된다. 따라서 고1 10-가 수학부터 차근차근 기초를 잘 다지는 것이 매우 중요하다. 정석 수학은 예제 풀이가 상세하고 다양해서 기초를 다지는 데 좋다. 그리고 정석을 풀 때는 연습문제를 꼭 풀도록 한다. 문제가 너무 어려우면 첫 번째 볼 때는 연습문제의 홀수번만 보고 두 번째 볼 때는 짝수번만 봐도 좋다. 적어도 서울대, 고려대, 연세대를 목표로 하는 학생들의 경우는 정석 연습문제는 필히 풀어보는 것이 좋다. 기본 정석을 다 푼 학생의 경우 실력 정석에 나온 연습문제를 나누어 아침에 집중적으로 풀어보는 것도 수학 실력을 향상시키는 데 무척 도움이 된다.

정석이 자기와 별로 맞지 않는다고 생각하는 사람은 천재교육의 해법 시리즈도 좋다. 아니면 개념원리나 디딤돌 수학도 괜찮은 편이다. 중요한 것은, 참고서는 한 권을 정해 반복해서 봐야 하기 때문에 자신이 선호하는 책을 택해야 한다는 점이다.

선택한 수학 문제집 활용하는 방법

이렇게 해서 본인에게 적합한 수학 문제집과 자습서를 준비했으면 실제로 복습을 하자. 어떤 학생들은 문제집을 많이 샀다는 사실만으로 마치 공부를 다 한 듯 스스로 만족스러워 한다. 문제집만 사놓고 풀지도 않으면서 뿌듯해 하는 것이다. 실제로 문제를 풀고 복습을 해야만 대학입시라는 관문을 통과할 수 있다는 것을 잊어서는 안 된다.

복습할 때 우선은 교과서 수준보다 약간 어려운 문제집을 한번 쭉 풀어 본다. 그리고 채점을 한 후 틀린 문제들을 중심으로 해답을 보고 확인한다. 이때 해답을 곧바로 보는 것은 좋지 않다. 틀린 문제를 적어도 5분은 더 시간을 내어 다시 풀어 본다. 그래도 정 모르겠으면 옆에 나온 힌트를 잠깐 보고 다시 5분 정도 그 문제와 씨름해 본다. 그래도 도저히 모르겠으면 답안지를 확인한다. 만약 답안지를 봐도 이해가 잘되지 않는 문제가 있다면 별표를 한 뒤 다음 날 수학 선생님 혹은 수학을 잘하는 친구에게 물어보고 확실히 이해하도록 한다. 틀린 문제를 확실히 내 것으로 하는 것이 수학 고득점과 대학입시 합격의 비결이다.

그리고 일단 틀린 문제 중에서 다시 한 번 풀어 보아서 해결한 문제들은 세모표시를 한다. 그리고 힌트를 보고 푼 문제에는 네모표시를 해 둔다. 이렇게 문제들을 구별해 놓은 다음 수학 참고서를 펴서 자신이 틀린 문제 유형과 유사한 문제들을 다시 살펴본다. 이 과정을 충실하게 하면 할수록 수학의 기초는 단단하게 될 것이다. 비록 중학교 때 예습하지 않았더라도 이러한 방식으로 공부하면 수학에 있어서 기본 실력이 강화될 뿐 아니라 실전 응용 문제를 소화할 수 있는 바탕이 형성된다.

수학 고득점의 길

수학을 더 철저하게 준비하려면 다음 단계를 거쳐야 한다. 교과서보다 약간 더 높은 수준의 문제집을 다 푼 후 틀린 문제를 검토해야 한다. 한 번 맞힌 문제는 3년 후 수학능력시험장에서도 맞히기 마련이지만 대충 알고 있거나 틀렸던 문제는 다음 시험에서도 틀리게 된다. 따라서 틀린 문제는 적어도 네 번 이상 풀이 과정을 반복해서 써 본다. 이때 손으로만 쓰지 말고 입으로 소리를 내어가며 풀이 과정을 반복하는 것이 공부의 효율성을 높이는 좋은 방법이다.● 손과 입, 눈 등 여러 신체 부분을 이용하면서 틀린 문제에 집중한다. 인간의 기억력은 참 놀라워서 머릿속에 입력이 잘된 정보들은 긴장하거나 집중하면 몇 년 전의 것이라도 기억이 잘 난다. 잘 생각나지 않을 것 같은 문제가 종종 시험이라는 특수 상황에서 기억나서 스스로의 기억력에 놀란 경험이 있을 것이다.

틀린 문제를 어떻게 자기 것으로 하느냐가 수학 공부에 있어서는 최대 핵심이다. 시험에서는 틀렸던 문제들 중에서 확실히 내 것으로 만들지 못한 문제를 또 틀리는 게 대부분이기 때문이다.

● 최근 수능에서 수학 시험에 대한 변별력 강화로 문제의 난이도가 높아지고 있다. 10-가, 10-나, 9-나, 8-나 도형 개념을 응용하여 여러 단원 통합 문제들이 출제되고 있다. 따라서 스카이 대학을 꿈꾸는 학생들은 수학을 철저하게 공부해서 자신의 전략 과목으로 삼는 것이 매우 중요하다. '꿈의 노트'를 활용하여 틀린 문제를 확실히 내 것으로 하여 약점을 보완하는 과정이 바로 수학 만점의 비결이다. ('꿈의 노트'는 『다니엘 아침형 학습법』에 자세히 설명되어 있다. 참조하면 도움이 될 것이다. 일종의 오답노트이다.)

그러나 대부분의 학생들은 틀린 문제를 내 것으로 하는 시간을 충분히 가지지 않은 채 그냥 새로운 문제를 풀거나 진도를 나간다. 하지만 틀린 문제를 다시 보며 내 것으로 하는 공부를 지루해하거나 싫어해서 하지 않는다면 수학을 나름대로 열심히 하지만 생각만큼 수학 성적이 나오지 않을 것이다. 이제부터 시작해도 늦지 않았다. 새롭게 마음을 다잡고 수학 오답 정리를 철저하게 하라! 노력이 헛되지 않을 것이다.[●]

일단 고1 첫 중간고사를 보기까지 3월 둘째 주인 현재를 기준으로 대략 한 달 정도가 남아 있다. 시험 범위가 그리 많지 않으니까 차근차근 준비한다면 비록 중학교 때 미리 10-가, 나를 예습하지 않았더라도 좋은 성적을 올릴 수 있을 것이다.

공부를 잘하고 싶어도 수학 때문에 공부를 포기한 학생들이 많다. 그만큼 수학은 많은 학생들이 싫어하는 과목이다. 수학을 싫어하는 학생들은 대부분 틀린 문제를 정리하지 않는다. 틀린 문제를 정리하고 자기 것으로 만드는 작업에 보다 많은 시간을 투자하고 집중하는 학생들은 분명히 수학에서 원하는 성적을 거둘 수 있을 것이다.

틀린 문제를 집중적으로 정리하는 것이 전체적으로 보면 시간도

● 현재 내가 강의하는 학원에서 가르치고 있는 혜영이라는 고3 여학생이 있다. 혜영이는 고2 초반에 수학 점수가 60점대였다. 하지만 철저한 오답 정리와 다니엘 아침형 학습을 한 결과 현재 모의고사에서 90점 중반의 점수를 받는 놀라운 성적향상을 이루었다. 철저한 오답 정리는 최소한의 시간을 들여 최대의 효과를 보는 아주 효율적인 수학 학습방법이다. 여러분도 꼭 이 방법을 자기 것으로 하면 좋을 것이다. 더불어 『다니엘 아침형 학습법』을 참조하여 아침에 수학 공부를 하는 습관도 함께 기를 수 있다면 수학은 더 이상 여러분을 힘들게 하는 과목이 아닌 최고의 전략 과목이 될 것이다.

덜 들고 수학에서 고득점을 받을 수 있는 효율적인 방법이다. 일단 교과서와 문제집 한 권을 푼 후 틀린 문제를 확인해 보자. 그리고 정석이나 해법을 통해 틀린 문제의 유형을 파악한다. 그러고 나서 틀린 문제와 유사한 유형의 문제를 자습서를 통해 여러 번 반복하여 푼다. 틀린 문제들을 세심하게 다시 풀면서 풀이 과정 중 자신이 생각하지 못한 부분이나 잘못 생각한 부분들은 따로 표시해서 외우도록 한다.

수학의 기초 체력과 응용력을 기르기 위한 첫 번째 과정은 일정량의 수학 지식들을 이해한 후 구구단 외우듯이 암기하는 것이다. 응용은 하루아침에 되지 않고 차근차근 쌓아온 수학 지식을 토대로 조금씩 가능하게 된다. 수학 문제를 응용해서 풀려면 일정량의 수학 지식과 문제 풀이 과정에 대한 암기는 꼭 필요하다. 이 부분을 충분히 하지 않은 채 많은 학생들은 흔히 말한다. "나는 왜 이렇게 머리가 안 좋을까? 역시 난 안 돼. 저 친구는 이 문제를 푸는데 왜 나는 못 풀까? 역시 난 수학을 포기해야 하나 보다."

하지만 수학 문제를 잘 푸는 학생들을 유심히 관찰해 보라. 분명 꾸준한 문제 풀이와 반복된 훈련을 통해 마치 해답을 보기라도 하는 듯 문제를 죽 풀 것이다. 그 친구들은 여러분이 안이하게 시간을 보낼 때 일정한 수준에 도달하기 위해 묵묵히 문제를 풀고 또 풀었을 뿐 아니라 풀이 과정을 이해한 후 암기하려고 노력했다. 그러므로 문제를 풀고 못 풀고를 떠나 그 이면에 숨겨진 노력을 보고 여러분도 지금부터라도 인내하고 절제하며 충실히 훈련하기를 바란다.

틀린 문제를 정리한 후에는 자신이 수학을 얼마나 잘하고 싶은

가에 따라 그 다음 단계가 달라진다. 상위권 대학을 꿈꾸는 학생들은 여기에 머물지 말고 다음 단계로 나아가야 한다. 상위권 문제집과 최상위권 문제집 두 권을 위와 같은 방법으로 풀고 정리한다. 이 과정을 얼마나 충실히 하느냐에 따라 수학 점수가 결정될 것이다.

sun   mon   tue   wed   thu   fri   sat   scheduler

3월 셋째 주

중간고사 준비 시작, 마음관리로 능률 올리기

3 ③

3월 셋째 주는 반 친구들과 조금씩 친해지고 장난도 심해질 시기다. 특히 남녀 합반인 남녀공학의 경우에는 이성에 대한 관심도 매우 높아지는 시기다. 그러다가 고등학교에 맨 처음 들어왔을 때의 긴장감이 조금씩 풀어지고 새 학기 공부 계획에도 조금씩 차질이 생기기 시작한다.

대부분의 시간을 학교에서 보내는 고등학생들은 공부와 학교생활 두 가지 모두에 각별히 신경 써야 한다. 친구들과의 교제를 아주 절연하고 오로지 공부! 공부! 하는 학생들도 있는데, 이런 학생들은 반에서 왕따를 당하기 쉽다. 물론 성격이 매우 단호하고 주위의 시선에 아랑곳하지 않을 만큼 마음이 담대한 학생이라면 공부에만 전념할 수도 있을 것이다. 그러나 대부분의 사람은 마음이 그렇게까지 강하지 못하다. 주변을 의식하지 않으려 해도 의식하기 마련이다. 그렇기 때문에 공부를 잘하기 위해서는 학교생활이 원만할 필요가 있다. 원만하다는 말이 참 모호하기는 하지만 이 책을 읽는 후배들은 나름대로 노하우가 있으리라 본다.

한 가지 권한다면 고등학교 생활 전체를 통틀어 서로 말이 통하고 어려울 때 힘이 되고 기쁨을 나눌 수 있는 친구 한 사람을 사귄다면 학교생활에서는 대성공을 거두었다고 할 수 있다. 인내심을 가지고 친구들과 두루두루 잘 지내면서 자신과 맞는 친구가 나타날 때까지 기다리는 지혜도 필요하다.

중간고사 시험까지 한 달 정도 남은 시점인 셋째 주부터는 본격적으로 중간고사 준비 단계에 들어가야 한다. 우선 평소처럼 복습과 예습을 철저히 한다. 둘째 주까지는 영어와 수학을 매일 공부하되 국어는 주말을 이용해서 공부했다면 셋째 주부터는 계획을 약간 조정한다.

중간고사 대비 전략 : 첫째, 규칙적인 시간관리

구체적인 중간고사 준비를 위해서 여러분은 반드시 자는 시간과 일어나는 시간을 정해야 한다. 고등학교 1학년이 되었다고 해서 하루아침에 잠을 줄이려고 하면 의욕만 앞서지 실제로 실천하기는 어렵다. 일단 본인이 잠을 잔 후 다음 날 생활하는 데 지장을 주지 않는 시간을 정한다. 나는 강의받는 학생들에게 고등학생은 6시간 이상은 자지 말 것을 충고한다. 실제로 내 충고를 받아들인 학생들 가운데는 규칙적인 생활을 통해 잠을 서서히 줄여 나중에는 5시간만 자고도 하루를 잘 보내게 된 학생들도 많다. 하지만 일단은 6시간 정도 잠을 충분히 잔 후 다음 날 공부에 임하는 것을 시작으로 삼아 보자.

보통 학교에서 수업이 끝나는 시간은 4시에서 5시 사이이다. 자율 학습이 있는 학교도 있지만 없는 학교도 많다. 학교에서 공부를 하든 집이나 독서실에서 하든 일단 수업이 끝난 후부터 저녁 먹기 전까지는 시간이 있다.

　　예를 들어 4시에 수업이 끝나 집에 돌아오면 대략 4시 30분 정도가 된다. 저녁 먹는 시간은 형편에 따라 일정하게 정할 수 있기에 자신의 계획에 맞추어 정하는 것이 좋다. 만약 7시 정도를 저녁 먹는 시간으로 정한다면 대략 2시간 30분 정도의 시간이 저녁 먹기 전까지 주어진다. 7시에 저녁을 먹고 나서 30분 정도 쉬고 나면 8시부터 자기 전까지 공부할 수 있는 시간이 생긴다. 12시에 자서 아침 6시에 일어나는 생활 습관을 가진 학생일 경우 방과 후 그에게 주어진 시간은 밥 먹기 전 2시간 30분과 식사 후 잠자기 전까지 4시간 정도이다. 이 시간 내내 공부하면 모두 6시간 30분 정도를 공부할 수 있다. 하지만 이렇게 공부하는 것은 거의 불가능하고 그다지 권하고 싶지도 않다. 왜냐하면 능률이 많이 떨어지고 공부의 질 역시 현저하게 저하되기 때문이다.

　　공부하고자 하는 의욕만 앞선다고 공부가 저절로 되지는 않는다. 쉬는 시간도 적절하게 있어야 한다. 매일 내게 주어진 시간은 정해져 있기 때문에 방과 후 주어진 시간을 효율적으로 잘 사용해야 한다. 우선 학교가 끝나고 집에 와서는 씻고 옷을 갈아입은 후 책상에 바로 앉는 것이 좋다. 집에 와서 긴장이 풀려 저녁 먹기 전까지 시간을 허비하는 경우가 많은데 조심해야 한다. 어떤 학생들은 교복을 벗고 나면 긴장이 풀어진다고 해서 교복을 입은 채 저녁 먹기 전까지 공부하기도 한다.

일단 집에 와서 스트레칭을 10분 정도 할 것을 강력히 추천한다. 학교에서 온종일 수업을 받고 신경을 많이 쓰다 보면 우리 몸 여기저기에 근육이 뭉치거나 긴장하는 곳이 많아 진다. 수업에서 받은 정신적 스트레스를 스트레칭을 통해 풀어 주는 것은 매우 좋다. 스트레칭을 하다 보면 땀이 나서 자연스레 피로가 풀린다. 그러고 나서 샤워하고 옷을 갈아입으면 몸이 참 가벼울 것이다.

이렇게 한 다음 공부를 시작하는 학생은 굉장한 공부의 경지에 이른 사람일 것이다. 나는 책상에 앉아서 공부하기 전에 차분하게 5분 동안 성경을 보았다.* 그리고 5분 정도 오늘 하루 학교에서 있었던 일들을 죽 돌아보면서 부족한 부분들에 대해 생각했었다. 그 후에는 학교에서 스트레스 받고 공부 때문에 생긴 걱정과 불안을 하나님께 조용히 말씀드렸다. 그러고 나서 오늘 남은 시간들을 어떻게 활용하여 공부할지 구체적으로 계획을 세우며 하나님께 지혜를 구했다.

중간고사 대비 전략 : 둘째, 마음관리 시간의 적극적 활용

책상에 앉아서 계획을 세우고 바로 공부를 할 수도 있지만 나는 명상을 통한 자기반성과 영혼의 기도 시간을 사랑했다. 이 시간을 통해 공부를 해야 하는 구체적인 나의 목적을 확인하고 하기 싫지

● 종교가 기독교든 아니든 잠언을 읽어 볼 것을 강력히 추천한다. 지혜의 왕인 솔로몬이 쓴 주옥같은 지혜서인 잠언을 보고 있으면 마음이 차분해지고 머리가 상쾌해짐을 느낄 수 있을 것이다. 도저히 잠언을 읽기 싫은 친구들에게는 『다니엘 마음관리 365일』을 추천한다. 마음에 힘을 주고 생각을 정리하는데 매우 좋은 책이다. *^^* (제 책이라 말씀드리기가 좀 쑥스럽지만……정말 마음을 따뜻하게 만들어 주는 책입니다.)

만 꾹 참고 공부해야 하는 이유를 나름대로 결단했다.

마음관리는 아주 중요하다. 솔로몬의 잠언에 보면 "무릇 지킬 만한 것보다 너의 마음을 지켜라. 생명의 근원이 이에서 나온다." 라고 쓰여 있다. 사실 공부에서 가장 중요한 것은 마음가짐이다. 어떤 마음으로 임하느냐에 따라 결과는 천지 차이다. 많은 학생들이 마음관리를 잘하지 못하고 마음을 정하지 못한 채 이리저리 방황하고 고통스러워한다. 막연히 열심히 해야 한다는 의욕만 앞세운 채 마음관리를 소홀히 하면 내면의 질서가 무너지면서 하루하루 삶이 힘들어지고 학교 가기가 싫어지게 된다. 더 나아가 공부를 능률적으로 하지 못하고 마지못해 하게 된다.

나는 마음관리를 위해 하나님께 의지하고 내 상한 마음을 치료해 달라고 기도한다. 단순히 집중력을 높이기 위한 방법으로써 마음관리를 하는 것이 아니라 근원적으로 내면세계의 질서를 바로잡고 마음을 건강하게 유지함으로써 공부를 포함한 내 모든 생활이 더욱더 향상되고 발전되기를 소원하기 때문이다.

이 책이 기존 학습서와 다른 점은 이렇게 매일 마음관리와 매주 주단위의 구체적인 공부 계획을 통해 마음이 평안한 상태에서 하는 질적으로 가장 수준 높은 공부를 추구한다는 점이다.

중간고사 대비 전략 : 셋째, 과목별 시간 배분

학교에서 돌아와 스트레칭과 세면을 한 후 명상과 기도를 통해 마음관리를 하고 본격적인 공부를 시작한다. 공부 시간은 5시부터 7시까지 대략 두 시간이다. 이 시간은 중간고사를 대비해서 본인이 가장 자신 없는 과목을 공부한다. 나는 개인적으로 수학이 영어에 비해 자신이 없었기에 수학에 좀 더 비중을 두고 공부했다.

공부할 수 있는 시간이 정해지면 그 시간 내에서 공부 시간과 쉬는 시간을 정한다. 1시간 공부 후 10분 정도 쉬고 다시 공부하면 대략 1시간 50분 동안 공부할 수 있다. 먼저 그날 배운 교과서 문제 중 까다로웠던 문제를 다시 풀어 본다. 그리고 잘 이해되지 않은 부분을 참고서를 통해 확인하면서 정석이나 해법수학에 있는 비슷한 유형의 문제들을 풀어 본다. 그 다음에는 교과서보다 약간 어려운 문제집을 한 번 더 풀어 보고 틀린 문제를 정리한다. 대략 1시간에서 1시간 30분 정도면 그날 배운 부분을 체계적으로 정리할 수 있다. 복습이 익숙하게 훈련된 학생이라면 1시간 정도면 족하다.

복습을 다 하고 나면 스스로 자신을 칭찬해도 좋다. 왜냐하면 학교에서 돌아와 저녁 먹기 전까지의 시간은 가장 긴장이 잘 풀어지고 어영부영 보내기 쉬운 시간이기 때문이다. 이메일을 확인하고 인터넷 서핑을 조금 하다 보면 금세 30분에서 1시간이 지나고 그러다 배가 고파서 약간의 간식을 먹고 나면 저녁 먹을 시간이 되기 일쑤이다.

그러나 늦었지만 지금부터라도 뜻을 정하여 제대로 공부를 해 보겠다는 학생들에게 저녁 먹기 전까지의 시간은 그 동안 남들 공부할 때 논 것을 만회할 수 있는 좋은 기회의 시간이자 소망의 시간이 된다. 이 시간에는 자신이 가장 힘들어 하는 과목을 집중적으로 공략하는 것이 매우 효과적이다. 왜냐하면 부족한 부분을 채우면서 생기는 자신감과 남들이 주로 공부하지 않는 시간에 스스로 공부한다는 성취감이 서로 상승작용을 일으켜 공부에 점점 재미를 들이게 되기 때문이다. 그러면 평소 어려웠던 공부라도 능히 해낼 수 있다.

저녁은 30분 정도면 충분히 먹는다. 8시까지 쉬는 시간을 가지면 잠자는 시간인 12시까지는 4시간의 시간이 남는다. 일단 저녁을 먹고 나서 8시까지 동안의 쉬는 시간을 어떻게 보내느냐에 따라 저녁 공부 시간에 임하는 집중력과 체력의 차이가 생긴다. 쉬는 시간에는 몸과 마음을 충분히 쉬도록 해야 한다. 그렇지 않으면 공부를 해야 할 시간에 피곤하다는 생각이 몸과 마음을 지배하게 되어 능률적인 공부를 못하게 된다.

마지막으로 8시에서 12시까지 남은 시간을 공부할 시간과 쉬는 시간으로 나눈 후, 어떤 과목을 어떻게 공부할 것인가를 정한다. 공부 시간을 계획함에 있어서 늘 순간순간마다 선택과 계획, 수정이 필요하니, 자신의 현재 상태를 잘 파악하도록 노력해야 한다.

영어 고득점 비결 대공개

밥 먹고 나서 쉰 후 8시부터 9시까지는 매우 졸린 시간이다. 무시무시한 식곤증이 몰려온다. 잠깐만 누웠다가 공부해야지 하고 일어나 보면 아침이거나 밤 10시를 훌쩍 넘기는 경우가 종종 있다. 따라서 이 시간에는 소리를 질러대며 공부할 수 있는 영어 공부가 제격이다.

한국 학생들은 영어를 공부할 때 독해와 문법에 지나치게 치중하는 경향이 있다. 듣기와 말하기가 최근 들어서 강조되고 있기는 하지만 학교 수업이 독해 위주로 진행되다 보니 공부 습관이 자연스레 눈으로 읽는 것으로 고정되는 듯 같다.

가장 좋은 영어 공부 방법은 바로 큰 소리로 읽고 떠드는 것이다. 사실 영어를 소리 내어 한 시간 정도 공부하고 나면 배에서 꼬르륵 소리가 날 정도로 힘이 든다. 하지만 소리 내어 읽다 보면 암기도 더 잘되고 발음 교정에도 도움이 된다. 게다가 여러 감각을 동시에 사용하면서 공부하기 때문에 장시간 공부하더라도 상대적으로 덜 지루하다. 그리고 열심히 공부한 것을 몸으로 직접적으로 느끼게 되기 때문에 마음도 매우 기쁠 것이다.

그렇다면 3월 셋째 주에 중간고사를 대비하여 영어 공부를 할 때 어떻게 하는 것이 가장 좋을까? 사실 영어 시험은 학교에서 시험과 관련해서 나눠준 보조 유인물과 교재로 선택해 보는 영어 문제집과 같은 자료들을 잘 이용한다면 좋은 성적을 받을 수 있다.

먼저 그날 배운 영어 교과서 부분을 복습한다. 교과서를 찬찬히 한번 읽어 본 후 선생님이 수업 시간에 체크해 준 주요 내용들을 다시 확인한다. 이때 잘 이해되지 않는 내용은 자습서와 문법책을 살펴본다. 그리고 내용이 이해된 교과서 부분은 큰 소리로 소리 내어 서너 번 정도 반복하여 읽는다. 단어 · 숙어는 그날그날 꾸준히 외우는 것이 중요한데 일단 교과서에 새로 나온 단어들 중 잘 몰랐던 단어와 숙어를 우선적으로 외워 나간다.

한편 듣기를 어떻게 공부해야 하는지 몰라서 영어 점수가 내려가는 학생들이 많다. 듣기는 당일치기가 불가능한 공부이다. 꾸준히 반복해서 들음으로써 귀가 영어에 익숙해지도록 훈련해야 한다. 매일 15분에서 20분 정도를 투자하면 내신과 수학능력시험에서 좋은 성적을 거둘 수 있다. 이때 중요한 점은 도중에 며칠을 쉬면 안 된다는 것이다. 짧은 시간이라도 매일 꾸준히 들으면 귀가 열리지만, 한 열흘 열심히 하다가 일주일을 쉬고 다시 시작하는 식으로 해서는 항상 제자리에 머무를 수밖에 없다. 듣기 교재는 자신의 교과서 출판사에서 나온 것을 구입하여 매일 15분에서 20분 정도 반복하여 듣는다. 생생한 미국인들의 발음을 직접 따라해 가며 듣는다면 훨씬 효과가 좋을 것이다. 이것은 '쉐도잉(Shadowing)'이라는 방법인데 귀로 듣는 동시에 입으로 흉내 내는 것이다. 이 방법을 지속적으로 하다 보면 듣는 집중력이 향상되고 발음도 유창해질 수 있다.

그날 배운 부분을 복습하고 듣기를 하고 나면 대략 1시간 30분이 소요될 것이다. 영어 공부가 훈련된 학생들은 40분 정도면 그날 배운 것을 복습할 수 있고, 20분 정도 듣기를 해 대략 1시간이면 영어 공부를 마칠 수 있다. 그 다음은 무슨 과목을 어떻게 공부하는 것이 좋을까?

8시부터 11시까지 영어 공부에 1시간 30분 정도를 투자하고 나면 대략 1시간 30분 정도가 남는데, 쉬는 시간을 고려하면 대략 1시간 정도 더 공부할 수 있는 시간이 주어진다. 일단 영어 복습을 끝낸 후 10분에서 15분 정도 쉬는 시간을 갖는다. 그 후 수학 예습에 들어간다. 수업 시간에 아직 진도가 나가지 않은 부분을 매일 꾸준히 1시간 정도 자습서와 교과서를 가지고 예습한다. 예습을 할 때는 중간고사를 대비해 시험 범위 안에서 계획을 세우도록 한다. 이렇게 하면 시험 보기 보름 전까지 중간고사 시험 범위의 교과서와 자습서, 문제집 두 권 정도를 풀 수 있다. 예습할 때는 교과서 수준의 문제집 한 권, 복습할 때는 교과서보다 약간 어려운 문제집 한 권, 이렇게 두 권을 풀 수 있도록 계획을 세운다. 수학 예습을 마치면 11시 즈음이 될 것이다. 이때 결정해야 할 중요한 것이 있다.

새벽형 공부 방법과 저녁형 공부 방법

새벽 공부를 시작할 것인가, 아니면 도저히 새벽에 일어나서 공부할 자신이 없으니 아예 좀 더 공부하다가 잘 것인가를 정해야 한다. 가령 새벽 공부를 하고자 한다면 11시 정도에 잠자리에 들어 새벽 5시에 일어난다. 8시까지 등교하는 것을 감안하면 7시까지 공부를 한 다음, 씻고 아침을 먹으면 8시까지 학교에 갈 수 있다. 이렇게 하면 새벽 5시부터 7시까지 공부할 시간이 생긴다.

이와 달리 새벽에 공부할 자신이 없는 학생들은 주로 늦은 밤까지 공부하는 방법을 선택할 수도 있는데 새벽 1시까지 공부하다 아침 7시에 일어나는 것도 괜찮은 방법이다. 어느 방법을 택할지는 자신이 결정해야 한다.

새벽 공부의 장점은 이미 널리 알려져 있다. 새벽에 한 시간 공부하는 것은 저녁에 많이 지쳐 있는 상태에서 두세 시간 동안 하는 공부 분량과 비슷하다. 따라서 정말 자신이 기초가 부실하고 중학교 때 너무 놀았다고 생각하는 사람들은 새벽 공부를 시작하면 좋다. 바로 역전의 기회를 가질 수 있기 때문이다. 하지만 아무리 좋다 하더라도 어지간한 결심 없이는 새벽 공부는 쉽지 않다. 따라서 많은 학생들이 새벽 공부의 효과를 인정하면서도 새벽에

일어나기를 포기하고 저녁 늦게까지 하는 것을 택한다.

우선 새벽 공부에 자신이 없는 대부분의 학생들이 어떻게 하는지 살펴보자. 11시 정도까지 수학을 공부하고 나면 몹시 피곤하고 졸린다. 그렇지만 영어 예습을 하지 않았기에 잠을 자려 해도 마음이 편치 못하다. 이럴 때 영어 예습을 소리를 내며 흥얼거리면서 하면 매우 효과적이다.

영어 예습은 비교적 간단하다. 앞으로 배울 부분을 자습서를 죽 한번 읽어 보면서 스스로 독해해 보는 것이다. 이때 모르는 단어와 숙어를 확인한 후 교과서에 정리해 두면 수업 시간에 매우 요긴하다. 이 정도로만 예습을 해도 영어는 충분하다. 왜냐하면 영어는 복습시간을 잘 활용하여 그날 배운 것을 자기 것으로 충분히 소화하는 것이 더 중요하기 때문이다.

저녁 먹기 전에 수학 복습, 저녁 먹고 나서 영어 복습과 수학 예습, 영어 예습 이렇게 공부를 하면 하루가 끝나게 된다. 사실 고등학교 1학년이 이런 식으로 꾸준히 공부한다면 비록 그가 중학교 때 많이 놀아서 기초 지식이 없더라도 충분히 보완할 수 있다. 하지만 이러한 방법이 있어도 몸과 마음이 따르지 않는다면 아무런 소용이 없다.

반면 뜻을 정하여 새벽 공부를 굳게 결심한 학생들은 11시에 자고 새벽 5시에 일어나는 계획을 세운다. 5시에 일어나서 20분 정도 마음관리 시간을 가지고 난 후 5시 20분부터 7시까지 공부한다. 새벽 공부 시간은 가장 공부가 잘되면서도 긴 시간이기에 수학을 공부하는 것이 가장 좋다. 영어는 짬짬이 나는 공부 시간을 이용해도 충분하다. 하지만 수학은 가장 집중이 잘되는 시간을 택해 적어도 한 시간 이상을 집중적으로 공부해야 하기 때문에 이 시간에 하는 것이 효과적이다. 이렇게 새벽 공부 시간을 이용하여 수학을 공부한다면 고등학교에 올라오기 전에 미리 공부한 학생들을 얼마든지 따라잡을 수 있다.

매일 내게 주어진 시간은 정해져 있다는 것을 잊지 말자. 학교가 끝나는 시간도 정해져 있고 집에 돌아오는 시간도 특별한 상황이 발생하지 않는 한 거의 일정하다. 내게 주어진 시간들은 공부 시간과 노는 시간으로 크게 나눌 수 있다. 그리고 내가 공부를 얼마큼 하고 얼마큼 노느냐에 따라 성적은 변화한다. 서울대를 몹시 가고 싶지만 마음만큼 몸이 따라 주지 않아 공부보다 노는 시간이 많다면 서울대를 가기는 당연히 힘들 것이다. 매일 정해진 시간을 본인이 어떻게 마음먹고 계획하느냐에 따라, 그리고 그것을 얼마큼 실천하느냐에 따라 결과는 확연히 달라진다.

대학입시를 판가름하는 쉬는 시간 활용법

쉬는 시간을 잘 이용하기 위해서는 우선 본인이 쉬는 시간에 무엇을 할지 미리 잘 계획해야 한다. 쉬는 시간에 텔레비전을 보는 것은 그다지 좋은 방법이 아니다. 눈이 피곤하고 머리가 지친 상태에서 텔레비전을 보게 되면 눈은 더욱 피곤해진다. 텔레비전을 멍하게 볼 때는 수학문제를 풀 때처럼 집중을 하지 않아도 되고 머리를 별로 쓰지 않는 것처럼 여겨 머리를 식히는 것으로 생각할 수 있으나, 이 방법은 마치 진통제를 맞는 것과 유사하다. 진통제는 근본적인 치료책이 아니라 임시적으로 통증을 잊게 해줄 뿐이다. 텔레비전을 보는 것도 피로를 근본적으로 풀어주는 것이 아니라 단지 피로를 잠시 잊게 해 주는 방법일 뿐이다.

엄격히 말해 텔레비전을 보고 난 후 바로 공부를 하면 책장은 넘어갈 수 있어도 공부에 적절한 두뇌 상태로 돌아오기까지 시간이 걸린다. 왜냐하면 텔레비전 내용의 잔상이 남아 있기에 공부를 하면서도 연속극 내용이 떠오른다든가 게임 채널에서 본 프로게이머의 경기 내용이 생각난다든가 하여 집중하는 데 상당한 에너지가 필요하게 된다. 결국 집중력 저하로 이어지는 것이다.

공부를 제대로 다시 해 보고자 하는 사람들은 쉬는 시간을 말 그대로 쉴 수 있는 시간으로 보내야 한다. 그러기 위해서는 그 짧은 시간을 어떻게 보내면 가장 잘 쉴 수 있을지 생각해야 한다. 실제로 최상위권 학생들은 쉬는 시간을 잘 활용하는 나름대로의 방법을 많이 가지고 있다. 이 말은 곧 쉬는 시간에는 제대로 쉬고 남은 시간에는 공부하도록 잘 훈련해 왔다는 말이기도 하다.

나는 쉬는 시간에 간단한 스트레칭과 맨손체조 하기를 권한다. 혹은 10분 정도 집 밖으로 나가 걷거나 줄넘기를 5분 정도 하는 것도 꽤 효과적이다. 훌라후프를 5분 정도 하는 것도 대단히 좋다. 정신적 긴장이 이완되고 몸 전체의 혈액순환이 잘되어 신진대사를 활발하게 하는 이 같은 육체적 활동은 쉬는 시간을 효과적으로 보낼 수 있는 매우 좋은 방법이다.

저녁을 먹고 나서 8시까지가 하루 중 제일 긴 휴식 시간이라고 할 수 있다. 나는 이 시간을 본인이 좋아하고 즐기는 것을 하며 보내기를 권한다. 단 눈의 피로를 심하게 가중시키는 현란한 비디오 게임과 같은 것은 피해야 한다. 저녁을 먹으면서 마음 편히 보고 싶은 텔레비전 프로그램을 보거나 좋아하는 음악을 조용히 방에서 들으면서 인터넷을 하는 것도 좋다. 또는 만화책을 빌려 두 권 정도 재밌게 보는 것도 좋을 것이다.

나는 개인적으로 만화책을 아주 좋아한다. 그래서 매일 한 권에서 두 권을 꾸준히 빌려 공부하기 싫거나 수학 문제가 안 풀려서 짜증이 날 때 보곤 했다. 이때 반드시 하루에 빌리는 만화책 수를 자신과의 약속을 통해 정해야 한다. 시리즈 만화를 보다가 다음 권이 보고 싶어져 공부는 제쳐둔 채 10권을 한꺼번에 보게 되면, 그때는 재밌고 좋을지 몰라도 시간이 조금만 흐르면 자신에게 화가 나고 실망하게 될 뿐만 아니라 남은 공부 계획도 엉망으로 돼버리기 때문이다. 그래서 만화책을 쉬는 시간에 보려는 학생들은 꼭 하루에 볼 수 있는 만화책의 한도를 정하도록 한다.

인터넷과 컴퓨터 게임도 마찬가지다. 최근 널리 보급되고 있는 게임들은 그래픽과 음향, 내용 모두가 매우 현란하고 자극적이면서 재미있다. 그래서 많은 한국 청소년들이 게임에 매료되어 하루의 한두 시간을 뚝딱 흘려보낸다. 기존의 컴퓨터 게임이나 온라인 게임과는 달리 플레이스테이션 등은 그래픽이 워낙 현란하고 내용이 잔인해서 한 시간 정도 오락에 집중하고 나면 책상에 앉아서 공부를 하고자 해도 잘되지 않는다. 머리가 아프고 자고 싶은 생각만 간절해질 뿐이다. 결국 침대에서 10분만 쉬었다가 공부해야지 하다가 한두 시간을 자는 경우가 비일비재하게 일어난다. 따라서 쉬는 시간에 이러한 비디오 게임을 하는 것은 삼가자.

중간고사 대비 토요일 공부법

월요일부터 금요일까지는 영어와 수학 위주로 공부한다. 그리고 주말이 되면 한 주간 배운 국어를 복습하고 예습한다. 일단 중간고사 보름 전까지는 암기 과목에는 가급적 손대지 말고 국·영·수 위주로 공부한다.

3월 셋째 주 토요일이 되면 학교에서 오전 수업만 하므로 집에 와서 점심을 먹을 수 있다. 본격적으로 주 5일 수업이 확정되면 토요일은 수업이 없겠지만 일단은 현재 수업이 있는 상황을 기준으로 계획을 세운다면 다음과 같다.

우선 12시 반 정도 집에 와서 점심을 먹는다. 2시까지 휴식을 취하면 오후 2시부터 저녁을 먹는 7시 전까지 5시간 정도 시간이 있다. 이 시간을 이용하여 일주일간 배운 국어를 복습하면 좋다. 우선 일주일간 배운 국어 교과서를 두 번 정도 본다. 처음 볼 때는 가볍게 죽 읽어 본다. 두 번째 볼 때는 정독하면서 수업 시간을 머릿속에 그리며 선생님의 음성을 떠올려 본다. 이때 교과서에 필기된 내용을 보면서 어떤 부분이 중요하고 덜 중요한지 확인하면서 교과서를 읽는다.

그러고 나서 교과서에 해당하는 범위를 자습서에서 확인한다. 자습서를 고를 때 학생들이 가장 많이 보는 것을 고르면 좋다. 문제집은 난이도별로 구성되어 있기 때문에 자기 수준에 맞는 문제집을 보도록 한다. 보통 천재교육과 디딤돌에서 나온 자습서를 많이 본다. 문제집은 난이도별로 되어 있는 신사고 문제집을 추천한다. 완자와 꿈틀도 무난하다. 위에 소개한 책들은 나름대로 문제와 내용 구성이 괜찮은 편이다. 그리고 스스로 학습할 때 설명이 자세히 되어 있어 많은 도움을 줄 것이다. 어느 서점에서든지 쉽게 구할 수 있다는 장점도 있다.

예를 들면, 한샘 자습서로 교과서 내용을 죽 보면서 자습서 오른편에 있는 문제를 동시에 풀어 나간다. 그런 다음 틀린 문제를 간단하게 확인해 본다. 자습서 공부가 끝나면 하이라이트 문제집을 해당 범위까지 풀어 본다. 이때 홀수 번만 풀든가 아니면 짝수 번만 푸는 방법도 있다. 명문대를 가고자 하는 학생들은 일단 문제집 한 권을 다 풀어 보는 것이 좋다. 그리고 하이라이트 문제집을 복습용으로 풀었다면 한샘 문제집은 중간고사 대비용으로 마무리 점검을 할 때 풀어 보도록 하자. 일단 문제집까지 다 푼 후 교과서를 다시 한번 죽 읽어보며 문제집에서 중요하게 강조된 부분을 상기하면서 교과서 내용을 다시 정리한다. 국어 복습은 이러한 순서로 해 볼 것을 권한다.

국어는 과목의 특성상 갑자기 많이 공부한다고 해서 하루아침에 점수가 올라가고 떨어지지 않는다. 그리고 폭넓은 독서와 작문 연습이 국어 내신과 대학입시에 큰 도움이 될 수 있지만, 고등학생이 되면 독서와 작문 연습을 할 시간이 충분하지 않다. 그렇기 때문에 토요일을 이용하여 우선 한 주간 배운 국어 내용을 교과서와 자습서로 정리하면 좋다.

오후 2시부터 7시까지의 시간을 국어 복습에 사용할 경우 교과서를 두 번 보는 데 걸리는 시간은 1시간 정도, 자습서를 보면서 문제를 푸는 데 드는 시간은 2시간 정도, 문제집을 푸는 데 드는 시간은 1시간 정도, 마무리로 교과서를 보는 데는 30분 정도가 필요하다. 따라서 실제로 공부하는 데 걸리는 시간은 4시간 30분에서 네 시간 정도이다. 나머지 삼십 분에서 한 시간 정도는 쉬는 시간으로 본인이 재량껏 쉬면서 국어 복습을 끝내는 것이 중요하다. 매주 토요일 오후 2시부터 7시까지 3년간 국어 복습을 이런 식으로 한다면 수학능력시험 언어 영역에서는 최고 수준의 점수를 받을 수 있다고 생각한다.

부족한 실력을 보완할 수 있는 황금의 시간

저녁을 먹고 나서 주중처럼 공부를 하면 참 좋을 것이다. 하지만 토요일 저녁 때가 되면 놀고 싶다는 생각이 간절해 진다. 그래서 막상 공부를 하려고 해도 뜻대로 잘되지 않는다. 이때는 본인이 선택해야 한다. 토요일 저녁시간을 꾹 참고 인내하며 공부를 한다면 상위권으로 도약할 절호의 기회를 잡게 된다. 하지만 보통의 학생들처럼 그냥 놀면서 시간을 보낸다면 상위권으로 도약할 가능성은 점차 희박해진다. 이 두 가지 사실에서 본인이 하나를 선택해야 한다.

그렇다고 무조건 공부만 한다고 해서 공부가 잘되지는 않는다. 따라서 본인이 판단하기에 토요일 저녁 때는 공부가 잘되지 않는다면 보고 싶은 영화를 보거나 집에서 비디오를 보는 것이 오히려 좋을 수도 있다. 혹은 친구들과 만나 한 주간 쌓인 스트레스를 푸는 것도 좋다. 가끔 친구들과 노래방에 가서 고래고래 소리를 지르며 노래를 부르는 것도 좋은 스트레스 해소 방법이 될 수 있다. 이 부분은 각자가 결정하되 자신의 신분에서 벗어나는 일은 하지 말고 청소년답게 정도를 지키며 즐겁게 시간을 보내기 바란다.

만약 공부를 하기로 정했다면 대단한 자부심을 가져도 좋다. 이 시간에 공부하는 고1 학생들은 그리 많지 않다. 따라서 이 시간에 참고 공부하는 학생들은 이미 자신의 목표에 반쯤은 도달했다고 생각해도 좋다. 물론 대충대충 시간 때우기식으로 공부를 해서는 안 된다. 그럴 바에는 차라리 신나게 놀고 일요일에 더 힘을 내서 공부하는 편이 낫다.

일단 셋째 주 토요일 저녁 공부 시간에는 한 주간 복습했던 수학과 영어의 틀린 문제들을 정리하고 암기한다. 그리고 과목당 1시간 30분 정도씩 시간을 내어 일주일 동안 복습하며 틀린 문제들을 살펴본다.

이때 수학은 세 번에서 네 번 정도까지 반복하여 풀면서 암기하되 문제의 유형을 분석하여 유형 자체를 암기하는 것이 유익하다. 영어는 틀린 문제를 다시 확인하고 교과서 지문을 반복적으로 읽어 교과서의 주요 지문을 가급적 암기한다. 교과서 지문을 암기하면 내신에 좋을 뿐 아니라, 그 동안 따로따로 공부했던 문법 · 단어 · 숙어 · 독해를 지문 암기를 통하여 하나로 통합할 수 있다. 정 외우기가 힘들다면 큰 소리를 내어 10번 정도 읽으면 영어 공부가 점차 몸에 배이면서 재미를 느끼게 될 것이다.

남들이 놀고 쉴 때 토요일 저녁 시간을 이용하여 영어와 수학에서 자신이 특별히 약한 부분을 집중적으로 공부하게 되면 마음이 평안해지면서 나도 할 수 있다는 자신감이 내면의 정원에서 조금씩 자라기 시작한다. '나는 도저히 수학은 자신 없어.', '난 영어 기초가 너무 없어서 이젠 틀렸어.' 이러한 부정적 생각이 그 동안 나를 장악해 왔더라도 약한 부분을 집중적으로 꾸준히 보완하고 기초를 다시 쌓으면, 마음속 깊은 곳에서 할 수 있다는 긍정적 마음이 조금씩 싹트고 자라기 시작한다. 더 인내하여 토요일 저녁 공부 시간을 한 달 정도만 지속한다면 나도 모르는 즐거움이 생겨날 것이다. 바로 이것이 성장의 기쁨이다.

그 동안 공부 때문에 늘 스트레스와 중압감을 느껴 왔는데 이제는 공부하면서 내 실력이 향상되고 있다는 자기 확신이 스스로에게 할 수 있다는 마음을 더욱 강하게 만들어 줄 것이다. 지독한 입시 경쟁 속에서 좌절하고 낙심하여 자신에게 실망했더라도 토요일 저녁 공부를 통해 절망은 희망으로 바뀔 것이다.

무언가 할 수 있다는 희망적인 마음은 너무나 오래전에 잃어버렸던 마음이었기에 다시금 그것이 내게 찾아올 때 느끼는 기쁨과 감동은 대단하다. 이러한 기쁨은 건강한 마음을 지키는데 큰 힘이 될 뿐 아니라 이런 상태에서 공부하게 되면 상상하지 못할 일이 벌어진다. 바로 공부가 즐거워지게 된다. 공부를 마지못해 하다가 공부를 통해서 무언가 성취할 수 있고 자신과의 싸움을 해 나갈 수 있다는 자신감이 주는 기쁨을 느끼면 공부에 대한 부정적 인식을 바꿀 수 있다. 이것이 바로 다니엘 자기주도적 학습의 시작인 것이다.

토요일 저녁에 영어와 수학의 부족한 부분을 1시간 30분 정도 투자하면 한 주간 복습한 내용이 잘 정리될 것이다. 실력이 향상되는 것과 더불어 공부에 대한 중압감으로 무너진 내면세계의 질서도 조금씩 바로잡히게 될 것이다. 토요일 저녁 공부를 마치고 났을 때의 기쁨과 성취감은 남다르다. 그럴 때는 나도 모르는 관대함과 기쁨으로 주변 사람들이나 가족들에게 여유 있게 대하고 도와줄 수 있는 여력도 생긴다. 내 마음이 늘 불안하고 걱정으로 짓눌려 있으면 다른 누군가에게 도움을 주고 싶어도 온전히 돕지 못하고 오히려 짜증과 날카로운 말이 나가기 일쑤이다. 그러면 인간 관계에 점차 금이 가기 시작한다. 하지만 공부에 대한 중압감과 입시 결과에 대한 스트레스를 잘 다루고 지혜롭게 마음을 관리할 수 있다면 공부를 통해 자기절제와 인내심을 배울 수 있다. 아울러 내면세계의 질서가 아름답게 형성되고 건강하게 유지될 수 있다.

이 책은 단순히 성적 향상만을 목표로 쓴 책이 아니다. 수많은 학생들이 대학입시라는 목표 앞에 내면세계가 무너지고 황폐화되는 것을 참으면서까지 명문대에 가려고 발버둥을 친다. 치열한 약육강식의 원칙이 지배하는 냉혹한 대학입시를 통과하기 위해 수단과 방법을 가리지 않는다. 친구는 내신 성적을 위해 내가 이겨야 할 대상으로 전락한 지 오래다. 핵가족 시대에 자란 학생들은 대개 형제가 많아 봐야 한 명 정도이고 대부분이 혼자인 경우가 많으며 부모에게 많은 사랑을 받고 오냐오냐 하면서 자라 왔다. 지독한 이기주의가 몸에 배어 상대방을 배려하거나 상대방의 장점을 잘 인정하지도 못한다. 그래서인지 소위 명문대라는 곳에는 지독한 이기주의로 무장한 실력 있는 엘리트들이 판을 친다. 목적을 위해 수단을 정당화하는 실용주의적 사고로 무장하고 자신의 목표 달성을 위해서만 온 힘을 기울이는 데 익숙한, 자신만을 아는 엘리트들이 많다. 그들은 지금의 교육 현실과 사회구조가 만들어 낸 사람들이다. "공부해서 남 주냐, 다 본인을 위해서 하는 거지." 철저하게 나를 위해 공부하는 사람들은 많지만 남을 위해 공부하는 사람들은 너무나 적은 것이 우리의 현실이다.

나는 자신만을 생각하는 사람이 아니라 어려운 이웃과 도움이 필요한 사람들에게 도움을 줄 수 있을 만큼 내면의 정원이 잘 가꾸어진 사람들이 많아지기를 소망한다. 비록 명문대 출신은 아니더라도 사회에서 크게 이름을 내고, 돈과 명예를 소유하지 못하더라도 자신에게 주어진 삶 속에서 성실함과 정직함으로 살며 내 이웃을 배려하고 실제로 그들을 돕는 사람들이 미래의 한국 사회가 진정으로 원하는 사람들이다. 아무리 돈이 많고 시간이 많아도 이웃을 생각할 수 있는 마음이 훈련되지 못한 사람들은 이에 속할 수 없다. 앞으로 이 책은 마음관리의 중요성을 꾸준히 강조할 것이다. 그 이유는 청소년 시절부터 마음관리 훈련을 잘하여 자신뿐만 아니라 이웃을 생각하는 마음이 따뜻한 인재들이 많이 나오기를 원하기 때문이다.

일요일 공부법

3월 셋째 주 토요일 저녁 공부를 하고 이제 일요일이 되었다. 일요일은 지난 6일간 학교생활과 공부 등을 하느라 지친 몸과 마음을 휴식하는 데 쓰기 바란다. 모처럼 늦잠을 자 보기도 하고, 보고 싶었는데 보지 못한 영화를 보거나 친구를 만나도 좋다.

나는 일요일 아침이 되면 교회에 간다. 그곳에서 예배를 드리며 조용히 영혼의 쉼을 청한다. 신기한 것은 예배를 드리는 시간이 모두 합해서 1시간 10분 정도인데 예배를 드리기 전과 예배를 드리고 나온 후의 마음 상태가 무척 다르다는 점이다. 마음의 안식

이랄까, 6일간 치열한 생존 경쟁과 과도한 학업으로 무너진 내면 세계의 질서가 다시금 회복되는 느낌이다. 마치 어머니의 자궁 속으로 다시 들어갔다가 1시간 동안 푹 잠을 자고 나온 느낌이다. 아주 깨끗하고 따뜻한 물에 푹 들어갔다가 몸과 마음이 깨끗하고 따뜻해져서 나온 느낌이다. 이럴 때 인간에게는 신만이 채울 수 있음을 절실히 느낀다.

일요일 오전은 푹 쉬되, 적어도 서울대·고려대·연세대 이상의 학교를 가고자 하는 학생들은 남들보다는 적게 놀고 더 공부를 해야 한다. 물론 양적인 공부와 함께 질적인 공부를 병행해야 한다. 아무리 질적인 공부를 하더라도 일정한 양을 꾸준히 하지 않으면 실력은 쌓이지 않는다.

단도직입적으로 말해 서울대·고려대·연세대 등과 같은 대학에 가기 위해서는 일요일 오후부터는 공부를 시작해야 한다. 오후 2시부터 공부를 시작한다는 계획을 설명해 보면 다음과 같다. 우선 2시부터 저녁을 먹는 7시까지 다섯 시간이 있다. 이 시간에는 무엇을 하면 좋을까?

이 시간은 암기 과목 중에서 가장 자신 없는 한 과목을 복습하기에 충분한 시간이다. 예를 들어 과학 과목이 부족해서 과학을 공부한다고 하면 과학 자습서와 교과서, 수업 시간에 필기한 노트, 문제집이 필요하다. 순서는 먼저 해당 범위의 과학 자습서를 차근차근 읽어 본다. 자습서에는 교과서에 나온 실험이 상세히 설명되어 있기 때문에 자습서를 주의 깊게 읽으면 공부에 큰 도움이 된다. 교과서를 본 후에는 수업 시간에 정리한 노트를 읽는다. 문제집을 풀어 보면서 읽은 내용들이 어떻게 문제로 응용되는가를 확인한다. 그리고 끝으로 다시 과학 자습서를 죽 읽어 보며 이미 공부한 내용을 머릿속에 기억하도록 한다.

대략 3시간에서 3시간 30분 정도의 시간이 걸릴 것이다. 5시에서 5시 30분까지는 암기 과목 한 과목 정리를 마치도록 한다. 저녁시간이 7시부터 8시까지라면 대략 주어진 시간은 5시 30분부터 7시(1시간 30분) 8시부터 10시(2시간) 이렇게 총 3시간 30분이다. 이 3시간 30분 중에서 30분은 한 주를 반성하고 다음 한 주의 계획을 세우는 다니엘 학습 플래닝 시간을 가지는 것이 좋다. 9시 30분부터 10시까지를 그 시간으로 정해보자. 그러면 저녁 먹기 전 1시간 30분과 저녁 먹은 후 1시간 30분, 총 3시간이 있다. 이 시간에는 수학과 영어 예습을 한다. 내일 공부할 부분의 내용들을 살펴보는데 우선 수학은 자습서를 이용하여 해당 범위의 주요 내용을 정리한 후 주요 예제들을 풀어 본다. 그리고 교과서를 풀어 본다. 다음에는 문제집을 풀면서 기본적인 문제들이 좀 더 어려운 문제로 어떻게 응용되는지를 살펴본다. 틀린 문제들을 확인한 다음 수업 시간에 선생님이 어떤 방식으로 설명하실지 예상하며 따로 표시해 둔다.

영어는 해당 교과서의 자습서를 구입하여 미리 한 과 정도를 읽어 본다. 그리고 단어와 숙어의 뜻을 확인한 후 정확한 발음으로 10번 정도 크게 읽는다. 그리고 주요 문법을 확인하면서 부족한 문법 부분이 있을 경우 문법책을 통하여 그 부분을 주의 깊게 읽어 둔다. 영어는 이 정도 수준으로 예습하면 무난하다.

대략 이렇게 공부하는 데 걸리는 시간은 3시간 정도이다. 만약 토요일 저녁 공부를 하지 못한 학생들은 이 시간을 이용하여 한 주간 배운 영어와 수학의 중요 부분을 복습하고 틀린 문제를 정리하면 된다. 월요일부터 토요일까지 계속되는 힘든 시간들을 위해 일요일에는 몸과 마음을 쉬면서 힘을 비축해 두는 것도 지혜로운 일이다. 일요일 저녁에는 가족들이 함께 모여 식사를 하면서 가족 간의 깊은 정을 다시금 확인하는 것도 건강한 내면 관리에 큰 도움이 된다.●

● 종교가 기독교인 학생의 경우 나는 토요일 저녁 공부를 반드시 하라고 한다. 왜냐하면 일요일은 온전히 예배드리고 하나님 안에서 푹 쉬기 위해서이다. 6일 열심히 공부하고 하나님 안에서 하루 푹 쉬는 것이 필요하다고 생각한다. 오전에는 할 수 있다면 예배를 통해 마음의 평안을 가지는 것이 매우 좋다. 그리고 저녁에는 온가족이 모여 식사하고 함께 가정예배를 드리는 것이 정말 필요하다고 생각한다. 부모와 자녀가 함께 모여 부모님은 자녀 손을 잡고 자녀는 부모 손을 잡고 서로 축복 기도해 주는 시간을 가질 것을 꼭 당부하고 싶다. 종교가 기독교가 아닌 학생들은 자신의 계획대로 공부하되 가급적 일요일에는 쉬는 시간을 충분히 가지는 것이 좋다. 적절한 휴식은 공부할 때 공부 능률을 올려준다.

3월 넷째 주
중간고사 범위까지
국·영·수 끝내기

3⁴

  3월 넷째 주에 꼭 해야 할 일은 한 주간 중간고사 공부 계획을 충실히 지키며 월요일부터 금요일까지 영어와 수학을 공부를 하는 것이다. 특히 중간고사 보름 전에는 가급적 중간고사 범위의 수학과 영어 공부를 80퍼센트 이상은 끝내도록 한다. 일단 수학의 경우 교과서나 자습서보다 어려운 문제집 2권 정도를 다 풀도록 한다. 영어의 경우 자습서, 교과서, 선생님이 준 프린트 내용을 꼼꼼히 읽고 자신의 것이 되도록 공부해야 한다.

  과외를 하거나 학원을 다니는 학생들은 그렇지 않은 학생들에 비하여 따로 개인적으로 공부를 할 시간이 적다. 자신에게 정말 부족한 과목을 보강하기 위해 학원이나 과외를 이용하는 것은 바람직하다. 하지만 학교에서 잘 못 가르친다고 불평하며 학교 공부를 외면한 채 과외와 학원 공부만으로 대학입시를 준비하는 것은 비효율적이다. 대부분의 시간을 학교에서 보내므로 수업 시간을 적극적으로 활용하는 태도가 필요하다.

3월 넷째 주까지 영어와 수학을 중간고사 범위까지 끝내고 3월 넷째 주 토요일 오후에 있는 국어 공부 시간까지는 그 동안 배운 국어를 잘 복습해 두어야 한다. 3월 넷째 주 일요일 오후와 저녁에는 중간고사 범위까지 국어 예습을 하도록 한다. 아직 배우지 않은 부분이지만 미리 공부를 해 두어야 암기 과목을 공부하며 국·영·수를 병행할 수 있다. 그렇기 때문에 이날 국어 공부는 꼭 하겠다는 마음의 결심을 해야 한다.

우선 해당 범위의 국어 자습서를 죽 읽어 본다. 그리고 다시 한번 국어 자습서를 읽으며 자습서 오른쪽에 있는 국어 문제를 풀어 본다. 그러고 나서 국어 문제집을 통해 문제 정리를 한다. 마지막으로 국어 자습서를 다시금 읽어 보면서 틀린 문제를 위주로 내용을 확인해 둔다.

이렇게 해서 중간고사 보름 전까지 국·영·수 과목의 공부를 미리 끝내도록 한다.

암기 과목
멋지게 정리하기

4^1-4^2

4월 첫째 주가 되면 중간고사를 대비하여 이제 암기 과목 공부를 시작해야 한다. 국·영·수를 제외한 암기 과목의 수는 학교마다 약간씩 차이가 나지만 크게 사회계열과 과학계열로 나눌 수 있다. 우선 자신이 제일 자신 없는 암기 과목부터 자신 있는 과목 순서로 공부 계획을 짠다. 기본적으로 암기 과목 하나를 정리하는 데 걸리는 시간은 대략 4시간에서 5시간 정도로 잡으면 된다.

따라서 학교에 갔다 와서 집에서 저녁 먹을 때까지의 시간은 국·영·수를 공부하는 것으로 생각한다. 월요일은 국어, 화요일은 영어, 수요일은 수학, 목요일은 국어, 금요일은 영어와 수학 중에서 더 자신 없는 과목으로 나누어 공부한다. 수학은 틀린 문제 중심으로 다시 확인을 하고 영어는 해당 범위 교과서를 읽으며 선생님이 강조한 것을 확인한다. 틀린 문제도 다시 확인한다. 국어는 진도가 나간 부분까지는 필기가 잘된 교과서를 중심으로 공부하고 진도가 다 나가지 못한 부분은 자습서를 이용하여 내용을 정리한다. 물론 틀린 문제는 다시 확인하여 유사한 문제가 나왔을 때 틀리지 않도록 주의한다.

월요일부터 일요일까지 저녁 공부 시간은 암기 과목을 이틀에 걸쳐 한 과목당 6시간 정도 배정하여 정리한다. 일주일간 암기 과목을 저녁 공부 시간에 정리하면 암기 과목 공부는 일단 어느 정도 끝냈다고 볼 수 있다. 토요일 오후 공부 시간은 평소처럼 한 주간 배운 국어를 복습하도록 한다. 일요일 오후 공부 시간에는 국·영·수 중에서 자신이 생각하기에 가장 부족하다고 느끼는 과목을 정해 틀린 문제 위주로 더 깊이 공부해 둔다.

암기 과목을 정리하는 방법

우선 사회계열은 교과서를 중심으로, 과학계열은 자습서와 노트 필기를 중심으로 한다. 사회계열 과목은 교과서, 노트 필기, 문제집 정도면 충분하다. 과학계열은 자습서, 문제집, 노트 필기 및 교과서가 필요하다.

사회계열은 먼저 교과서를 시험 범위까지 죽 읽어 본다. 한 번 더 교과서를 보면서 선생님이 중요하다고 밑줄 친 부분만 두 번 반복하여 읽고 나머지 부분은 죽 읽어 나간다. 그러고 나면 대체적으로 시험 범위에서 어떤 내용이 중요한지 파악할 수 있다. 그러고 나서 문제집 앞에 있는 내용 정리를 읽어 본 후 문제를 풀어 본다. 그리고 노트를 읽으며 문제 풀이를 하고 중요한 부분을 확인해 가면서 정리한다. 교과서를 처음 볼 때는 대략 1시간 정도 걸린다. 그러나 교과서를 두 번째 볼 때는 그보다 적은 시간이 걸린다. 문제집을 푸는 데도 1시간 정도가 소요된다. 노트를 보는 데는 20분 정도면 무난하다.

　사실 이 정도만 해도 꽤 많은 공부를 한 셈이다. 시험 보기 일주일 전에 다시 암기 과목을 정리하도록 계획해 놓았기에 이만큼만 해도 괜찮다. 만약 본인이 가장 자신 없어 하는 암기 과목이 사회계열일 경우에는 문제집을 풀고 나서 바로 노트를 보지 말고 다시 한 번 교과서를 읽고 노트를 보면 더 좋다. 왜냐하면 문제집을 푼 다음 바로 교과서를 볼 때 교과서의 내용들이 어떻게 문제로 출제되는지를 바로 알 수 있어서 머릿속에 더욱 깊숙이 기억되기 때문이다.

　과학계열은 실험과 내용들이 많아 교과서만 보아서는 쉽게 이해되지 않는 경우가 잦다. 따라서 과학계열은 자습서를 꼭 구입하자. 자습서는 해당 교과서 출판사의 자습서를 사도록 한다. 우선 자습서를 한번 죽 읽어 본 후 자습서를 보면서 자습서에 있는 문제를 모두 풀어 본다. 교과서를 보면서 선생님이 중요하다고 표시해 준 부분을 확인하고 교과서에 있는 실험 그림과 내용을 잘 정리해 둔다. 그리고 나서 문제집을 풀어 본다. 그리고 정리해 준 노트나 프린트를 마무리로 읽어 정리한다. 만약 담당 선생님께서 노트 필기를 해 주시지 않으시면 자습서를 다시 한번 읽으며 문제집에서 틀린 부분을 확인하며 전체를 읽어 나간다.

　암기 과목 문제집을 푸는 이유는 암기 과목 내용이 어떻게 문제화될 수 있는지 알 수 있기 때문이다. 그리고 문제집을 풀면서 내용 정리도 다시 할 수 있기에 문제집은 매우 유용하다.

4월 셋째 주

중간고사 일주일 전, 마무리 공부 하기

4^{3}

이제 중간고사까지는 일주일밖에 남지 않았다. 이미 국·영·수와 암기 과목들을 중간고사 해당 범위까지 한 번은 정리를 해 두었다. 이제 마무리에 힘쓸 때다. 보통 고등학교에서는 중간고사를 6일 정도 본다. 하루에 두 과목 정도 보니, 시험 전날에는 다음 날보는 과목 공부에만 전념해야 한다. 따라서 실제로 6일 동안 공부할 시간이 남은 셈이다. 일단 월요일부터 금요일까지 방과 후 저녁 먹기 전까지의 공부 시간은 국어, 영어를 하루걸러 한 과목씩 공부하거나 공부 시간을 반으로 나누어 영어, 수학을 반씩 공부한다. 저녁에는 암기 과목을 한 과목 혹은 두 과목씩 죽 정리하며 다시 확인해 둔다.

새벽 공부 시간은 변함없이 수학을 공부하면 된다. 적어도 한 달 이상 수학을 이 시간에 공부해 왔다면 이미 수학에 어느 정도 자신감이 생겼을 것이다. 아마도 내신 수학 시험은 충분히 100점을 받을 수 있을 것이다.

시험 전날에는 무엇을 어떻게

　내일 볼 과목을 정리해야 한다. 만약 국어와 화학 시험이 있다면 먼저 화학 공부를 끝낸 다음 국어 공부를 하도록 한다. 일단 암기 과목을 먼저 정리한 후 시간이 상대적으로 많이 걸리는 국 · 영 · 수 계열 과목을 정리한다. 시험 한 달 전부터 국 · 영 · 수를 공부해 왔고 보름 전부터 암기 과목을 정리해 왔기에 사실 본인이 계획대로 공부했다면 시험 보는 날이 가까워질수록 왠지 흥분되기도 하고 시험에 대한 두려움도 생기지만 한번 해 볼 만하다는 자신감이 들 것이다. 이만큼 공부한 학생들이라면 적어도 중간고사 해당 범위만큼은 부족함 없이 준비했다고 생각해도 좋다. 물론 이보다 더 열심히 하는 학생들도 있을 것이다. 하지만 우선 이 정도 공부하는 것을 몸에 배도록 훈련하는 것도 쉽지 않기 때문에 일단은 이 계획에 충실하도록 힘쓰기를 권한다.

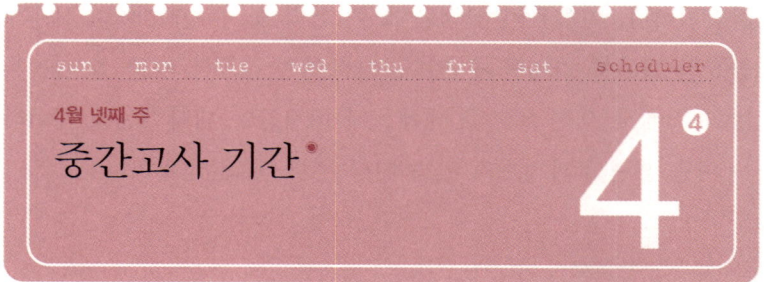

　중간고사 기간에 유의할 것은 특정 과목에 공부가 부족해서 못 보았든 실수를 많이 해서 못 보았든 지나치게 연연해서는 안 된다는 점이다. 중간고사를 목표한 만큼 꼭 잘 보겠다고 의욕이 앞서는 사람들은 한두 과목에서 자신이 원하는 점수가 나오지 않으면 매우 침체되거나 의욕이 꺾이는 경우가 종종 있다. 그래서 다음 날 보는 과목의 공부를 충분히 마무리하지 못하고 결국 시험을 잘 볼 수 있는 과목도 망치는 경우가 있다. 이런 실수는 매우 치명적이다. 만약 여러분이 생각지 못한 과목에서 시험을 크게 못 보는 일이 생기면 일단 시험이 끝날 때까지는 망친 시험에 대해 더 이상 생각하지 말고 판단조차 하지 않도록 마음관리를 해야 한다.

　항상 당일 시험 뒤에는 마음관리를 어떻게 하느냐에 따라 동등한 공부 실력을 가진 학생이라 할지라도 다음 날 시험 결과는 천

- - - - - - - - - - - -

● 학교마다 중간고사 기간이 다르다. 4월 넷째 주에서 5월 첫 주에 주로 시험을 본다.

차만별이다. 마음관리 능력은 공부 실력 못지않게 대학입시에서 중요한 결과를 가져올 수 있다. 따라서 중간고사 때 특정 과목을 망친 것에서 오는 위기를 지혜롭게 대처하여 대학입시를 대비하는 마음 훈련의 과정으로 이용해보는 것도 좋은 방법이다.

희망의 시기, 공부 시간과 노는 시간의 배분

5^1

중간고사가 끝난 다음 주를 어떻게 보내는 것이 좋을까? 정말 좋은 시간이다. 하지만 중간고사를 망친 학생들은 그다지 마음이 가볍지 못하다. 만약 3월부터 이 책에 나온 대로 공부한 학생이라면 생애 최고의 점수를 얻었을지도 모른다. 하지만 마음은 있는데 결심이 약해 작심삼일로 끝난 학생이라면 아쉬움을 남긴 채 기대보다 낮은 점수로 가슴 아파할 것이다.

중간고사가 끝나면 고등학교에 처음 와서 본 시험으로 인한 중압감과 부담감에서 벗어났다는 생각에 많은 학생들이 놀기 시작한다. 계절의 여왕 5월이기에 학생들의 마음은 한껏 부풀어 오른다. 미팅이나 소개팅도 주로 이때 많이 한다. 만약 이 책을 보는 학생들 중에서 서울대·고려대·연세대 등 명문대학에 가기를 원하지만 중학교 때 미리 고등학교 영어와 수학을 충분히 공부해 두지 않고 고등학교에 올라온 학생이 있다면 5월의 공부는 어느 대학을 갈 것인가를 좌우하는 중요한 시점 중 하나라는 것을 숙지하기 바란다.

6월 달부터는 철저하게 기말고사 준비를 시작해야 하기 때문에 실제로 영어와 수학을 제대로 공부할 수 있는 시간은 중간고사가 끝난 후 5월 말까지다. 물론 여름방학과 겨울방학이 있지만 그 시간에는 다른 학생들 역시 공부를 열심히 한다. 적어도 스카이 대학을 꿈꾸는 학생들이라면 열심히 할 것이다. 하지만 중간고사가 끝난 5월 한 달간은 가장 공부하기 싫은 기간들 중 하나이다.

따라서 본인이 결정해야 한다. 내가 이 기간 동안 놀 것인가 아니면 공부할 것인가, 얼마큼 놀면서 얼마큼 공부할 것인가? 공부는 그래도 비교적 정직한 편에 속한다. 열심히 하면 나름대로 성과가 있다. 만약 스카이 대학이 아닌 서울에 있는 4년제 대학이 목표인 학생이라면 이 기간동안 노는 것과 공부하는 것의 비율을 일대일로 정해도 좋을 것이다. 그리고 지방대를 목표로 하는 학생이라면 노는 시간과 공부하는 시간의 비율이 8:2여도 가능하다. 정원 미달인 지방대학이 많기 때문이다.

하지만 스카이 대학을 꿈꾸는 학생들이면 꿈이 높은 만큼 그에 대한 대가를 치러야 한다. 이상만 높고 행동이 따르지 않는다면 꿈은 현실로 다가오지 않는다. 이상이 높으면 이상을 현실로 만들기 위해 노력이라는 대가를 지불해야 한다. 결국 본인의 마음에 달려 있다.

나는 이 시기(5월 한 달간)를 희망의 시기라고 말하고 싶다. 이 시기를 어떻게 보내느냐에 따라 희망이 현실로 더욱 가까이 다가오기 때문이다. 자신만의 미래를 위해서 공부하며 준비하는 사람과 자신과 이웃의 미래를 함께 생각하며 이웃에 도움이 되고자 미래를 준비하는 사람은 모두 자신이 처한 상황에서 최선을 다하지만 그 마음가짐이 다르다. 나는 후자들이 많이 나오기를 원하며 이 책을 쓰고 있다.

실력은 있지만 그 인격이 실력을 따르지 못하는 수많은 사람들은 상처와 고통을 지고 살아간다. 하지만 고등학교 3년간 꾸준히 다니엘 마음관리를 하고 공부라는 과정을 통해 인내와 자기절제를 배운다면 원하는 대학 입학과 이웃을 배려하는 넉넉한 마음을 갖춘 준비된 인격 두 가지 모두를 이룰 수 있다.

이제 본인이 결정할 때다. 선택의 자유는 본인에게 있고 선택에 따른 결과도 본인이 감당해야 할 몫이다. 만약 노는 시간과 공부하는 시간의 비중을 일대일로 배분한 학생이 스카이 대학을 꿈꾼다면 그것은 스스로를 속이는 일일 것이다. 재수를 하든 삼수를 하든 부족한 실력을 메우지 않는 한 원하는 대학에 가기는 어려울 것이다. 하지만 노는 시간을 좀 더 공부하는 시간으로 할애하면서 절제하는 마음을 훈련하며 인내하여 공부 시간과 노는 시간을 8:2로 배분하고 희망의 시기를 잘 보낸다면 그는 원하는 대학에 갈 수 있을 것이다.

재점검, 계획한 시간에 자고 일어나기

계절의 여왕이라고 불리는 5월이 시작됐다. 5월이 되면 이런 저런 행사도 많고 공휴일 역시 많다. 중간고사가 끝난 뒤라 고등학교 1학년생들의 첫 미팅도 이때 많이 잡힌다. 남녀 합반인 고등학교에서는 이 시기부터 서서히 이성교제가 활발해지기 시작한다. 5

월 한 달을 잘 보내기 위해서는 5월 첫째 주를 잘 시작하는 것이 매우 중요하다.

우선 기본적으로 한 주간 공부하는 것은, 중간고사 한 달 전에 했던 한 주간 공부하는 계획을 따라 하면 된다. 영어와 수학에만 집중할 수 있는 귀한 시간인 만큼 아끼고 또 아껴야 한다. 잠자는 시간과 일어나는 시간을 3월에 정한 대로 현재 잘 지키고 있는지 다시 한 번 확인해 본다. 왜냐하면 중간고사 이후 긴장이 느슨해지면서 생활이 불규칙하게 흐트러질 수 있기 때문이다. 긴장된 마음을 풀고 적절하게 다시 마음을 다잡는 것은 매우 중요하다.

재강조, 새벽형 공부 습관의 비결

마음을 관리하기 위해 생활 습관을 단순하게 만드는 것은 매우 효과적이다. 목표는 자는 시간과 일어나는 시간을 정확하게 정하여 몸에 배도록 만드는 것이다. 가령 11시가 자는 시간이고 일어나는 시간이 5시라면, 11시가 가까워 오면 몸은 이제 잘 때가 되었다고 스스로 반응을 보이고 아침 5시가 되면 굳이 알람시계가 없어도 저절로 눈이 떠진다.

이런 일이 과연 가능하느냐고 반문하는 학생들도 있을지 모르겠다. 하지만 이것은 사실이다. 실제로 내게 강의[*]를 듣는 학생들은 거의 대부분이 이렇게 규칙적으로 생활한다. 그리고 세계적으로 자기 분야에서 전문가라는 사람들은 철저하게 자는 시간과 일어

● 현재 '다니엘 리더스 스쿨(www.dls21.net)'에서 교목과 국어, 영어 교사로 재직하고 있다.

나는 시간을 관리한다. 보통 습관이 몸에 배는 데에는 100일 정도가 걸린다. 3월부터 시작한 학생들은 이제 2달 정도 된 것인데 앞으로 1달여가 이러한 습관 형성에 매우 중요한 시기이니 마음을 다시 가다듬고 일단 자는 시간과 일어나는 시간을 규칙적으로 만드는 것에 힘쓰도록 한다.

그러기 위해서는 일단 11시를 자는 시간으로 설정한 학생은 최소한 10시 40분부터는 잘 준비를 해야 한다. 간단히 씻고 잠자기 편한 옷으로 갈아입고 책가방도 미리 싸 놓는다. 만약 20분으로 모자란다면 잘 준비 시간을 더 들여서라도 11시가 되면 잠자리에 눕는 것을 꼭 지키도록 힘쓴다. 많은 학생들이 대개 자신이 설정한 시간에 자려고 해도 막상 누우면 잠이 잘 안 와서 메일 확인을 하거나 인터넷 서핑을 하는 경우가 종종 있다. 이러다 보면 30분이 홀쩍 지나간다. 그렇게 되면 아침에 일어나기로 한 시간인 5시에 일어나기가 굉장히 부담스러워진다. 잠이 오지 않는다고 잘 시간에 잠을 자지 않고 늦게 자게 되면 그만큼 일어나야 할 시간에 일어나기가 힘들게 된다.

하루 이틀만 공부하고 그만둘 상황이 아니니 잠이 오지 않는다고 해서 다른 일을 더 하는 것은 바람직하지 않다. 나의 경우는 잠이 잘 안 올 때에는 기도를 했다. 하루 동안 일어난 일들을 돌아보면서 하나님께 감사한 일을 말씀드리고 실수한 일은 스스로 반성하며● 같은 실수를 반복하지 않도록 도움을 요청한다. 그리고 오

● 자기반성을 통해 우리는 실수를 성공으로 바꿀 수 있다. 자기반성 없는 실수는 반복되지만 자기반성을 한 실수는 성공의 토양이 된다. 이 점을 사랑하는 후배들이 꼭 기억하기를 바란다. 결코 실수를 두려워 말고 도전하고 치열하게 자기반성 하기를 인생의 선배로서 부탁한다.

늘 밤 잠자는 시간 내내 숙면을 취할 수 있게 해 달라고 기도한다. 아울러 평소 내가 좋아하고 위로가 되는 성경 한 구절을 깊이 생각하면서 외워 본다. 그리고 그 구절을 생각하다가 잠이 든다.

대개 이렇게 하면 잠이 잘 온다. 만약 이렇게 해도 잠이 잘 오지 않으면 욕조에 따뜻한 물을 받아 커피잔의 3분의 1 정도 되는 분량의 소주 혹은 굵은소금을 넣고 반신욕을 한다. 이때 물이 너무 뜨겁지 않도록 하여 약 5분에서 10분 정도만 있다가 수건으로 몸을 닦고 나온다. 그러면 몸이 나른해지면서 스르르 잠이 온다. 소주 속에 든 알코올 성분이 혈액순환을 원활하게 해서 피로가 풀리면서 잠이 들게 만드는 것이다.

이 두 가지 방법이면 자고 싶은 시간에 자는 데에는 어려움이 없을 것이다. 아침에 일어나는 것이 중요한 과제인데 아침에 일어나기 위해서는 우선 튼튼한 알람시계가 최소 한 개 이상 필요하다. 굳이 값비싼 것보다는 소리가 우렁차고 막 던져도 고장이 잘 안 나는 튼튼한 것이면 충분하다. 알람시계와 함께 가족들의 도움도 필요하다. 사실 누군가가 깨워 주는 것이 가장 확실하다. 친구들과의 모닝콜도 해 볼 만하지만 서로 깨워 준 후 다시 잠들기가 일쑤이다. 무엇보다 아침 일찍 일어나는 데 있어서 꼭 일어나야겠다는 확고한 마음가짐만큼 확실한 알람시계는 없다. 아무리 피곤해도 정말 일어나야 된다고 본인 스스로가 마음을 먹으면 아침에 알람 소리를 듣는 동시에 번쩍 일어나게 될 것이다.

사람의 마음은 참 신기하다. 마음을 어떻게 먹고 뜻을 어떻게 정하느냐에 따라 생각과 행동이 바뀔 수 있다. '나는 도저히 아침에 일어날 수 없을 거야. 난 저녁형 학생이야. 난 안돼.' 이렇게 생각하면 그 학생은 아침에 일어나기가 어렵다. 하지만 '나는 할 수 있어. 나는 반드시 일어나서 가장 효율적인 공부를 해서 꿈을 이룰 거야. 그동안 의미 없이 보낸 시간을 반드시 다니엘 아침형 학습으로 역전할 거야. 나는 반드시 할 수 있고 나는 할 것이다.'고 생각한 학생은 반드시 아침 일찍 일어나 꿈을 향해 가기 시작한다. 그러니까 하루 100번씩 큰 소리로 자기에게 선포하기 바란다. 생각과 행동이 달라지면 가치관이 바뀐다. 가치관이 변하면 인생이 변하게 된다. 정말 졸리지만 반드시 일어나야 할 분명한 동기 부여가 된다면 아침에 일어나는 것은 불가능한 일이 아니다. 자신이 정한 시간에 일어나는 것은 쉬운 일이 아니지만 철저한 마음관리를 통해 얼마든지 가능한 일이기도 하다. 100일 동안의 치열한 결단과 실천으로 만들어진 다니엘 아침형 학습 습관이 나중에는 여러분의 인생을 변화시킬 것이다. 나를 비롯한 수만 명의 학생들이 이미 경험하고 그렇게 공부하고 있다.

따라서 자신이 계획한 시간에 잠자는 것과 일어나는 것 두 가지를 실천하는 문제는 단순히 자고 일어나는 문제를 넘어 마음관리 문제가 선행되어야 한다. 반대로 마음이 흐트러져 있을 때에는 자는 시간과 일어나는 시간을 엄격하게 정하여 지키려고 몸부림치는 가운데 흐트러진 마음을 정돈하여 질서 있게 만들 수 있다. 5월 첫째 주는 일단 흐트러진 내면세계를 질서 있고 정교하게 다듬는 데에 중점을 두면서 평소대로 공부하면 대성공이다.

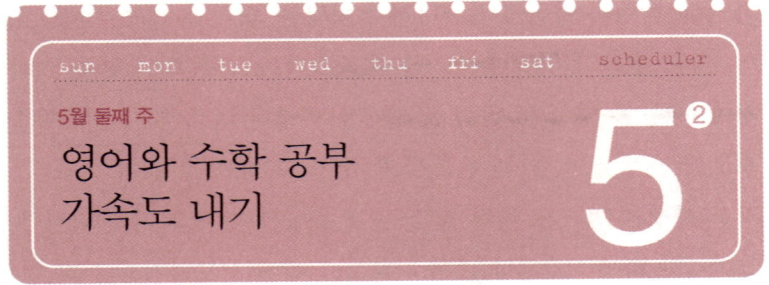

  5월 첫째 주에는 일단 흐트러진 마음을 바로잡았다면 둘째 주부
터는 첫째 주에 이어 수학과 영어 공부에 가속도를 붙여야 할 때
이다. 앞에서 말한 것처럼 영어는 소리를 내어 공부하면 학습 효
과가 크고 실력 향상에도 가속이 붙는다. 왜냐하면 언어이기 때문
이다. 우리나라 학생들은 보는 것에만 익숙한 나머지 말하는 것은
주저하는 경우가 많다. 물론 공공장소에서 소리 내어 공부하는 것
은 다른 사람들에게 방해가 되겠지만 아주 큰 소리가 아니라 자신
에게만 들리는 작은 소리로 공부하면 얼마든지 다른 사람에게 피
해를 주지 않으면서도 공부할 수 있다.

  집에서 공부하는 학생이라면 소리를 내며 공부를 해도 상관없으
니 마음 놓고 영어 본문을 죽 읽어 보자. 한 30분 정도만 소리를
내어 영어 본문을 두세 번 정도 읽고 나면 배가 금세 다시 고파질
정도로 에너지가 많이 소비되지만 시각과 청각을 동시에 사용하
였기 때문에 공부한 내용이 더 선명하게 기억되고 머릿속 깊이 저

장된다.

　이번 주에는 평소처럼 공부 하면서 특별히 영어 공부할 때는 보다 큰 소리를 내어 공부하는 것을 습관화하자. 좋은 습관을 하나 둘씩 내 것으로 만들다 보면 자신도 모르는 사이에 실력이 몇 단계나 업그레이드되어 자신의 꿈이 성큼 다가와 있는 것을 발견하게 될 것이다.

5월 한 달간 새벽 수학 공부로 자신감 회복하기

  새벽에 수학 공부를 꾸준히 해온 학생이라면 이제 어느 정도 수학에 자신감이 생겼을 것이다. 5월 한 달간 아침 일찍 일어나 1시간 40분 정도만 꾸준히 수학을 공부한다고 해도 3월, 4월 두 달간 배운 수학을 제대로 정리하고도 남는다. 사실 이른 새벽에 일어나 공부를 한다는 것은 쉬운 일이 아니다. 더구나 요즘 청소년들은 대부분 늦게 자고 늦게 일어나기 때문에 일찍 자고 일찍 일어나는 생활 습관으로 스스로를 바꾸기는 매우 어려울 것이다. 하물며 새벽에 일어나서 규칙적으로 자신에게 부족한 수학 공부를 하는 것은 더욱 어려울 것이다. 하지만 힘들어도 묵묵히 3월부터 새벽을 깨운 학생들은 이제는 예전에 가지고 있던 수학에 대한 두려움과 공포를 많이 떨쳐 버렸을 것이다. 눈물로 씨앗을 뿌린 사람은 기쁨으로 열매를 거둘 때가 있다는 것을 명심하자.

  둘째 주 수학 공부는 예습과 복습을 평소처럼 하되 서서히 예습량을 늘려 나가는 것도 해봄직하다. 기말고사 때 볼 수학을 5월 한 달 동안 예습을 통해 충분히 한 번 볼 수 있기 때문이다.

5월 셋째 주

내면의 나와 대화하는 시간,
올바른 이성관 정립하기

5³

5월 첫째 주와 둘째 주는 어린이날과 석가탄신일, 그리고 어버이날과 스승의날이 있어서 좀 빠르게 지나갔을 것이다. 셋째 주에는 날씨가 아주 화창하기에 마음이 붕 뜨는 경우가 많다. 왠지 책상에 앉아도 공부할 의욕이 생기지 않고 뭐 재미있는 게 없을까 하며 이리 기웃 저리 기웃하게 된다. 인터넷을 통해 이성 친구들과 채팅을 하거나 실제로 만나는 경우도 많다. 이성 교제라는 변수는 공부를 포함한 청소년의 전 생활 영역에 막대한 영향을 끼칠 수 있는 힘을 가지고 있다.

이성 교제가 적절하게 잘 이루어질 경우 상승 효과를 가져올 수도 있으나 그렇지 않은 경우가 더 많다. 왜냐하면 아직 자신의 이성관이 정립되지 않았기에, 이리저리 감정에 따라 흔들리다가 관계가 깨지는 경우가 많기 때문이다.

이때에는 내면세계와의 진정한 대화가 필요하다. 자신이 정말 이성 교제를 원하는지 먼저 물어보아야 한다. 과연 지금 이 시점에서 이성 친구를 사귀는 것이 꼭 필요한 일인가? 그리고 지금이 이성 교제를 하기에 최적기인가? 차선은 최선의 적이라는 말이 있다. 모든 일에는 최적기가 있다. 최적기에 최선의 결과를 내기 위해서는 이성 교제에 있어서도 준비와 인내가 필요하다. 지금 이성 교제를 하는 문제에 대해서 자신에게 묻고 또 물어야 한다. 그런 과정을 통해 스스로가 마음의 질서를 정리해 나가야 한다. 만약 이 시기에 자신이 이성 교제를 하게 되거나 혹은 기회가 생긴다면 먼저 자신과의 진지한 대화를 통해 이성 교제에 대한 보다 분명한 자기 주관을 세워야 할 것이다.

5월 넷째 주

공부 리듬을 깨지 않으며
여가 즐기기

5⁴

꾸준히 공부를 해 온 학생들은 이 시기에 잠시 중간 휴식을 갖는 것이 좋다. 왜냐하면 이제 곧 6월부터 본격적인 기말고사 공부를 시작해야 하기 때문이다. 평소대로 공부를 하되 일요일 하루는 제대로 푹 쉴 필요가 있다. 저녁 때 가족 혹은 친구들과 보고 싶은 영화를 보는 여유를 가지는 것도 필요하다. 공부라는 것은 무조건 열심히 해야지 하는 의욕이 지나치게 앞서다 보면 공부하는 양에 비해 실제로 머릿속에 들어오는 것이 많지 않은 경우가 많다.

3월부터 지금까지 나름대로 이 책에 맞춰 충실하게 공부해 온 학생들이라면 이제 본인 스스로가 조금씩 여유를 누릴 수 있는 권한이 커졌음을 느끼게 될 것이다. 자신의 공부 리듬을 깨지 않으면서 여가를 통해 공부 리듬을 더욱 활성화시키는 방법을 이제 몸과 마음이 서서히 자각하기 시작했을 것이다. 자신에게 주어진 일을 충실히 함으로써 생긴 여유 시간 동안 자신이 좋아하는 것을 하면서 보내는 것만큼 학생들에게 큰 기쁨과 성취감을 주는 일도 드물다.

절약하고 절약해서 생긴 시간에 자신이 무척 보고 싶은 영화를 보았을 때 느끼는 행복감은 참 크다. 매일 한 편씩 영화를 보는 것보다 그 감동이 배가 되고 내용 또한 마음에 와 닿는다. 똑같은 영화라도 내가 어떻게 시간을 보낸 다음 보느냐에 따라 그 재미는 달라진다. 가령 오늘 내가 해야 할 공부를 거의 하지 않은 상태에서 약속 때문에 할 수 없이 나가서 영화를 보는 경우와 정신을 바짝 차리고 집중하여 공부해서 목표만큼 끝낸 후 영화를 보는 경우 그 재미와 마음의 기쁨은 매우 큰 차이를 보인다.

사실 정말 공부를 잘하는 학생들은 '재밌게 놀기 위해서 주어진 시간에 열심히 공부한다.'는 얘기를 자주 한다. 어찌 보면 말이 안 되는 것 같지만 실제로 자신에게 주어진 일을 성실히 한 후에 노는 재미를 경험해 본 사람이라면 누구나 공감할 것이다.

5월 넷째 주는 지금까지 석 달가량 성실하게 공부한 학생들에게 주어지는 귀한 여가 시간이 될 수 있다. 한 가지 당부할 점은 공부의 리듬이 무너지지 않도록 항상 유의하면서 놀아야 한다는 것이다. 너무 오랜만의 여가라 하여 마음을 확 놓게 되면 나중에 원래의 좋은 컨디션으로 돌아오기까지 한두 주의 시간이 걸릴 수도 있기 때문이다. 그렇게 되면 6월부터 시작할 기말고사 대비 시스템으로의 전환이 늦어져 자신이 생각하는 대학과 학과에서 점점 멀어지게 될 수 있다.

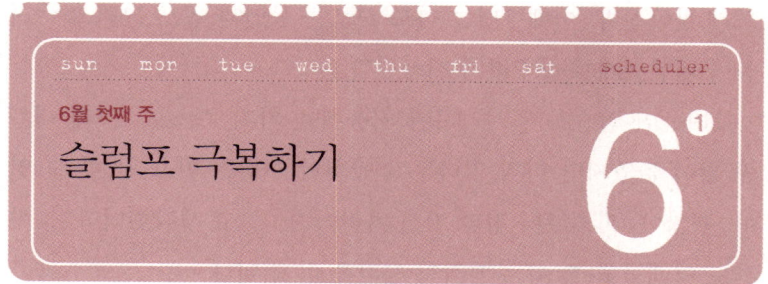

슬럼프 극복하기

　6월 첫째 주가 되면 학생들은 점점 날씨가 더워지는 것을 느끼게 된다. 여름이 조금씩 다가오는 것이다. 5월 한 달 동안 공부와 담쌓고 놀기에 집중한 학생들은 6월 첫째 주가 되면 허탈해지기 시작한다. 왠지 수업 시간에 앉아있어도 공부가 잘되지 않고 괜스레 짜증만 난다. 이유는 간단하다. 의식하지 않으려고 애쓰지만 해야 할 공부량이 아주 많아졌다는 것을 무의식적으로 직감하기 때문이다. 특히 입학 초기에는 나와 비슷한 실력을 가졌던 친구가 어느덧 내가 모르는 문제들을 술술 풀고, 성실하게 공부하는 학생들의 얼굴에 나타나는 자신감과 여유로운 표정을 보게 되면, 모르는 사이에 내가 한 달 동안 많이 뒤처졌구나 하는 생각에 두려움을 느끼게 된다.

　대학입시라는 치열한 경쟁 속에서 자신이 생각한 것보다 더 많이 뒤처졌다는 생각은 한순간의 생각으로 끝나지 않고 고개를 자꾸 들이민다. 처음에는 드문드문 들다가 점점 뇌리에 떠오르는 빈도가 잦아진다. 이때부터는 나도 모르는 불안과 공포 그리고 두려움이 내면세계에 상주하기 시작한다.

두려움이 엄습하기 시작하면 처음에는 자기 스스로 '그래 내가 좀 많이 놀았지만 아직 얼마든지 만회의 기회는 있고 난 할 수 있어. 괜찮아. 이제부터 정말 정신 차려야지.' 하고 생각했더라도, 자신도 억제할 수 없이 부정적인 생각을 하게 된다.

'그래 내가 너무 많이 논 것 같아. 한 달 동안 거의 공부한 게 없네. 아, 왜 그랬지……. 중간고사 끝난 다음 너무 마음이 풀어졌나 봐. 다른 친구들은 많이 공부 한 것 같은데 난 예습은커녕 복습조차 제대로 못했는데 어쩌지…….'

내면세계에 두려움을 품고 있는 시간이 많아지고 근심을 하기 시작하면 학생들은 그 사실을 숨기고 애써 태연한 척하기 위해 보통 때보다 더 과장된 행동을 하기도 한다. 이런 때는 쉽게 화를 내며 싸우게 되고 인터넷 포르노 사이트의 접속 빈도도 많아진다. 지금부터라도 마음을 바로잡고 시작하면 되는 문제를 본인 스스로 더 어렵게 만드는 경우가 대부분이다.

고1 첫 번째 위기를 극복하는 방법

고등학교 시절, 첫 번째 위기의 손님이 찾아오는 시기가 바로 이때다. 이 시기를 어떻게 대처하느냐에 따라 3년 내내 두려움과 불안감 속에서 지낼 수도 있고 아니면 떨쳐 버리고 새롭게 뜻을 정해 시작할 수도 있다.

이 손님을 잘 돌려보내려면 대책을 세워야 한다. 우선 자기가 한 달 동안 계획한 대로 인내하며 공부하지 못한 점에 대하여 정직하게 반성해야 한다. 주어진 귀한 시간을 자신을 위해서도 이웃을 위해서도 비옥하게 가꾸지 못한 것을 솔직히 인정하도록 한다. 인정과 동시에 그 대가에 대해서 정직하게 받아들일 마음의 준비를 해야 한다. '그래, 내가 그동안 불성실했으니 그만큼 더 열심히 공부한 학생들보다 점수를 낮게 받고 등수가 떨어져도 할 말이 없어.' 라고.

불안과 두려움은 내가 불성실하게 보낸 시간들에 대한 대가를 정직하게 받아들이기가 어려워 생긴 마음의 상태이다. 오히려 자신의 잘못과 실수를 솔직히 인정하고 그 대가를 정직하게 받아들이겠다고 마음을 먹게 되면 놀랍게도 두려움과 불안은 나를 떠나기 시작한다. 다시 말하지만 두려움과 불안과 초조한 마음으로 의욕만 앞세워 공부를 한다고 해서 집중력 있고 짜임새 있는 공부를 하기는 어렵다. 책장이 넘어가도 그 내용에 대한 깊은 이해가 뒤따르지 않는다. 두 시간 정도 그런 식으로 공부를 한 것보다 한 시간 정도 진지하게 마음을 관리하고 그 후에 편안한 마음으로 한 시간 집중해서 공부하는 것이 더 효율적이다.

나는 마음의 불안과 두려움이 생길 때 방에서 성경을 한두 장 정도 읽고 30분가량 기도를 했다. 그냥 하나님께 내가 하고픈 말들을 두서없이 토해 낸다. 아주 구체적으로 내가 어떻게 마음이 불안하고 초조한지를 말한다. 그리고 결과에 대한 두려움과 공부에 대한 중압감을 낱낱이 말한다. 때로는 공부가 너무 지겹고 하기 싫다고 말한다. 그 누구에게도 말하지 않았던는 내 속마음을 모두 털어놓는 것이다.

이렇게 기도를 하고 나면 마음이 후련해지고 속이 시원해진다. 마치 깨끗한 물로 씻고 따뜻한 물에 온몸을 담근 것처럼 몸 전체가 편안해져 온다. 내 기도는 그다지 세련되거나 현학적이지 않다. 그냥 나의 일상을 담은 하나님과의 대화이다. 나는 기도를 통해 지금까지 마음관리를 해왔다. 때로는 너무 힘들어 기도조차 잘 나오지 않을 때는 속으로 계속 '하나님 아버지…… 아버지…… 아빠……' 이런 짧은 단어만을 말하며 그 단어 속에 나의 모든 상황과 마음의 상태를 그대로 드러냈다.

그렇게라도 기도를 하면 내 마음을 눌러왔던 묵직한 두려움과 불안감이 조금씩 가벼워지면서 숨쉬기가 편해짐을 느낀다. 아마 각자 나름대로 자신만의 마음을 관리하는 방법이 있겠지만 내 방법도 한번 시도해 보라고 추천하고 싶다.

6월 슬럼프를 극복하는 방법 – 현충일을 활용하라!!

여러분이 확실하게 슬럼프에서 벗어나는 가장 구체적인 방법은 바로 6월 6일 현충일을 잘 보내는 것이다. 공휴일 하루 동안 나름대로 계획을 세워 인내하며 공부한다면 한 달 정도 공부를 못해서 생겼던 불안감이 사라지고 이제 다시 시작할 수 있다는 마음이 내면을 채우기 시작할 것이다.

그렇다면 6월 6일 하루 시간을 어떻게 활용하면 좋을까? 우선 6월 5일 즉, 현충일 전날부터가 중요하다. 내일이 휴일이라는 생각에 잠자리에 늦게 드는 경우가 종종 있다. 아침에 일어나 보면 10시 혹은 11시이고 대충 밥을 먹고 나면 12시에서 1시 사이이다.

공부 좀 하려고 책상에 한 시간 정도 앉아 있다가 심심해서 텔레비전을 켰는데 마침 재미있는 프로그램을 해서 두 시간 정도 텔레비전을 보고 나서 책상에 앉으면 왠지 마음이 우울하다. 공부를 해야 하는데 또 놀았다는 자책감이 든다. 하지만 그것도 잠시, 친구에게 전화가 와서 밖에서 영화 한 편 보자고 하면 순간 공부해야 한다는 마음이 들지만 어차피 오늘 하루 논 거 그냥 푹 놀자는 마음에 결국 밖에 나가서 영화를 보게 된다. 집에 돌아오면 어느덧 9시가 넘어 있고, 결국 그날 하루 순수하게 공부한 시간은 1시간이 채 못 되게 된다.

만약 이렇게 6월 6일을 보내게 된다면 6월 한 달 내내 공부에 대한 중압감과 두려움, 불성실하게 시간을 보냈다는 자책감으로 인해 내면의 질서는 더욱더 혼란스러워질 뿐이다. 이렇게 되지 않으려면 6월 5일에 평소보다 1시간 일찍 자더라도 평소 학교에 갈 때처럼 일어나서 공부를 시작하는 것이 좋다. 아침에 집에서 공부를 할 때 마음이 잘 잡히지 않으면 교복으로 갈아입고 공부를 해도 좋다. 어떤 학생들은 집에서 편한 옷을 입으면 잠이 오기 쉽고 긴장이 잘되지 않는다고 해서 잠자기 전까지 교복을 입고 공부를 하는 학생도 있다.

어떤 방법을 택하든지 중요한 것은 아침에 학교에서 공부를 하듯이 집에서도 공부를 하는 것이다. 그렇게 오전을 공부하면서 보내게 되면 점심을 먹을 때쯤이면 스스로가 대견하여 밥맛도 더욱 좋을 것이다.

그리고 일단 아침부터 그렇게 공부를 하면 집안 분위기도 달라진다. 한 달 동안 공부를 열심히 하지도 않고 대부분의 시간을 허비하던 아들이 공휴일이 되었는데 갑자기 정신을 바짝 차려 아침부터 공부하는 모습을 보면 어머니의 마음은 날아갈 듯 가벼워진다. 그러면 '이 녀석 공부 열심히 하는데 맛있는 거 해 줘야지.' 하는 마음이 절로 나신다. 점심시간에는 어머니의 따뜻한 격려와 함께 맛있는 식사를 할 수 있을 것이다(*^^*).

오후 공부 때는 마음이 느슨해지기 쉽다. 오전에 성실하게 공부한 데서 오는 성취감 때문에 긴장이 풀어지는 것이다. 하지만 이 정도의 성취감과 안도감을 가지고는 한 달 동안 성실하게 공부하지 못한 데서 오는 불안감을 완전히 해소할 수 없다. 오후 공부에 전력을 다해야 한다.

우선 7월 초에 있을 기말고사 공부 계획을 1시간 정도 세워 본다. 공부 계획을 한 달 전에 미리 세워 보면 본인 스스로가 공부할 시간이 그다지 많이 남아 있지 않음을 깨닫게 된다.° 이런 마음이 들면 오전에 열심히 공부해서 생긴 안도감과 성취감에서 벗어나 이제부터 정말 더 열심히 해야 하는구나 하는 자각이 들 것이다.

계획을 세운 다음부터 저녁 먹기 전까지 4시간 정도의 시간이 있는데 이때 영어와 수학에 2시간씩 배정한다. 오전 공부는 주로 영어와 수학 중에서 가장 자신 없는 과목을 위주로, 오후 공부는 영어와 수학 공부 시간을 일대일로 나누어 공부를 하면 무난하다. 새벽 공부와 아침 공부는 오후에 하는 공부보다 몇 배의 학습효과가 있다. 이 시간대를 잘 활용하기 바란다. 저녁을 먹고 나서는 평

● 공부를 하지 않을 때는 시간이 많은 것처럼 느껴진다. 그러나 공부를 하고자 계획하기 시작하면 시간이 많지 않음을 곧 알게 된다. 매일 남겨진 시간을 계산하여 주어진 시간을 소중히 여기는 후배들이 되기를 부탁한다.

소 방과후 하는 공부 계획대로 공부하고 하루를 마무리 지으면 대성공이다.

　이렇게 하면 고등학교 1학년 때 찾아오는 첫 번째 슬럼프를 슬기롭게 극복할 첫걸음을 성공적으로 내디딘 것이다. 이런 하루를 보내고 나면, '아직 늦지 않았어. 지난 한 달 좀 더 열심히 했으면 좋았을걸. 하지만 남은 기간 얼마든지 역전할 수 있어. 이제부터는 남은 시간을 소중히 여기며 학습관리와 마음관리에 더욱 힘써야지.' 하는 마음이 들 것이다. 이제 5월 한 달 동안 성실하게 공부한 친구들과 기말고사 시험에서 한번 겨루어 볼 만한 마음 준비가 끝난 것이다.

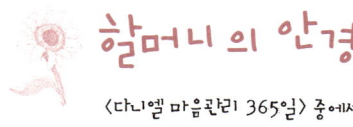

할머니의 안경

〈다니엘 마음관리 365일〉 중에서

한 어린 소년이 자기 친구에게 말했다.

"나는 나이 들면 우리 할머니 것과 똑같은 안경을 쓸 거야. 왜냐하면 할머니는 다른 사람들이 보는 것보다 훨씬 더 많은 것을 보시거든. 여기 한 사람이 있다고 해 보자. 다른 사람들은 그 사람의 나쁜 점만 볼 때 우리 할머니는 그 사람의 좋은 점을 보실 수 있단다. 할머니는 또 그 사람이 하지 않은 좋은 일까지도 그 사람은 할 수 있다고 보실 줄 안단다. 그래서 하루는 내가 할머니께 여쭈어 보았어. 할머니는 어떻게 그렇게 좋은 점들만 보실 수 있느냐고 말이야. 그랬더니 할머니는 연세가 드시면서 모든 것들을 그런 식으로 보시게 되었다는 거야. 그래서 나도 나이가 들면, 우리 할머니와 똑같은 안경을 쓰고 싶어. 나도 할머니처럼 그렇게 좋은 것만 볼 수 있게 말이야."

우리가 모두 할머니의 안경을 끼고 있다면 이 세상이 얼마나 많이 달라질까요. 나는 당신 안에서 좋은 점을 보려 할 테고 당신은 내 안에서 좋은 점을 보려 할 테니 우리 모두의 삶이 훨씬 더 즐거워질 것입니다.

사랑하는 귀한 후배들에게 꼭 하고픈 이야기가 있습니다. 오늘부터 뜻을 정하여 할머니의 안경을 끼고 살기를 바랍니다. 사랑하는 후배들이 그렇게 결단하는 순간부터 대한민국은 이미 달라지기 시작한 것입니다.

　사람은 완벽할 수 없습니다.

　사람들은 누구나 장단점을 가지고 있습니다.

　단점만 보기 시작하면 악순환만 반복되기 마련입니다.

　남의 단점을 먼저 보지 말고 나의 단점을 먼저 보고 고치십시오.

　나와 타인의 장점을 보고 그것을 더욱 개발시켜 나가십시오.

　오늘부터 다시 뜻을 정해 꿈과 비전을 향해 도전하십시오. 아직 늦지 않았습니다.

　얼마든지 역전할 수 있습니다. 모두들 더욱 힘내세요.

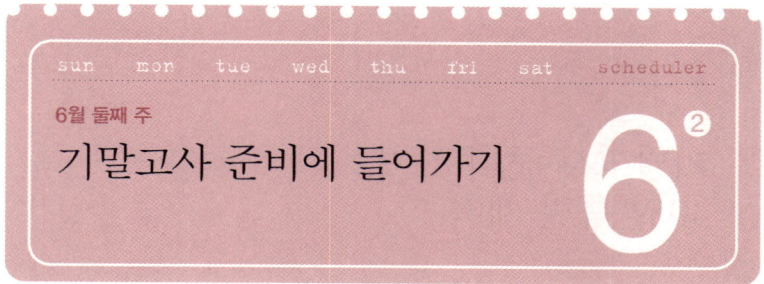

sun   mon   tue   wed   thu   fri   sat   scheduler

6월 둘째 주
기말고사 준비에 들어가기

6^②

이제 본격적으로 기말고사 준비 시스템에 맞추어 공부 계획을 세워야 한다. 방법은 1학기 중간고사 때와 같다. 보통 1학기 기말고사는 7월 첫째 주에서 둘째 주 사이에 있다. 자신의 학교가 언제 시험을 보고 무슨 과목을 보는지 둘째 주에 상세히 알아 놓고 기말고사 준비를 시작한다. 만약 할 수만 있다면 6월 첫째 주에 기말고사 공부 계획을 마무리하고, 6월 둘째 주부터 바로 공부에 들어가도록 한다.

기말고사 준비 시기, 30일 특별 계획

가령 7월 첫째와 둘째 주에 걸쳐 시험이 있다고 하면 보통 시험 기간은 5일에서 6일 정도이다. 하루에 한 과목 또는 두 과목을 볼 것이다. 기말고사에 앞서 깊이 생각할 부분이 있다. 이미 중간고사를 통해 여러분은 내신 시험을 경험했다. 이 경험을 잘 살려 기말고사에 적용하면 기말고사 때는 훨씬 더 좋은 성적을 낼 수 있을 것이다. 기말고사 때에는 중간고사의 경험을 바탕으로 하여 각 과목별로 대충 어떤 선생님이 어떻게 시험을 출제하는지 파악해야 한다.

또 여러분은 이미 한 번의 중간고사를 보았기에 어떤 내용을 어떤 문제집에서 주로 어떤 방식으로 내는지 과목별로 나름의 노하우가 생겼을 것이다. 이것을 적극적으로 활용하라. 그리고 영어와 수학은 계획대로 철저하면서도 차근차근 인내심을 가지고 공부하는 것을 잊지 말아야 한다.

기말고사를 본격적으로 준비하기에 앞서 지난번 중간고사에서 특별히 시험 점수가 잘 나오지 않은 과목에 대한 대비책을 마련해야 한다. 내가 왜 이 과목에서 점수가 잘 나오지 않았는지 생각하고 구체적인 이유들을 정리해야 한다. 공부를 충분히 못했다면 왜 못했는지에 대해서 마음을 가다듬어 생각을 정리한다. 사실 영어와 수학을 공부하는 시간의 5분의 1만 기타 과목에 투자하면 그 과목에서 최고 점수를 받기란 어려운 일이 아니다. 따라서 각 과목별로 자신이 취약한 과목에는 시간 배분을 다시 한다. 1학기 중간고사 공부 계획의 세부 사항들을 보다 더 정교하게 자신의 공부 패턴에 맞게 조정하여 기말고사 준비에 만전을 기해야 한다.

이런 과정을 거치면 자신에게 맞는 공부 방법과 계획을 자율적으로 만들어 갈 수 있다. 대학에서는 능동적이고 자율적으로 공부하는 학생들이 월등히 앞서 나가게 되어 있다. 자기 주도적 학습 습관을 고등학교 때부터 익힌 학생들은 대학에 가서도 우수한 성적을 받게 된다. 왜냐하면 교수님들이 잡아 주는 지식의 물고기만을 먹는 데 그치지 않고 자신이 직접 자신에게 필요한 물고기들을 잡을 수 있기 때문이다. 평생 학습 사회로 접어든 21세기에는 그런 사람만이 어느 분야에서든지 최고의 전문가이자 성공하는 사람이 될 수 있다.

이 한 달여 기간 공부하면서 특별히 주의할 점은 토요일 공부 시간에 마음관리를 잘해야 한다는 것이다. 토요일 공부는 아무래도 다른 날에 비하여 집중력이 현저히 떨어지고 놀고 싶은 마음이 많이 드는 것이 사실이다. 하지만 남들보다 5월에 많이 논 학생들에게 토요일은 황금 시간이다. 6월 6일에 성공적으로 슬럼프 탈출에 성공한 학생들은 기말고사가 끝날 때까지 있는 4번 정도의 토요일 공부 시간을 결코 느슨하게 보내서는 안 된다.

토요일 공부를 통해 자신감도 되찾고 내면세계의 질서를 보다 짜임새 있게 관리하는 것은 기말고사 내내 여러분에게 큰 힘과 위안을 가져다 줄 것이다. 이미 경험했겠지만 5일에서 6일 동안 긴장 속에서 시험을 계속 본다는 것은 상당한 체력과 정신적 힘이 요구된다. 한 과목의 시험을 망쳤다고 해서 다른 과목의 시험까지 포기하는 경우도 종종 있는데 이는 너무나 안타까운 일이다. 그래서 6월 토요일 공부를 자기절제와 인내심을 가지고 꾸준히 해나가는 것은 7월 여러 날에 걸쳐 치르게 될 기말 시험을 감당할 공부 저력의 밑바탕이 되기 때문에 힘들어도 6월 토요일 공부에 전력을 다하기 바란다.

특별히 이 기간에는 날씨가 조금씩 더워지기 시작한다. 계절의 변화가 느껴지는 시기인지라 감기에 걸리는 학생들도 의외로 많다. 감기에 걸리면 최소 일주일에서 길게는 한 달 내내 고생하며 정신이 멍한 상태에서 공부를 해야 하는 경우가 생긴다. 자신이 감기에 걸렸다는 느낌이 들면 신속하게 감기를 나을 수 있는 방법을 찾아 실행에 옮겨야 한다. 감기가 뭐 대수냐고 하며 그냥 넘기다가는 큰 코 다칠 가능성이 많다. 감기는 집중력을 저하시키는 데 아주 탁월한 재주를 가지고 있으므로 감기가 찾아오면 신속정확하게 병원 처방을 통해 감기를 내보내야 한다.

7월 둘째 주
기말고사 기간,
마음관리에 힘쓰기

7②

고1 첫 번째 기말고사 시험이다. 1학기 기말고사 시험은 여름방학을 앞둔 시험이기에 잘 치르지 못한 경우 방학 내내 후유증이 크다. 그러므로 방학 전에 보는 기말고사는 특히 주의를 기울여야 한다. 기말고사를 잘 치르기 위해서는 시험 기간 내내 마음관리를 잘해야 한다. 공부를 많이 한 학생이건 그렇지 못한 학생이건 자신이 한 만큼 정직하게 기말고사 기간 내내 자신이 할 수 있는 최선을 다해 시험을 준비하고 치러야 한다. 시험이 주는 중압감 때문에 도망가서도 안 되고 피해서도 안 된다. 담담하게 자신을 인정하며 시험기간 동안 하루하루 최선을 다하기 바란다. 특별히 특정 과목에서 생각만큼 점수가 나오지 않았을 때 생기는 마음의 동요를 잘 추슬러야 한다. 그래서 다음 날 시험에 악영향을 주지 않도록 특별히 마음관리에 힘쓰도록 한다.

7월 셋째 주
여름방학 계획 세우기

7③

기말고사가 드디어 끝났다. 이제 얼마 안 있으면 여름방학이 시작되기에 학생들은 무척 들뜨게 된다. 지긋지긋한 기말고사도 끝나고 한 학기가 이제 곧 끝난다는 생각에 학생들의 마음은 굉장히 즐겁다. 보통 여름방학은 7월 셋째 주 또는 넷째 주 초에 시작하여 8월 넷째 주까지 대략 한 달여다. 한 달이라는 꿈같은 시간이 이제 곧 주어지게 된다. 고등학교 3년 동안 여름방학, 겨울방학은 총 여섯 번이다. 실제로 대학입시를 보기 전까지는 다섯 번이다. 고3 겨울방학은 대학입시가 지난 다음에 있기 때문이다. 총 6개월 정도의 시간이 주어진다. 방학을 어떻게 보내느냐에 따라 자신이 원하는 대학에 갈 수 있느냐 없느냐가 결정된다고 말할 수 있을 정도로 이 기간은 중요하다.

7월 셋째 주는 방학을 맞이하기 전에 있는 중요한 한 주간이다. 기말고사가 끝난 이 한 주 동안 미리 방학 계획을 착실하게 세우면서 한 학기 동안 지친 몸과 마음을 풀어 주어야 한다. 이때 나름대로 쉬면서 방학 계획을 세워 두지 않으면 한 달간의 방학을 마치 5월 한 달처럼 공부를 열심히 한 것도 아니고 그렇다고 아주 놀기만 한 것도 아닌, 차지도 않고 덥지도 않은 미지근한 상태로 보낼 가능성이 아주 높다.

7월 셋째 주는 영어와 수학 위주로 평소대로 공부하되 방학 계획을 꼭 세우도록 한다. 방학 계획은 둘째 주 일요일 저녁 혹은 늦어도 셋째 주 일요일 저녁까지는 충분한 시간을 들여 정교하게 세우도록 한다.

7월 넷째 주~8월 셋째 주

여름방학 기간

$7^{④}$-$8^{③}$

이제부터 본격적인 방학에 들어간다. 방학이 시작되면 거의 한 달간을 학교에 가지 않아도 된다. 여름 보충 학습이 있는 학교도 있지만 대개 고1은 하지 않는다. 만약 중학교 때 미리 고등학교 영어와 수학 공부를 성실하게 하지 못하고 고1 1학기 공부도 대충한 학생이라면 고1 1학기 과정의 국·영·수 복습과 고1 2학기 예습을 6:4로 하여 공부한다. 3월, 4월, 5월, 6월, 7월 다섯 달 동안 인내심을 가지고 이 책에 나온 대로 예습과 복습을 실천한 학생들은 2학기 국·영·수 예습 위주로 공부하는 것이 좋다.

희망을 현실로 만드는 가능성의 시간

3월부터 7월 중순까지 그다지 성실하게 영어와 수학 두 과목의 예습과 복습을 잘하지 못한 학생이라면 이번 여름방학은 결코 소홀히 보낼 수 없는 귀한 시간이다. 물론 중학교 때부터 성실하게 고등학교 영어와 수학을 준비해 왔고, 1학기 동안에도 착실하게 공부한 학생들이라면 이번 여름방학 기간에 자신이 하고픈 일들을 매일 한두 시간 정도는 짬을 내어 해도 자신이 목표로 하는 대학에 가기에는 큰 무리가 없다. 오히려 적절하게 공부를 하면서 여가를 보내는 것이 마음관리를 하는 데 더 큰 도움이 될 것이다.

공부에도 부익부 빈익빈 법칙이 적용된다. 잘하는 학생들은 더 잘하려고 하기에 실력 향상으로 이어질 가능성이 높지만, 못하는 학생들은 내면 질서가 마구 어지럽혀지고 뜻을 정하기가 쉽지 않아 결국 스스로 포기하는 경우가 많다. 하지만 이 법칙에도 예외는 있다. 공부를 잘하는 학생이라도 마음관리를 3년간 꾸준히 한다는 것은 쉬운 일이 아니다. 도중에 만나게 되는 여러 위기 상황에 효과적으로 대처하지 못하면 언제든지 뒤처질 수 있다. 반면 한번 공부를 못한다고 해서 계속 공부를 못하는 것도 아니다. 예를 들어 중학교 때 미리 고등학교 공부를 제대로 준비하지 못했더라도 고등학교 1학년 3월부터 착실하게 이 책에 나온 대로 준비한 학생들은 얼마든지 역전의 기회를 가진다. 특별히 새벽 공부를 통해 수학을 꾸준히 공부한 학생은 이미 수학에서는 누구에게도 뒤지지 않을 자신감이 생겼을 것이다.

대학입시는 한두 달 공부해서 보는 것이 아니라 3년간의 내신과 수학능력시험을 치러야 하는 장거리 마라톤 경주와 같다. 초반에 과속하여 남들보다 한참 앞섰다고 해서 그 사람이 항상 우승하는 것은 아니다. 오히려 페이스 조절을 잘하여 끝까지 인내하며 성실하게 한 발 한 발 나아가는 사람이 승리한다. 마라톤 경주에도 다양한 전략과 전술이 있는 것처럼 3년 동안 대학입시를 준비하는 것에도 여러 전략과 전술이 있다. 그리고 대학입시라는 장거리 마라톤에서 고등학교에서 맞는 첫 번째 여름방학은 황금의 시기라고 해도 손색이 없을 정도로 중요하다.

여름방학 공부 계획 세우기

방학 계획을 세울 때 먼저 해야 할 것은 방학 기간 동안 자는 시간과 일어나는 시간을 정하고, 매일 공부하는 시간과 쉬는 시간을 정하는 일이다. 물론 학원에 가는 학생들도 있고 과외를 하는 학생들도 있을 것이다. 가급적 자기 주도적으로, 스스로 공부하는 습관을 들이도록 하되 부족한 과목 위주로 실력 보완을 위해 사교육을 받는 것도 좋다고 생각한다. 하지만 스스로 공부하는 시간의 절대량을 확보하는 것은 원하는 성적을 받기 위해서라면 반드시 필요하기 때문에 학원과 과외에 들이는 시간을 잘 조정하도록 하자.

내가 아는 어떤 학생은 보통 학교에서 4시에 집에 오면 5시부터 밤 12시까지 다시 학원에 간다고 한다. 실제로 그 학생이 남에게 배우지 않고 스스로 공부할 수 있는 시간은 하루에 많아 봤자 3시간, 보통은 2시간에서 1시간 반 정도밖에 되지 않는다고 한다. 이런 상태에서는 좋은 수업을 많이 듣는다고 해도 실제로 그 학생의 실력이 월등히 향상되기는 힘들다. 배운 것을 자신의 것으로 만드는 시간이 절대적으로 부족하기 때문이다.

학원을 비롯한 과외 수업은 취약한 과목의 부족한 부분을 스스

로 공부하기에는 시간도 많이 들고 어려울 때, 그 부분 위주로 단기간 배우기 위해 활용하는 것이 좋다. 스스로 공부하면서 부족한 과목을 보충할 필요가 있을 때 인터넷 강의를 비롯한 사교육의 도움을 받는 것을 권한다. 그러나 가급적 스스로 공부하면서 학교 선생님이나 공부 잘하는 친구들에게 물어 가며 공부하는 것이 더 효과적일 것이다. 스스로 공부하다 보면 자기 스스로가 문제를 풀어야 하기에 여러 생각을 하지 않을 수 없다. 하지만 사교육에서 제공되는 가르치는 자 중심의 일방적인 수업과 반복되는 암기 습관은 학생으로 하여금 스스로 공부하기보다는 누군가에게 의존하는 습성을 키우게 만든다. 그 결과 학원이나 과외 수업에서 일일이 가르쳐 주지 않은 문제 유형이 나오게 되면 크게 당황하여 침착하게 문제 풀이를 하지 못하는 경우가 많다. 이러한 점을 보완하기 위해 거액을 주고 또 다른 학원에 다니고 고액 과외를 받는 경우도 허다하지만, 이러한 방식은 결코 효과적인 방식일 수 없다.

과외나 학원 수업을 받지 않는 학생들의 방학 계획을 생각해 보면 다음과 같다.

우선 잠자는 시간은 11시로 정하고 일어나는 시간은 5시로 계획을 세운다. 이 학생의 경우 6시간은 잠자는 시간이다. 아침밥을 먹는 시간은 방학 때이기에 8시 정도로 계획을 세운다. 아침 5시에 일어나면 우선 기지개를 편 후 간단한 스트레칭을 한다. 5시부터 5시 20분까지 20분 동안 새벽 마음관리 시간을 갖는다. 마음관리 시간을 통해 하루 계획들을 한 시간 단위로 나누어 다니엘 학습 플래너에 적어보며 학습 플래닝을 한다. 나는 마음관리●로 하루를 시작하여 공부에 대한 여러 중압감과 생활의 문제들로 인해 무너진 내면세계를 다시 바로 세웠다. 아침 20분의 시간을 통해 나는 치열한 하루를 시작할 마음의 준비를 할 수 있었다.

아침 5시 20분부터 8시까지는 대략 2시간 40분이 있다. 아침밥

- - - - - - - - - - - -
● 『다니엘 아침형 학습법』을 참조하면 자세한 아침 마음관리와 아침 학습에 대한 도움을 받을 수 있다.

은 대략 30분이면 다 먹는다. 30분을 쉬고 공부를 시작한다고 하면 9시부터는 공부를 시작할 수 있다. 점심 시간은 오후 1시. 그렇다면 대략 4시간의 시간이 생긴다. 1시부터 2시까지를 점심 식사와 휴식 시간으로 정하면 2시부터는 공부할 시간이 생긴다. 2시부터 저녁 먹는 7시까지는 5시간의 시간이 생긴다. 7시부터 저녁 8시까지 저녁 식사를 하고 휴식을 취하면 8시부터는 공부할 수 있다. 8시부터 11시까지 대략 3시간의 공부시간이 생긴다. 잠자는 시간, 밥 먹는 시간, 밥 먹고 나서 쉬는 시간, 마음관리 시간을 제외하고 약 14시간이라는 엄청난 시간이 확보된다.

이 14시간을 어떻게 보내느냐에 따라 실력은 엄청난 차이를 보이게 된다. 의욕이 앞서 14시간을 오로지 공부만 하겠다는 학생들이 있는데, 한 3일 정도 그렇게 하다가 도저히 못하겠다고 포기하는 경우가 태반이다. 14시간 내내 공부한다는 것은 무리다. 매일 자기 스스로 공부하는 시간이 8시간만 되어도 그 학생은 상위권에 속하게 된다. 서울대학교를 지원하는 학생들은 보통 10시간 이상 방학 때 자기 공부를 한다. 나머지 시간은 자신이 공부하는 시간에 최고의 집중력을 발휘할 수 있도록 휴식 시간과 예비 시간으로 계획을 세워 놓는 것이다. 실제로 공부를 아주 잘하는 학생들이 쉬는 시간을 설정해 놓는 이유는 질리지 않고 끝까지 공부를 하기 위해서이다. 스트레스를 푸는 이유 역시 공부할 때 스트레스가 너무 많이 쌓이면 막상 공부를 해도 능률이 오르지 않기 때문이다.

대략 방학 때 하루 동안 공부할 수 있는 시간은 보통 학기 중의 두 배에서 세 배가 되기 때문에 방학 때 하루는 학기 중의 3일과 맞먹는다. 따라서 한 달 방학을 충실히 보내는 것은 석 달 동안 성실하게 학기 중에 공부하는 것과 비슷하다.

목표 대학에 따른 공부 계획은 이렇게

우선 내가 목표로 하는 대학이 어디인지 생각해 보자. 만약 서울대·고려대·연세대 같은 대학을 가고자 한다면 방학 때 하루 동안 스스로 8시간 이상은 공부할 것을 각오해야 한다. 서울에 있는 괜찮은 4년제 대학에 가려 한다면 대략 6시간 이상 공부해야 한다. 물론 의대, 약대, 한의대, 치대에 진학하고자 한다면 하루 8시간 이상 공부해야 할 것이다. 자신은 서울에 있는 4년제 대학이면 충분하다고 생각하는 학생들은 방학 때 4시간 정도만 꾸준히 공부를 해도 갈 수 있다. 물론 고1 때 실컷 놀다가 마음을 다잡고, 고3 때 바짝 공부해서 대학에 가는 경우도 많다.

선택은 본인이 해야 한다. 그리고 일단 선택한 뒤에는 그에 따르는 실천을 해야 할 것이다. 많은 학생들이 선택만 할 뿐 실천을 하지 않아, 스스로 절망에 빠지는 경우가 많은데 좀 더 현실을 냉혹하게 직시하며 자신을 돌아볼 필요가 있다. 만약 1학기 내내 공부를 그다지 열심히 하지 않은 학생들 중에서 반에서 중간 정도하는 학생들이 여름방학 내내 8시간 정도 공부를 하게 되면 2학기 때에는 상위권으로 도약할 수 있다. 하지만 그만큼 공부하지 않는다면 상위권으로의 도약은 절대 이루어질 수 없다. 그래서 여름방학 시기는 중요하다.

이 시기에 주로 해야 할 공부는 영어와 수학이다. 고1은 아직까지 시간이 있는 시기인지라 어떻게 하든 영어와 수학의 기초와 틀을 바로잡는 것이 중요하다. 이제 구체적인 계획을 잡아 보자.

오전 시간, 무슨 공부를 할까?

아침 5시 20분에서 8시까지 이 시간은 수학을 집중적으로 공부한다. 1시간 정도 공부하고 10분 쉬고 다시 1시간 정도를 집중해서 공부하는 방식을 취하면 된다. 5시 20분부터 6시 20분까지 우선 공부한다. 10분 쉬고 6시 30분부터 8시까지 1시간 30분간 공부를 한다. 총 2시간 30분의 공부 시간이 있는 것이다.

오전 9시부터 오후 1시까지는 그나마 하루 중 덜 더운 시간이다. 2시간은 영어 공부, 2시간은 수학 공부를 하는 것이 좋다. 오전 9시부터 9시 반까지 30분 정도 큰 소리를 내어 영어 독해를 하면 좋다. 그 다음 30분은 영어 듣기, 10분은 휴식, 30분은 단어와 숙어 암기, 30분은 문법 공부, 10분은 휴식을 한다. 11시 20분부터 12시 10분까지 50분은 수학 공부, 10분은 휴식, 40분은 다시 수학 공부를 한다. 1시부터 2시까지는 점심 식사 휴식 시간이다.

무더운 여름철 오후, 슬기롭게 공부하는 방법

오후 공부 시간인 2시부터 7시, 총 5시간을 배분해 보자.

우선 이 시간은 하루 중에서도 가장 더운 시간이기에 공부하기가 그리 만만치 않다. 일단 여름은 날씨와의 신경전에서 얼마나 효과적으로 마음관리와 체력관리를 하는지가 관건이다. 가장 더운 이 시간대에는 가급적 시원한 공부 환경을 만들고 공부를 하는 것이 좋다. 그렇다고 해서 에어컨을 너무 심하게 켜서 춥게 만들 필요는 없다. 외부 온도와 너무 큰 차이가 나면 감기에 걸리기가 쉽다. 에어컨이 없는 방에서는 선풍기를 틀고 시원한 옷차림으로 공부를 하자. 일부러 더위와 싸우느라 공부할 에너지까지 다 쓰는 짓은 어리석다. 어떤 학생들은 방학 한 달 동안만 시원한 에어컨 바람이 나오는 독서실을 다닌다. 혹은 구청이나 시립 도서관을 다니는 학생들도 있다. 하지만 나는 개인적으로 오고 가는 시간을 줄여 집에서 공부기를 권한다. 여름에는 너무 시원한 것보다는 약간 덥더라도 참고 공부하는 훈련을 하는 것도 필요하다.

되도록 오후 2시부터 바로 공부하지 말고 10분 정도 오전 공부 시간에 대한 반성과 오후 공부 시간을 어떻게 보낼 것인지 잠시 눈을 감고 계획을 세워 보도록 하자. 왠지 오늘은 공부가 잘되지 않고 마음이 계속 산만하다면 마음관리를 하며 10분 정도 성경의 잠언 한 장 정도를 차분하게 노트에 옮겨 적어 보는 것도 좋다. 잠언에는 인간의 삶에 대한 깊은 지혜와 지식이 많이 담겨져 있다. 차분하게 한 자 한 자 적어 가면 마음이 많이 차분해질 것이다. 잠언이 내키지 않는 학생들이라면 각자가 좋아하는 금언집을 차분하게 한 자 한 자 쓰는 것도 좋다.

오후 2시 10분부터 1시간 동안 공부한 후 10분을 쉬고, 3시 20분부터 4시 20분까지 1시간 더 공부한다. 다시 10분을 쉬면 4시 30분부터 5시 30분까지 공부시간이 생긴다. 다시 10분 쉬고 5시 40분부터 7시까지 1시간 20분간 공부를 한다. 모두 4시간 20분이라는 긴 공부 시간이 생긴다. 그리고 30분 정도 쉬는 시간이 주어진다. 4시간 20분이라는 시간은 보통 학기 중 하루 평균 공부 시간과 맞먹을 정도로 긴 시간이다.

이때 영어, 수학 중에서 자신에게 필요한 공부를 더 한다. 우선 점심 먹기 전에 수학을 공부했으니 영어 공부를 먼저 한 후 수학 공부를 하도록 한다. 오후 공부 시간 1시간 정도는 꼭 독서 시간을 두어 이문열의 삼국지 10권 혹은 고등학생들이 읽어야 할 소설, 수필 100선 등을 읽는 것이 매우 중요하다. 국어 공부는 많이 읽고 많이 쓰고 많이 생각하는 것보다 더 좋은 방법이 없다. 교과서 외 지문의 출제 비중이 높아지고 있는 수학능력시험의 경향을 고려해 볼 때 고1 여름방학 때의 독서 시간은 반드시 필요하다. 영어, 수학이 1등급 이상인 학생들은 1시간 30분에서 2시간 정도 독서를 하면 매우 효과적이다.

무더운 여름 저녁, 효과적으로 공부하는 방법

저녁을 먹고 나서 30분 정도 쉬고 나면 이제 저녁 공부 시간이다. 저녁 8시부터 11시까지 이 시간은 날씨가 좀 선선해지는 시간이기도 하다. 새벽, 오전, 오후 공부를 하고 나면 많이 지치게 되기 때문에 이 시간에는 긴장도 느슨해지고 적당히 놀고 싶어진다. 나는 개인적으로 일주일에 세 번 정도 운동할 것을 권한다. 실제 운동 시간은 35분에서 40분 정도로 하고, 샤워하고 옷 입는 시간을 20분 정도로 잡는다. 빠르게 걷기, 조깅, 스트레칭, 줄넘기, 수영 등 다양한 운동 중에서 제일 마음에 드는 운동을 한다. 무엇보다 운동을 하는 목적은 하루 종일 앉아 공부하면서 지친 몸과 마음에 운동을 통해 새로운 활력을 불어넣기 위해서이다. 사실 20분만 조깅을 해도 몸이 개운하고 신진대사가 활발해지면서 지친 몸과 마음이 많이 가벼워진다. 정신적 긴장과 피로를 운동을 통해 이완하는 것은 매우 효과적인 휴식 방법이다.

개인적으로 나는 저녁 공부 시작 전에 10분 정도 저녁 마음관리 시간을 가졌다. 하루 종일 공부를 하다 보면 어느새 공부가 하기 싫어지고 뭔가 재미난 일을 하고픈 것이 인간의 마음이다. 그런 마음을 바꾸고 다시 공부를 하기 위해서는 자신의 마음을 점검할 필요가 있다. 우선 나는 눈을 감고 심호흡을 10번 정도 했다. 천천히 숨을 들이마시면서 머릿속의 칠판에 10을 쓴다. 그리고 천천히 숨을 내쉬면서 칠판 위의 글씨를 지운다. 반복하여 1까지 한다. 숨을 쉴 때는 머리끝부터 발끝까지 숨이 도달할 수 있도록 깊이 천천히 숨을 쉬고 내뱉을 때는 조금씩 천천히 내뱉는다. 이때 내 마음속에 있는 혼란한 생각까지 내보낸다는 마음으로 내뱉는다.

심호흡을 한 후에는 잠시 나 자신에게 물어본다. 과연 이 공부를 또 해야 하는가? 공부가 하기 싫고 지겹고 짜증까지 나는데도 해야 하는 이유는 무엇인가? 난 무엇을 위해 공부를 하는가? 공부가 하기 싫음에도 불구하고 해야 하는 당위성이 내게 있는가? 내면의 내게 진지하게 물어본다.

스스로 납득할 만한 공부에 대한 당위성을 찾지 못하면 그때부터 공부는 내게 무척이나 무거운 짐으로 변한다. 짐의 무게가 감당할 만한 때에는 오히려 그 짐이 나를 흔들리지 않고 지탱시켜 줄 수 있지만 그 짐의 무게가 너무 무거우면 결국 짐을 버리게 마련이다. 공부는 학생들 모두에게 짐으로 느껴진다. 하지만 각자가 느끼는 짐의 무게는 다르다. 저녁 공부 이전에 마음관리를 통하여

짐의 무게를 조절해야 한다. 너무 무거워진 짐은 적절하게 낮추고 너무 가벼워진 짐은 약간 무게를 두어 인내심을 가지고 끝까지 공부하는 데 좋은 무게중심 역할을 하도록 만들어야 한다. 자기 주도적 평생 학습법인 다니엘 학습 방법은 강한 동기 부여에서 시작한다는 것을 늘 기억하기 바란다.

스스로 공부할 수 있는 시간 확보하기

내가 이 학습법을 쓰는 이유 중의 하나는 단순히 좋은 대학에 효과적으로 가기 위한 전략을 말하기 위해서가 아니라 이 책을 본 여러분들이 자신의 재능과 적성에 맞는 대학에 가서 정말 원하는 공부를 창조적 사고와 인내심을 가지고 하기를 바라는 마음에서이다. 진짜 공부는 대학에서 시작된다. 많은 학생들이 대학에 가면 실컷 놀 것이라 착각한다. 사실 고등학교 시절 힘들게 공부하는 것은 앞으로 자신이 원하는 분야에서 제대로 공부를 하기 위한 과정일 뿐이다. 안타까운 것은 그 과정에 수많은 학생들이 목숨을 걸고 있다는 사실이다. 더 중요한 것은 그 과정을 통과한 이후에 있을 대학 시절 동안 어떤 마음 자세로 자기 분야의 공부에 임하느냐는 것인데 말이다.

강남 학생들이 소위 명문대에 많이 진학하지만 안타까운 것은 대학에 가서 자기 능동적인 공부를 잘 못한다는 점이다. 주로 학원과 과외로 공부하다 보니 남들이 잡아 준 물고기를 먹는 것에만 익숙해져 있기 때문이다. 그 결과 자유로운 지식의 바다인 대학에서는 스스로 계획을 세워 자기에게 필요한 지식의 물고기들을 효과적으로 잡지 못하게 된 것이다.

서울대학교 1학년 공대 신입생들 중에서 상당수가 공대 수학을 잘 따라가지 못해 과외를 받는다고 한다. 죽어라 고등학교 시절 공부했다고 하지만, 원하는 대학에 가서 기본적인 수학조차 잘 못 따라간다는 이야기다. 여러 이유들이 있겠지만 중요한 이유 중의 하나는 본인 스스로 공부하는 습관을 가지지 못했기 때문이다. 이 책은 대학에 가서도 제대로 공부할 수 있는 방법을 담고 있다. 아무리 비싼 과외를 받고 고액 학원을 다녀도 본인 스스로 하려는 의지가 없으면 무용지물이다. 그렇기 때문에 과외나 학원 수업을 받더라도 능동적으로 공부 계획을 세우는 것이 바람직하다. 어쨌든 과외와 학원에 의존하는 공부 습관은 결국 대학에 가서도 또 다른 과외 선생님과 학원 선생님을 필요로 하게 만들 수 있음을 유념하자.

대한민국이 노벨상을 정말 받기 원한다면 기계적인 암기 위주의 골든벨 식의 공교육은 개혁해야 한다. 그러한 교육은 단기간에 일정 수준의 인재들을 다량으로 배출할 수는 있지만 10만 명을 먹여 살릴 수 있는 창의적 사고와 따뜻한 마음, 그리고 고도로 정교한 논리적 사고를 가진 인재를 배출하기는 어렵다. 대한민국이 가진 것은 인적자원이다. 지적 야성미가 거세된 기계적 암기 위주의 엘리트들만으로는 평생 학습 사회로 재편되는 21세기에 대한민국을 민주 복지 선진국으로 만들기는 어렵다.

다시 돌아와, 저녁 공부 시간은 8시 10분에서 10시 45분까지이다. 대략 2시간 정도 공부시간이 주어진다. 일단 8시 10분에서 9시 30분까지 공부한다. 10분 휴식 후 9시 40분부터 10시 45분까지 1시간 5분간 공부를 한다. 총 2시간 25분이 공부할 수 있는 시간이다. 이렇게 본다면 하루 동안 순수하게 공부를 할 수 있는 시간은 새벽 2시간 30분, 오전 3시간 30분, 오후 4시간 20분, 저녁 2시간 25분, 도합 12시간 45분이다. 정말 어마어마한 시간이다. 만약 1시간 정도 운동을 계획하더라도 11시간 45분이다.

잠자는 시간 6시간, 공부하는 시간 11시간 45분, 운동 시간 1시간, 개인 마음관리 시간 총 40분, 식사 및 쉬는 시간 총 4시간 35분.

만약 이렇게 방학 동안 철저하게 시간관리를 하면서 순수하게 자기 공부 시간을 가진다면 1학기 때 최선을 다하지 못한 영어, 수학의 기초를 확실하게 잡고도 남는다. 총 공부 시간 11시간 45분 중에서 부족한 과목을 보충하기 위해 매일 1시간 반 동안 학원 수업을 듣는다고 하면 학원 가는 시간이 약 25분에서 30분이고 집에 오는 시간도 대략 이와 비슷할 것이기에 수업 시간까지 합하면 총 2시간 반 정도가 소요된다. 갔다 와서 쉬는 시간까지 하면 대략 3시간이 소요될 가능성도 높다. 결국 학원 수업을 제외한 나머지 순수 공부 시간은 8시간 45분이 남게 된다. 인터넷 강의를 통해서 강의를 듣는다면 대략 1시간 30분 정도 절약이 가능하다. 무더운 여름 최대한 이동을 줄이고 자신의 실력에 맞는 인터넷 강의를 듣는 것도 좋은 공부방법이 될 것이다.

여름방학 학원, 과외 이용 방법

만약 학원에서 3시간(영어 한 과목, 수학 한 과목 혹은 국·영·수 각각 한 과목씩 50분 수업) 정도 수업을 듣는다고 하면 대략 순수 공부 시간은 6시간 40분 정도가 될 것이다. 학원 수업 예습과 복습도 함께 병행하며 1학기 영어와 수학 예습 및 2학기 영어와 수학을 복습하려면 시간이 빠듯할 것이다. 따라서 과외나 학원 수업은 최대한 줄이는 것이 좋다. 하지만 과외나 학원수업이 필요하다면 되도록 본인에게 정말 부족한 과목을 효과적으로 잘 지도할 선생님에게 배우고 오고 가는 시간을 줄일 것을 권한다.

이때 과외나 학원수업의 대안으로 반복 학습을 할 수 있는 인터넷 강의를 듣는 것을 적극 추천하는 바이다. 물론 교육방송 프로그램도 매우 좋다. 인터넷 강의는 아주 유명한 학원 강사들의 강의를 시리즈별로 비교적 저렴한 가격에 마음껏 볼 수 있기 때문에 시간과 비용이 모두 절약된다. 또 인터넷 강의의 다른 장점은 스스로 공부하면서 부족한 부분을 선택하여 들을 수 있다는 점이다.◉

얼마 전 어느 일간지에 이러닝(e-Learning)에 관한 기사가 자세히 실렸다. 이러닝이란 집이나 사무실에서 인터넷에 접속해 공부하는 것을 말한다. 다양한 수능 관련 이러닝 프로그램은 다음과 같은 것이 있다. 현재 메가스터디(www.megastudy.net)를 비롯해 수능넷(www.sunung.net), 이투스(www.etoos.com) 등 10여 개의 이러닝 업체가 전국 유명 강사의 강의를 제공하고 있다. 이들 이러닝 사이트는 주로 유명 학원이나 참고서 업체들이 운영하고 있는데,

---

◉ 한 가지 아쉬운 점은 인터넷 강의 수강료가 처음 시작했을 때보다 점점 비싸지고 있다는 점이다. 그래서 나는 학생들에게 교육방송을 주로 볼 것을 권한다. 또한 강남구청강의를 꼭 신청해서 보라고 한다. 현재 3만원만 내면 일 년에 전과목을 무제한으로 유명 강사들의 수업을 들을 수 있기에 무척 도움이 되는 사이트이다.

최근 들어 짱스터디(zzangstudy.co.kr), 티치미(www.teachme.co.kr) 등과 같이 학원 강사가 직접 사이트를 개설하는 경우도 늘어나고 있다. 이러닝 수강료는 학원에서 직접 수강하는 경우에 비해 60~70 퍼센트 가량 싸며, 자신이 원하는 강사의 수업을 반복해서 들을 수 있다는 장점이 있다. 한국교육학술정보원이 운영하는 에듀넷(www.edunet4you.net)은 EBS플러스의 유명 강사 강의를 무료로 인터넷에서 제공하고 있다. 회원으로 가입한 후 결제하면 이용할 수 있다. 이용 전에 사이트에서 강사 정보, 수강생들의 반응 등을 꼼꼼히 읽어 볼 것을 권한다. 또 유명 강사가 일정 기간 동안만 강의하는 경우도 있기 때문에, 원하는 강사의 강의 기간이 언제까지인지도 확인해야 한다.

학원과 과외 수업, 혹은 인터넷 수업을 받더라도 순수하게 자기 스스로 공부할 시간을 최소 8시간 정도 확보하는 것은 매우 중요하다. 영어와 수학을 제대로 기초부터 탄탄하게 공부하기 위해서는 질적인 공부와 함께 양적인 공부도 병행하여야 하기 때문이다. 실제 공부하는 시간을 나누어 보고 수학과 영어를 어떻게 공부할지 생각해 보면 정작 8시간도 생각만큼 충분한 시간이 아님을 알게 된다. 만약 혼자서 공부할 수 있는 시간이 6시간 미만이라면 방학 때 세운 소기의 목적을 효과적으로 달성하기 어려울 수 있다. 아무리 좋은 수업일지라도 자기 것으로 할 최소한의 시간이 필요한데 6시간으로는 학원 수업에 따르는 복습·예습과 함께 고1 1학기 복습과 2학기 예습할 시간을 내기가 어렵기 때문이다. 따라서 이제 본인이 결정하여 선택해야 한다. 선택에는 책임과 함께 결과도 뒤따른다. 신중하게 계획을 세워 방학이라는 귀한 황금의 시간을 얼마큼 비옥하게 가꾸느냐에 따라 실력은 달라질 것이다.

일단 여기서는 과외나 학원 수업을 별도로 받지 않고 순수하게 자기 스스로 공부하는 학생들의 입장에서 예를 들어 보겠다. 먼저 총 공부할 수 있는 시간 11시간 45분을 영어와 수학으로 어떻게 나눌지 결정한다. 만약 1학기 때부터 성실하게 영어, 수학을 이 책을 따라 공부를 해 온 학생이라면 서울대에 도전해 볼 만하기에 영어, 수학과 더불어 국어도 공부를 해야 한다. 독서 시간 외에 국어 공부 시간을 1시간에서 1시간 30분 정도 하도록 한다. 하지만 만약 영어와 수학 기초가 아직 부족하고 1학기 때 해야 할 영어와 수학의 복습과 예습을 게을리 했다면 국어 공부는 잠시 미루어야 한다. 왜냐하면 영어와 수학 공부가 더 시급하기 때문이다.

마지막으로 이 책대로 1학기를 지낸 학생들은 정말 두 손 들어 박수를 쳐 주고 싶다. 한 학기 동안 참 수고가 많았다. 이제 여러분들은 한 학기 동안 했던 공부를 통해 자고 일어나는 습관이 어느 정도 몸에 밴 자신을 발견하게 되었을 것이다. 영어와 수학에 대한 두려움과 공포감도 어느 정도 사라졌을 것이며 더불어 가장 귀한 마음관리의 열매인 자기절제와 인내를 어느 정도 경험했을 것이다. 절제와 인내가 힘들지만 훈련함으로써 귀한 내면의 질서와 평안을 얻을 수 있음을 알게 되었을 것이다. 나도 할 수 있다는 긍정적 마음이 내면의 정원에서 자라기 시작하면서 생각이 능동적, 적극적, 긍정적으로 바뀌는 것도 확인했을 것이다. 또한 생각이 바뀌면서 나의 말과 행동과 태도에 남들과는 다른 여유가 있는 것도 발견하였을 것이다. 이 여유를 본인 스스로가 느끼게 되면 마음속에 평안이 찾아온다. 이러한 과정이 반복되면 내 안에 있는 평안한 마음은 나를 보다 역동적으로 움직이게 할 것이다.

여름방학 공부를 통한 역전의 비법

이제 여러분은 중학교 때 미리 영어와 수학을 준비한 학생들 중에서 1학기 때에도 성실하게 공부한 친구들(임의로 A그룹 학생들이라 지칭하겠다)의 실력을 따라잡기 위한 좋은 기회를 이번 여름방학 때 만나게 되었다. 첫 번째 역전의 기회가 찾아온 것이다. 이 한 달간 국·영·수 공부를 통해 여러분은 우리나라 최고의 대학에 지원할 수 있는 확고한 실력과 마음을 다지게 될 것이다. 수백만 원짜리 과외와 오피스텔을 빌려 고액으로 그룹 과외를 하는 학생들을 여러분 힘으로 스스로 하는 이 공부 방법으로 앞지를 수 있는 절호의 찬스가 왔다.

어떤 학생은 과연 역전의 기회가 있겠냐고 반문하며 시작도 해보기 전에 미리 포기할 수도 있다. A그룹 학생들이 방학 때라고 해서 공부를 열심히 안 하겠느냐고, 내가 아무리 열심히 해도 그들이 더 나은 실력을 가졌기에 나는 안 된다고 생각하며 이미 내가 원하는 대학에 가기는 틀렸다고 스스로를 비하할 수도 있다. 물론 이런 생각이 완전히 틀린 것은 아니다. 하지만 역전의 기회는 반드시 있다. 왜냐하면 A그룹의 모든 학생들이 여름방학 내내 스스로 공부 시간을 8시간 이상 확보하며 공부하지는 않기 때문이다. 앞에서도 말했지만 고등학교 3년간 공부하는 것은 마라톤의 장기 레이스와 같다. 어떤 사람이 한참 앞섰다고 해서 계속 앞서

지는 않는다. 중간중간 중요한 시기에 어떤 사람은 페이스 조절을 잘못하여 뒤처지는 경우도 있고, 어떤 사람은 도중에 힘들다고 토끼처럼 잠시 쉬고 가려다 그만 잠이 들어서 뒤에 오는 거북이에게 추월당하는 경우도 허다하다.

오히려 A그룹 학생들보다 뒤처져 있다는 생각이 자신을 더욱 채찍질하여 인내와 절제로 묵묵히 자신만의 공부 레이스를 성공적으로 마칠 수 있게 할 수도 있다. 역전의 기회는 반드시 있다. 특별히 이 책대로 1학기를 보낸 학생들에게 역전의 기회는 눈앞에 있다고 할 수 있다. 그렇다면 이 기회를 어떻게 하면 잘 살릴 수 있을까?

우선 최대한 자기 스스로 공부할 수 있는 시간을 확보한다. 혼자서 공부하기 보다는 학원 수업을 들으며 진도에 맞추어 공부하는 것이 나을 것 같은 과목을 제외하고는 힘들더라도 스스로 공부하는 습관을 들여라. 이러한 습관을 고1 때 확실히 몸에 익히게 된다면 그 사람은 고2, 고3 시기를 지나면서 공부 실력 향상에 가속도가 붙는 것을 경험할 것이다. 실력은 일직선으로 향상되는 것이 아니다. 일정 기간 비슷한 정도의 실력을 유지하다 어느 정도의 공부량이 차면 비로소 그 다음 단계로 건너뛰게 된다. 철저하게 본인이 공부하는 습관을 들인 학생들은 나중에 이러한 단계 상승의 간격이 매우 짧아지면서 굉장한 가속도를 경험하게 된다. 정말 무서운 실력자가 될 가능성을 가진 사람들인 것이다.

미완의 초A그룹을 위한 공부 방법

바로 이런 가능성을 여러분들이 가지고 있다. 나는 이런 학생들을 '미완의 초A그룹'이라고 말하고 싶다. 이 그룹의 학생들은 다음 내용에 집중하기 바란다.

일단 1학기 기말고사가 끝나고 나면 하루에서 이틀 정도 푹 쉬어라. 그리고 쉬는 동안 이 책에 나온 대로 자신에게 맞도록 방학 계획을 정교하면서도 예리하게 세워라. 여름방학 이전에도 시작할 수 있다면 방학 공부 계획을 조금 앞서 1학기 끝 무렵부터 실천하라.

여러분은 새벽, 오전, 오후, 저녁 이 네 시간대를 가장 효율적으로 배분하여 공부를 시작하여야 하는데, 우선 과목별로 배치를 해 본다. 그리고 공부가 가장 잘 되지 않는 시간에는 운동 시간을 따로 두어 분위기 전환을 하도록 한다.

우선 11시간 45분 중에서 국·영·수 공부 시간을 어느 정도로 배분할지 결정한다. 수학을 6시간, 영어를 4시간 10분, 국어를 1시간 35분 정도로 배분한다. 수학은 1학기 수학을 복습하는 데에 2시간 30분 정도, 나머지 시간은 2학기의 내용을 복습하는 데 사용한다. 이미 '미완성 초A그룹'의 학생들은 이 책에 나온 대로 성실하게 1학기를 보냈기 때문에 1학기 수학 복습으로 1시간 정도를 배분한다. 이 시간에 개념을 다시 한번 정리 한 후 틀린 문제 위주로 차근차근 반복하여 풀어 본다. 중요한 것은 2학기 예습을 얼마만큼 견고하면서도 튼튼하게, 그리고 어디까지 공부해놓느냐이다.

여름방학 수학 공부법

우선 2학기에 배울 부분을 공부하기 위해 정석이나 해법 같은 참고서, 교과서, 교과서보다 약간 난이도가 높은 문제집 한 권, 그리고 상당한 난이도가 있는 문제집 한 권, 이렇게 대략 네 권의 책이 필요하다. 이제 2학기에 배울 부분을 30~35일분으로 등분하여 본다. 방학하기 전에 미리 여름방학 공부 계획을 시작한 학생들은 35일간의 공부 계획을 세우고, 여름방학 때부터 공부하는 학생은 30일로 나누어 세우면 된다.

우선 2시간 정도 수학 참고서를 통해 해당 범위에 나온 개념들을 파악을 하면서 다양한 문제 유형을 눈여겨 봐둔다. 그런 다음 교과서를 가볍게 풀면서 이해가 가지 않는 문제와 어려운 문제들에는 반드시 별표로 표시해 둔다. 내신에 반영되는 중간고사, 기말고사 때 이런 문제들이 출제되니 일단 자기가 다니는 고등학교에서 보는 교과서 문제는 확실하게 알아 두어야 한다.

1시간 정도 교과서로 해당 범위를 풀어본 후 교과서보다 약간 어려운 문제집을 풀기 시작한다. 이미 참고서와 교과서를 통해 어느 정도 당일 해당 범위에 있는 문제에 대한 유형과 개념을 파악했기 때문에 1시간 정도면 충분히 문제집을 풀고 해답 정리까지 끝낼 수 있을 것이다.

마지막 1시간은 난이도가 있는 문제집을 풀어 본다. 이미 세 권의 책들을 통해 당일 해당 범위에 속한 문제들의 유형과 문제 수준을 파악했을 것이다. 난이도가 있다 하더라도 세 권의 책을 푼 학생들은 그다지 큰 어려움 없이 좀 더 응용된 문제들에 당황하지 않고 문제집을 풀 수 있다. 이렇게 공부를 하면 당일 수학 공부는 대성공이다.

수학 공부를 할 때 2학기 범위를 예습하는 첫 번째 단계인 참고서를 공부할 때가 가장 힘들고 지루하다. 따라서 본인이 가장 공부가 잘되는 시간대에 이 공부를 하도록 하자. 수학 교과서를 푸는 시간은 대체로 수월하게 느껴지는 시간이니 가장 졸리고 피곤할 때, 공부가 잘되지 않고 집중이 잘되지 않을 때를 대비해 아껴두었다가 그때 하는 것이 좋다. 교과서보다 약간 어려운 문제집을 풀 때 역시 공부가 잘되지 않는 시간으로 배치하여 공부하면 문제를 푸는 사이 어느새 시간이 훌쩍 지난 것을 알고 흐뭇해질 것이다. 난이도가 있는 문제집은 집중할 수 있는 시간대에 배치하는 것이 좋다. 가령 저녁 공부 첫 번째 시간에 배치하면 좋다.

여름방학 영어 공부법

영어 공부를 할 수 있는 시간은 4시간 10분이다. 우선 문법책 한 권을 정해 여름방학 동안 한번 죽 보는 계획을 세우는데, 30일에서 35일 일정으로 세운다. 방학하기 전에 미리 여름방학 공부 계획을 시작한 학생들은 35일간의 공부 계획을 세우고, 여름방학 때부터 공부하는 학생은 30일로 나누어 공부계획을 세우면 된다.

문법책을 고를 때에는 본인 스스로 공부하기 쉬우면서 내용도 알찬 책을 골라야 한다. 개인적으로 맨투맨 영어 시리즈를 권한다. 스스로 공부하는 학생들에게 필요한 설명이 매우 자세하게 되어있고 내용도 비교적 튼실하다. 가령 『맨투맨 기초영어』*를 선택했다면 30일 분량으로 나누어 책에 표시한다. 하루 1시간 정도는 문법책을 차근차근 본다. 비교적 공부가 잘될 때 하는 것이 좋은데, 문법 공부는 딱딱한 편이므로 금세 지루해지거나 쉽게 싫증나기 때문이다. 공부에 집중할 수 있는 시간대에 배치하여 공부한다.

독해는 우선 자신이 다니는 학교 교과서를 중심으로 연습한다. 2학기 진도를 예습하는 동시에 독해 공부까지 하는 것이다. 대략 2시간 정도 예습을 한다. 일단 영어 자습서를 차근차근 보면서 각 과의 본문을 해석해 본다. 그리고 나서 해당 본문의 문법 사항과 여러 대화 내용들을 익혀 둔다. 교과서 이외에 별도의 독해집도 한 권 정도 얇은 것으로 택하여 매일 30분 정도 한두 개의 지문을 자세하게 공부해 둔다.

영어 듣기 평가는 하루 이틀 집중적으로 공부한다고 해서 성적이 오르는 부분이 아니다. 듣기에 유난히 약한 학생들은 최소한 100일에 걸쳐 하루에 30분 정도 꾸준히 테이프를 들으면 자신도 모르는 사이에 실력이 향상되어 있을 것이다. 따라서 여름방학 30일 동안 듣기 공부를 본격적으로 하루 30분씩 연습하도록 한다. 그리고 40분은 단어와 숙어 암기 시간으로 계획한다. 단어와 숙어 암기는 가장 공부가 안 되는 시간을 골라 크게 소리 내어 한다.

● 『맨투맨 기초영어』보다 좀 더 자세하고 어려운 문법을 공부하려면 『맨투맨 종합영어』를 보는 것이 좋다. 『맨투맨 기초영어』를 먼저 본 후 『맨투맨 종합영어』를 공부해도 좋다.

여름방학 국어 공부법

이제 1시간 35분, 국어를 공부할 시간이 남겨졌다. 국어 공부는 방학 때 공부했다고 해서 급격히 점수가 오르는 과목이 아니다. 국어 공부야말로 인내심을 가지고 조금씩 꾸준히 해야 한다. 우선 30분 정도 1학기 범위의 한샘 혹은 하이라이트 자습서를 펴고 죽 읽어 나간다. 한 단원을 읽으면서 자습서에 표시된 주요 내용을 한번 본다. 그러고 나서 1학기에 국어 공부를 하면서 풀었던 문제집과 자습서의 문제들 중에서 틀린 문제들을 다시 한번 머릿속에 정리해 본다. 나머지 1시간 5분은 고1 2학기 범위를 단원별로 죽 읽어 간다. 자습서에 있는 내용을 본문 중심으로 읽어 나가면서 자습서의 오른쪽 문제들 중에서 짝수 번만 풀어 나간다.

국어를 비롯하여 사회 탐구 영역에도 좋은 공부 방법 하나를 소개하고자 한다. 방학 동안 식사 이후 쉬는 시간을 이용하는 것인데 매일 집에서 보는 신문 사설 중 한 편 내지 두 편을 읽고 그것을 원고지에 사설의 절반 정도 분량으로 요약해 보는 것이다. 방학 동안 이러한 작업을 쉬는 시간을 이용하여 하는 사람은 서울대학교 상위권 학과에 보다 더 근접하게 되었다고 생각해도 된다. 쉬는 시간에 좀 더 욕심을 내보면 두 편 정도, 그렇게 꾸준히 해 보기를 권한다.

사설을 읽고 내가 직접 원고지에 요약해 나간다면 국어 실력이 엄청나게 향상될 것이다. 만약 여러분이 요약하는데 시간 제한을 두고 한다면 더욱더 놀라운 실력 향상을 기대할 수 있다. 사실 국어란 과목은 폭넓게 공부해야 한다. 종합적인 언어 실력이 요구되기 때문에 단순히 문제집과 자습서만으로는 그 빈자리를 메우기가 어렵다. 언어 능력에서는 새로운 지문들이 많이 나오기에 새로운 지문을 그 자리에서 독해해 가면서 그 내용과 정보를 신속하고 정확하게 파악하는 것이 관건이다. 따라서 신문 사설을 통한 국어 공부는 단순히 국어 실력 향상뿐만 아니라, 사회 전반에 대한 안목까지 길러 주어 사회 탐구 영역의 실력 향상을 위한 귀중한 배경 지식을 축적할 수 있는 더할 나위 없이 좋은 방식이다.

하지만 이 방법은 웬만한 마음관리와 결심이 없으면 하루 이틀 하다가 금세 그만 두는 경우가 대부분이다. 정말로 서울대학교 상위권 학과를 목표로 하는 학생들은 꼭 해 보기를 바란다. 서울대학교 상위권 학과의 합격 여부는 언어영역과 논술 및 면접에서 판가름 난다고 할 수 있기 때문이다. 대개 영어와 수학은 최고 수준의 학생들이 거의 다 만점을 받는 경우가 많고 점수 차이도 크게 나지 않는다. 따라서 언어영역과 논술 및 면접에서 남다른 고득점을 받게 된다면 서울대학교의 여러 학과 중에서도 내가 꼭 원하는 학과에 갈 수 있는 가능성이 월등히 높아진다고 할 수 있다.

초A그룹에 아직 진입하지 못한 학생들은 한번 도전해 볼 것을 강력히 추천한다. 자신은 굳이 서울대학교를 고집하지 않아도 된다는 학생들은 신문 사설을 가지고 하는 공부는 안 해도 자신이 원하는 학교를 갈 수 있다. 하지만 좀 더 뜻을 높이 둔 학생들이라면 힘든 만큼 좋은 결과를 가져오는 이 신문 사설 공부를 해 볼 것을 권한다.

시간별 과목 공부 계획

이제 하루치 공부에 대한 구체적인 과목별 공부 계획이 세워졌다. 다음은 어떤 시간대에 어떤 과목을 할 것인지 좀 더 구체적으로 살펴보자.

우선 공부가 가장 잘되는 시간에는 가장 까다롭고 하기 싫은 것을 배치한다. 반면 가장 공부가 안 되는 시간에는 가장 쉽게 할 만한 것을 배치한다. 보통 새벽 시간이 날씨도 선선하고 주변도 조용하기 때문에 공부하기 매우 좋다. 이 시간대에는 정석과 같은 수학 참고서류를 공부하는 시간으로 배분하면 좋다. 아침 식사 후에 이어지는 오전 공부 시간도 공부하기에 나름 괜찮은 시간이니 영어 문법책 공부를 한다. 이어서 영어 독해 공부도 한다. 대충 이러고 나면 머리가 좀 쉬기를 원할 것이다. 9시부터 문법 공부 1시간을 하고, 휴식 후 영어 독해 공부 1시간 20분을 하면 11시 30분이다. 10분 쉬면 11시 40분부터 1시까지 1시간 20분의 공부 시간이 주어진다. 이때 30분 정도 듣기 공부를 한 다음 수학 교과서 공부를 함으로써 오전 공부를 깔끔하게 마무리 짓는다.

　오후 공부 시간은 매우 졸리고 피곤하기에 이 시간대에는 공부하기 쉬운 무난한 공부를 택하는 것이 좋다. 우선 2시부터 30분 동안 1학기 국어 자습서 읽기 공부를 시작한다. 국어 공부로 가볍게 오후 공부를 시작하여 10분 정도 쉰 후 3시 10분부터 4시 10분까지는 수학 교과서보다 약간 난이도가 높은 문제집으로 수학 공부를 시작한다. 무더운 시간에 쉬운 수학 문제집을 풀다 보면 어느새 더위를 잊게 되는 경험을 하게 될 것이다.

　10분 쉬고 4시 20분부터 35분 동안은 1학기 영어 본문을 소리 내어 읽으며 졸음을 깨운다. 이때 반드시 큰 소리로 읽는다. 4시 55분부터 30분 정도 오늘 공부한 단어와 숙어를 정리한다. 6시부터 7시까지는 운동을 하거나 아니면 자유 시간으로 활용한다. 물론 공부하기를 원하는 학생은 공부를 해도 좋으나 가급적 운동이나 스트레칭을 하면서 저녁 식사 이후에 좋은 컨디션으로 공부할 수 있도록 몸과 마음의 준비를 하도록 한다.

　저녁 식사 후 10분 동안 마음관리를 한 후 8시 10분부터 9시 30

분까지는 난이도가 높은 수학 문제집을 풀어 본다. 9시 40분부터 10시 40분까지는 2학기 국어 자습서를 읽으며 편안한 마음으로 자습서 오른쪽에 있는 짝수번호 문제들을 풀어본다. 이렇게 하면 하루 공부가 다 끝나게 된다. 이렇게 하루를 열심히 공부한 학생들에게는 박수와 큰 칭찬을 보내 주고 싶다.

이제 11시까지 20분의 시간이 남아 있다. 이 시간은 짧아 보이지만 매우 중요한 시간이다. 오늘 하루를 잘 마감하기 위한 마무리 시간이자 잠자리에 들기 위한 준비 시간이기 때문이다. 일단 간단히 씻고 잘 준비를 한다. 잠자리에 들 편안한 옷으로 갈아입는다.

11시가 되면 공부를 마무리 하지 못하는 한이 있더라도 반드시 시간을 꼭 지켜 잘 준비를 한다. 11시가 되면 불을 끄고 잠시 방에 앉아서 오늘 하루를 어떻게 지냈는지 1시간 단위로 회상해 본다. 그리고 잘한 점, 못한 점을 체크해 둔다. 내 경우 간단하게 오늘 하루 동안 있었던 여러 감사한 일들을 생각하며 하나님께 기도를 드리고, 숙면을 취할 수 있게 해 달라고 기도하며 하루를 마무리 했다.

이렇게 월요일부터 일요일*까지 보내게 되면 고1 여름방학의 한 주가 지나간 것이다. 앞으로 3주만 더 한다면 여러분은 그 누구도 가벼이 볼 수 없는 실력을 가진 사람으로 성장하게 될 것이며, 자신감과 자기절제와 인내라는 귀한 품성을 가지게 될 것이다. 이 세 가지 품성은 대학입시뿐만 아니라 자신의 인생 전반에 있어서

● 일요일은 학기 중 일요일처럼 보내면 된다.

너무나 유용하고 귀중한 보물이다. 여름방학 동안 학원과 과외를 통하지 않고 오로지 자신의 힘으로 공부하고자 하는 학생들에게 위의 계획은 좋은 지침이 될 것이다.

여름방학 동안 학원과 과외로 공부하려는 학생들을 위한 공부법

이제 여름방학 동안 매일 1시간 반씩 학원 수업을 듣는 학생이 있다고 가정하고 계획을 세워 보고자 한다. 학원에 오가는 시간을 어림잡아 1시간 정도, 집에 와서 쉬는 시간을 30분 정도, 학원 수업을 듣는 데 필요한 시간을 3시간 정도로 하여 공부 계획을 세워 보자. 운동 시간 1시간, 학원 수업으로 소요된 시간 3시간을 제외하면 자신 스스로가 공부할 수 있는 시간은 8시간 45분 정도이다.

나는 가능하면 이 책처럼 본인 스스로 공부하여 실력을 쌓기를 바란다. 그러나 만약 이런저런 이유로 실력 보완을 위해 학원 수업을 꼭 듣기로 마음먹은 학생들이 있다면 학원에 가는 것보다는 교육방송과 인터넷을 통해 수업 듣기를 권한다. 시간 절약과 함께 자신의 취약한 부분을 집중적으로 보완할 수 있는 좋은 방법이기 때문이다. 그래도 직접 학원 수업을 들어야겠다는 학생들은 우선 학원 수업을 오전, 오후, 저녁 세 시간대 중에서 한 시간대를 정해 가도록 한다.

새벽 공부는 앞에서 이미 언급한 것처럼 하면 된다. 2학기 수학 예습을 위해 학원 수업을 듣기로 계획한 학생이라면 학원 수업 진도를 면밀히 검토하여 지나치게 빠르거나 느리지 않아 자신이 따라갈 수 있는 수업을 택해 듣도록 한다. 남들이 좋다고 해서 무조건 그 수업을 따라 듣는 것이 자신에게도 좋은 것은 아니다. 자신의 실력을 고려하고 자신이 세운 공부 계획의 진도를 검토하여 수업을 정해 듣는 것이 바람직하다.

만약 오전 10시부터 11시 반까지 수업을 듣는 학생이 있다면 그는 적어도 9시 반에는 집에서 출발할 것이다. 학원에 도착하여 수업을 듣고 집에 오면 12시 정도 되고, 집에 와서 점심(오후 1시)을 먹기 전까지 1시간 정도 공부를 바로 하면 좋겠지만 실제로 그러기가 쉽지 않다. 일단 학원에서 집에 돌아오면 긴장도 풀리고 밖이 무덥기 때문에 샤워를 하거나 차가운 음료수를 마시며 휴식 시간을 갖게 된다. 따라서 좀 쉬다 보면 금방 1시간이 지나 점심 시간이 된다. 이렇게 되면 오전 공부 시간(3시간 30분)에 실제로 자기 스스로 공부한 시간은 없게 된다. 결국 오후, 저녁 공부 시간을 합쳐 6시간 25분, 새벽 공부 시간 2시간 20분까지 하여 모두 8시간 45분가량이 순수하게 자신이 공부할 수 있는 시간으로 남게 된다.

학원에 가지 않았다면 스스로 수학 5시간, 영어 4시간 10분, 국어 1시간 30분을 공부할 수 있었지만, 이제 이 시간들을 전체적으로 줄여야 한다. 수학은 1학기 복습 시간 1시간, 2학기 교과서 풀이 1시간, 학원 수업 예습·복습 1시간 이렇게 총 3시간으로 조정한다. 영어도 3시간 동안 공부한다면 문법 1시간, 독해 1시간, 듣기 20분, 단어와 숙어 정리 40분으로 배정한다. 국어 공부는 2시간 정도 배분하여 1시간은 1학기 자습서를 읽고, 나머지 1시간은 2학기 자습서를 읽으면서 자습서 오른쪽 문제들 중에서 짝수번 문제를 푼다.

계획을 세우다 보면 처음에는 시간이 많다고 생각하다가도 곧 시간이 부족하다는 것을 알게 될 것이다. 이것은 정말 중요한 깨달음이다. 시간 계획이 없을 때에는 무한정으로 시간이 주어진 것 같지만, 막상 구체적인 계획을 실천하다보면 주어진 시간이 그다지 많지 않음을 알게 되어 시간을 더욱 절약하여 쓰게 되기 때문이다.

사실 완벽한 계획이란 없다. 우리가 살고 있는 무엇 하나 정해져 있지 않은 사회 안에는 돌발적인 요소들이 많다. 언제 어떤 일이 일어나서 세웠던 계획이 어떻게 수정될지 모른다. 어떤 일이 생겨 마음이 요동치는 바람에 공부에 집중하지 못한 채 멍하니 책상에 앉아 있어야 할지도 모른다.

하지만 자신에게 맞는 계획을 반복해서 세우다 보면, 어느새 어떤 상황이 닥쳐도 아주 빠른 시간 내에 그 상황에서 내가 할 수 있는 최선의 계획을 세우고 있는 자신을 발견하게 될 것이다. 이 책에 나온 시간 계획의 예들은 하나의 예시일 뿐, 절대적인 모델은 될 수 없다. 따라서 이 책을 통해 시간 계획을 어떻게 짜고 어떻게 마음관리를 할지를 정해 내 스타일에 맞는 나만의 공부 방법을 만들고 이를 인내와 자기절제로 실천해 보기를 바란다.

이렇게 한 달 동안 여름방학을 보내고 나면 이제 개학을 맞이하게 된다.

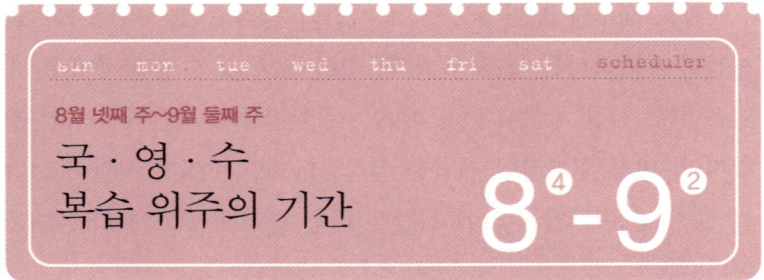

　　고등학교 시절의 첫 여름방학이 지나고 2학기가 시작되었다. 새 학기를 맞는 학생들의 표정은 다양하다. 공부도 별로 못하고 제대로 놀지도 못한 것을 억울해 하는 학생들, 아예 책과는 담쌓고 놀기만 한 학생들, 공부를 철저하게 한 학생들, 크게 이렇게 세 부류의 학생들로 나누어진다.

　　여름방학을 이 책에 나온 대로 자기절제와 인내로 보낸 학생들은 2학기 영어와 수학 수업을 들을 때 도중에 혼자서 웃을 때가 많아질 것이다. 수업 내용이 쉽고 잘 이해가 돼서 신기하기도 하고 재미있기도 해서이다.

　　일단 8월 넷째 주에는 방학 때 세운 국·영·수 공부 계획이 다 끝나지 않았다면 8월 말까지는 2학기 예습 마무리를 해도 무방하다. 하지만 여름방학 때 별로 공부를 못하고 시간을 허비한 학생들은 3월달 첫째 주 1학기 공부 계획부터 찬찬히 다시 읽으며 공부 계획을 세워야 할 것이다. 이 책에 나온 1학기 공부 계획에는 중3 겨울방학 혹은 그 이전에 고등학교 1학년 수학과 영어를 충분히 공부하지 못한 학생들을 위한 공부 계획법이 상세히 기록되어 있기 때문이다. 따라서 여름방학 동안 충실하게 2학기 영어와 수학 공부를 준비하지 못한 학생들은 이제부터 새롭게 시작한다는 마음으로, 3월 첫째 주부터의 계획을 참고하여 2학기 계획을 세우면 된다.

2학기 고난도 파워 학습 계획

성실하게 꾸준히 공부한 학생들은 이미 2학기 국·영·수를 어느 정도 한번씩 보았기 때문에 이제부터는 좀 더 심화된 공부를 해야 한다. 새벽 공부는 평소처럼 하고 방과 이후의 공부 계획도 평소대로 한다. 시간에는 큰 변동이 없다. 단, 무슨 과목을 어떻게 공부하느냐에 차이가 있을 뿐이다.

2학기 수학 진도는 교과서와 문제집 두 권 정도를 미리 풀었기 때문에 예습보다는 복습 위주로 공부한다. 교과서보다 약간 어려운 문제집 한 권과 응용 문제집 한 권 정도를 골라서 풀면 될 것이다. 수업 진도에 따라 복습하면서 방학 동안 이미 푼 문제집들에서 틀린 문제들을 다시 확인하며 자신의 것으로 철저하게 만드는 작업을 병행하라.

복습 위주의 공부를 하기 때문에 공부 시간이 남게 될 것이다. 이 공부 시간에는 고2 때 배울 수학을 조금씩 예습할 수도 있고, 영어 공부에 더 많은 시간을 투자하여 고2 때까지 수능을 보기에 충분할 정도로 영어 실력을 끌어 올릴 수도 있다. 그 동안 수학 위주로 공부해서 영어에 자신이 없는 학생이라면 2학기 공부는 영어에 보다 집중해서 공부하는 것도 좋다. 고2 수학 공부는 겨울방학 때 더 집중적으로 해도 늦지 않기 때문이다. 2학기 때 영어 공부를 강화하면 그만큼 겨울방학 공부 기간 동안 영어 공부할 시간을 줄이고 수학 공부에 더 많은 시간을 할애할 수 있다.

중간고사는 10월 둘째 주에서 셋째 주에 있고 기말고사는 12월 첫째 주에서 둘째 주에 있기 때문에, 일단 9월 둘째 주까지는 영어와 수학을 위주로 공부해도 괜찮다. 특별히 방학 때 언어영역 공부를 하면서 신문 사설 공부도 함께 한 학생이라면 예전에는 매우 어렵게 느껴졌던 국어 문제들이 이제는 매우 쉽게 풀리는 것을 경험할 것이다.

성실하게 여름방학을 보낸 학생들은 2학기 새벽 공부 시간에도 수학 공부를 집중적으로 하는 것으로 계획을 세워 본다. 5시 20분부터 7시까지 1시간 40분 동안을 수학 공부 시간으로 배정한다. 학교에 다녀온 후부터 저녁 먹기 전까지 집에서 2시간 30분 정도의 시간(오후 4시 30분에서 오후 7시까지)이 주어지는데 이 시간을 어떻게 활용하는가에 따라 2학기 승부가 결정된다. 이 시간은 집에 돌아와 간식도 좀 먹고 쉬다가 저녁까지 먹고 나면 한 공부도 없는데 어느새 어영부영 흘려 보내기 일쑤인 시간이다. 그러나 이 시간을 잘 활용하면 남들보다 앞서기 위한 역전의 기회를 만들 수 있다. 여름방학 때 제대로 공부하지 못한 학생이라면 이 시간대에 독한 마음으로 집중적으로 2달 정도 공부하자. 어느 정도 만회할 수 있는 기회가 생길 것이다.

이 시간대를 보다 잘 보내려면 집에 와서 간단히 씻은 후 간식을 가지고 책상에 앉아서 가급적이면 교복도 벗지 말고 책을 펴서 곧 장 공부를 시작하자. 학교 수업 시간의 연장이라고 스스로 마음먹 으면서 공부하는 것이다. 집에 와서 교복을 벗는다는 것은 별 일 아닌 것처럼 보이지만 마음의 긴장을 푸는 일이다. 옷을 잘 갖추 어 입고 있으면 잠이 덜 오지만, 헐렁한 옷을 입고 긴장이 풀린 상 태에서 간식을 먹고 음악을 듣다 보면 어느새 졸음이 오게 마련이 다.

따라서 공부를 제대로 다시 해 보겠다고 단단히 마음먹은 학생 이라면 다소 불편하겠지만 저녁 먹기 전까지는 교복을 갈아입는 시간도 절약하면서 공부를 해 보라고 권해 본다. 물론 선택은 각 자의 몫이다. 하지만 각자의 선택에는 분명한 책임과 결과가 따르 는 것을 이제는 성적을 보면서 피부로 느낄 것이다. 남들보다 더 참고 눈물로 공부의 씨앗을 뿌린 사람은 시간이 지날수록 자신감 과 함께 실력이라는 열매가 조금씩 맺히기 시작하는 반면, 공부하 는 것처럼 보이지만 실제로는 자기절제와 인내가 결여된 채 적당 히 공부를 하는 사람은 엉성한 열매를 맺기 시작할 것이다. 남들 은 눈치채지 못하더라도 본인만큼은 자신의 실력에 점점 구멍이 커지는 것을 느낄 것이다.

학교 수업이 끝난 다음 저녁 먹기 전까지 공부하는 이 시간대는 육체적·정신적으로 많이 피곤해 있기 때문에 쉬우면서도 본인이 좋아하고 자신 있는 과목을 선택한다. 이것은 마치 여름방학 때 가장 무덥고 공부가 잘되지 않는 시간에 수학 교과서 문제를 푸는 것과 같다. 그날 배운 수학 복습을 이때 하는 것도 매우 좋다. 주 로 이 시간은 그날 배운 국·영·수 복습 위주로 공부한다.

영어 복습은 오늘 배운 진도를 꼼꼼히 읽으면서 선생님이 중요하다고 한 사항을 다시 확인하여 내 것으로 만든다. 오늘 배운 진도 중 약한 문법 사항들을 확인하고 문법책에서 그 부분을 따로 찾아서 공부한다. 생소한 단어와 숙어가 나왔다면 복습 때 바로 암기하도록 노력해 본다. 이 정도만 해도 영어 복습은 충분하다. 영어 복습 시간으로는 1시간 20분을 배정한다.

국어 복습은 더 간단하다. 교과서에 선생님께서 중요하다고 말해 주신 부분을 읽으며 그 부분의 자습서를 읽어 본다. 이때 자습서 오른쪽에 있는 홀수번 문제들을 풀어 본다. 국어 복습시간으로도 1시간 20분을 배정한다.●

수학 복습을 할 때는 그날 배운 교과서 범위에서 까다로운 문제만 체크하여 다시 본다. 그리고 나서 그날 범위만큼 참고서에서 다시 확인하며 문제 유형을 파악한다. 그리고 그 동안 미리 풀었던 문제집의 틀린 문제를 정리한다. 새로운 문제집은 중간고사 한 달 전부터 풀면 충분하다. 수학 복습 시간으로도 1시간 20분을 배정한다. 국·영·수 총 복습시간은 이렇게 4시간이 걸린다.

우선 4시 30분부터 5시 50분까지 수학 복습을 끝낸다. 10분 쉬고 6시부터 7시까지 바로 국어 복습을 시작한다. 저녁 먹고 8시부터 8시 30분까지 마음관리 시간을 가지고 난 후 공부를 시작한다.

8시 30분부터 8시 50분까지 마저 국어 공부를 끝낸다. 10분 정도 쉬고 9시부터 10시 20분까지 영어 복습을 끝낸다. 약 25분 정

● 영어와 수학이 많이 부족하여 공부할 시간을 더 확보해야 할 경우 국어 공부 시간은 주말을 이용하여 하도록 한다. 영어, 수학 공부에 국어 공부할 시간 1시간 20분을 적절하게 나누어 공부하도록 한다.

도의 여유 시간을 두고 탄력 있게 그 시간을 사용한다. 10시 45분부터 잘 준비를 시작한다.

예시된 공부 계획을 참고로 하여 궁극적으로 자신에게 적합한 자기 공부 계획을 세우도록 하자. 이 책에 나온 계획을 충실하게 따르는 것도 좋지만 어디까지나 이 책에서 제시된 공부계획은 하나의 예시이다. 이 점을 잘 고려하여 자신의 공부 계획을 세우기 바란다.

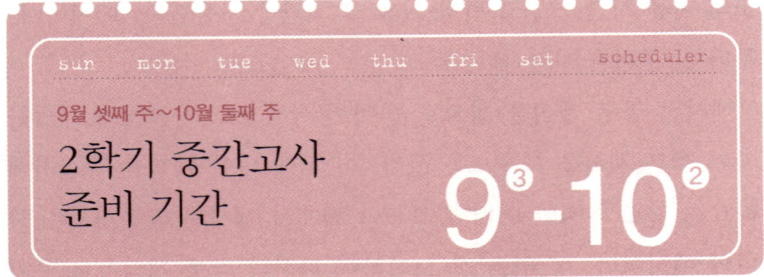

　9월 셋째 주부터 10월 둘째 주까지 1학기 중간고사 때와 마찬가지로 중간고사 대비 1달 공부 계획을 실천한다. 이미 두 번의 학교 내신 시험을 본 경험이 있기에 나름대로 내신 시험 준비 요령이 생겼을 것이다. 충분히 그 경험을 살려 자신에게 맞도록 공부 계획을 재조정하고 각 과목별로 시간 배분을 잘하여 2학기 첫 시험인 중간고사를 준비하는 데 힘쓰기를 바란다.

　여름방학 때 2학기 공부를 제대로 준비하지 못한 학생이라도 2학기 개학 후 지나간 시간들을 반성하고 새롭게 뜻을 정하여 공부하기로 결심했다면, 앞에서도 말했듯이 1학기 3월 중간고사 공부 계획을 정독하고 그대로 준비하라. 그러면 2학기 내신에서 나름대로 좋은 성적을 충분히 낼 수 있다.

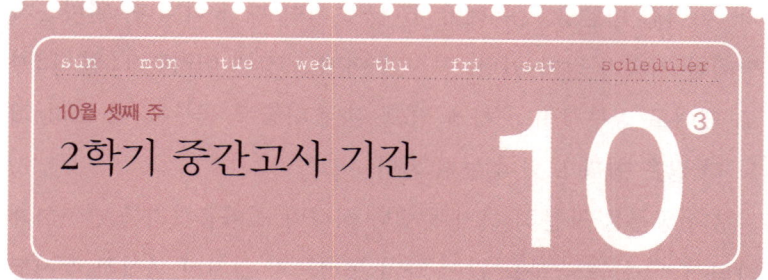

2학기 중간고사 기간

10³

여름방학 때부터 잘 준비해 온 학생들의 경우

2학기 중간고사를 볼 때 실수하지 않도록 최대한 주의를 기울이도록 한다. 미리 공부를 했다고 순간 방심하고 우쭐대다가 막상 시험에서 실수를 하는 경우가 종종 있다. 그 동안 열심히 공부한 순간들을 떠올리며 한 문제 한 문제 최선을 다해 풀도록 한다. 문제를 풀 때 답이 헷갈리는 문제가 종종 있다. 이럴 경우에는 맨 처음 생각한 답이 정답일 경우가 대부분이다. 문제를 풀 때 차분하게 마음을 가라앉히고 집중하여 문제를 해결하도록 한다.

여름방학 동안 준비를 못한 학생들의 경우

절대 시험을 포기해서는 안 된다. 설사 2학기 중간고사를 망치는 한이 있더라도 공부를 포기하려는 마음을 먹어서는 안 된다. 이 시기에 많은 학생들이 공부를 아예 포기하는 경우가 종종 있다. 이러한 마음을 극복해야 한다. 포기할 때가 아니다. 얼마든지 만회할 기회가 남아 있다. 하지만 이때 포기해 버리면 11월, 12월도 제대로 공부하지 못하게 되고 결국 나중에 공부를 해 보려 해도 더 많은 힘과 노력이 들게 된다.

부디 공부를 충분히 하지 못했다 하더라도 마음관리를 철저하게 하면서 내가 왜 공부를 많이 하지 못했는지 철저히 분석하고 시험이 끝난 다음부터 다시 뜻을 정해 시작하도록 힘써야 한다.

이때가 고1 때 찾아오는 두 번째 위기의 시기이다. 많은 학생들이 이 시기에 겪는 슬럼프를 효과적으로 극복하지 못한 채 공부에 대한 관심과 의욕을 스스로 꺾어 버린다. 자신에게 더 이상 실망하지 않으려고 자신의 공부에 대한 관심을 애써 외면하려 한다. 이러한 방법은 선택해서는 안 될 최악의 방법 중 하나이다.

시험을 철저히 망쳤더라도 배울 수 있는 귀한 교훈이 있다. 어떤 학생들은 '시험을 망쳤고 그 동안 공부도 제대로 준비하지 못했으니 이제 나는 틀렸어.' 하면서 아직 이른 시기인데도 공부를 포기한다. 그러나 또 다른 학생들은 공부를 하지 못하여 철저히 시험을 망친 이런 기분 나쁜 경험을 두 번 다시는 하지 말아야겠다고 결심을 한다. 그리고 시험이 끝난 다음 굳게 마음을 먹고 뜻을 정하여 처음부터 다시 시작한다.

바로 이때 고등학교 1학년 수학과 영어를 처음부터 다시 시작한다고 해도 결코 늦지 않았다. 얼마든지 따라갈 수 있기 때문이다. 고등학교 1학년 수학과 영어를 공부하는 것이 힘들다면 중학교 3학년 수학과 영어부터 해도 늦지 않다. 완전히 포기하고 공부와 담을 쌓는 학생과 늦었지만 지금부터 다시 뜻을 정해 하나하나 준비하는 학생, 이 둘 중 어디에 속할지는 자신이 선택할 몫이다.

선택에 대한 결과는 냉정하다. 그것을 기억하기 바란다. 시험을 망치는 한이 있더라도 내면의 마음관리까지 포기하여 자신의 미래와 꿈을 스스로 깨뜨리는 일은 하지 말기를 바란다.

보통 10월 셋째 주에는 시험이 끝난다. 시험이 끝난 다음 이틀 정도는 푹 쉬면서 앞으로의 계획을 다시 검토하며 세워 보는 것이 좋다.

시험이 끝난 다음 어떻게 쉬는 것이 그 동안 공부하면서 받은 스트레스를 가장 잘 해소할 수 있는지 생각해 보는 것도 중요하다. 시험이 끝났다고 무작정 쉬기보다는 제한된 시간을 보다 잘 활용하여 만족도를 높이면서 쉬는 것이 좋기 때문이다. 이렇게 잘 쉬어야 공부할 때 의욕과 활력을 가지고 새롭게 공부에 임할 수 있다. 따라서 이제는 스스로가 자기 취향에 맞게, 잘 쉬고 잘 놀 수 있는 방법을 차분히 생각해야 한다. 공부하면서 짬짬이 쉬고 노는 계획을 미리 세워 두는 것도 필요하다.

이틀간 쉴 때 명심해야 할 것은 마음껏 놀되 10월 넷째 주부터 시작할 공부 계획을 매일 조금씩 생각해 보는 시간을 가져야 한다는 점이다. 공부에 조금씩 취미를 붙인 학생들은 이제 알 것이다.

열심히 공부한 다음 쉬는 시간이 얼마나 재미있는지, 또 열심히 공부하고 시험이 끝난 다음 그 동안 공부 때문에 미루어 둔 영화를 볼 때 얼마나 그 영화가 재미있는지를. 이것은 자기절제와 인내가 주는 큰 선물이자 놀라운 마술이다. 또 다른 주의 사항은 이틀간 쉬더라도 자는 시간과 일어나는 시간을 꼭 지켜 아침 공부는 하면서 쉬어야 한다는 것이다. 생활의 리듬을 유지하며 쉬는 것이 매우 중요하다.

10월 넷째 주부터 11월 첫째 주까지는 영어와 수학을 공부하기에 좋은 시간이다. 1학기 때와는 달리 2학기는 한 달가량 짧다. 그래서 1학기 때에는 영어와 수학을 마음껏 공부할 수 있는 5월 한 달이 주어지는 데 반하여 2학기 때에는 그런 시간이 없다. 하지만 10월 넷째 주부터 기말고사를 보기 한 달 전까지인 11월 첫째 주까지는 2학기 초에 세운 국·영·수 공부를 착실하게 할 수 있다. 만약 시험을 망치고 새롭게 공부하고자 하는 학생들은 이 시기부터 기말고사를 공부한다는 마음으로 우선 기말고사 한 달 전까지 국·영·수를 공부해 나간다.

미진한 1학기 영어와 수학 공부는 이 시기에 보강하려 들지 말고 겨울방학으로 일단 미루어 두자. 고등학교 들어와서 제대로 공부다운 공부를 해 보지 못했다는 학생들은 이 시기에 한꺼번에 너무 많은 것을 하기보다 일단 12월에 있을 기말고사를 대비하여 공부한다. 그리고 나서 기말시험이 끝나자마자 국·영·수 위주로 부족한 부분을 착실하게 공부해 나가면 된다.

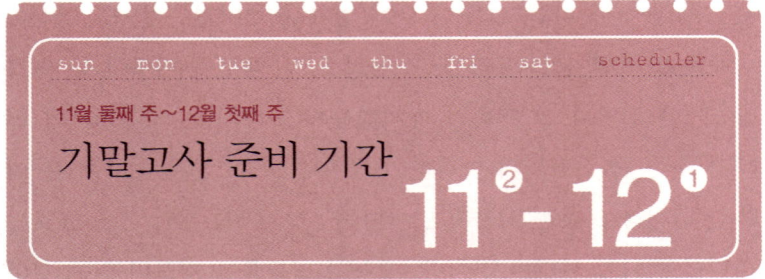

　이 시기에는 기말고사 대비 한 달 전 공부 계획을 실행해야 한다. 공부 방법은 종전대로 시험 한 달 전 공부 방법을 착실하게 지켜 나가면 된다. 여기서는 이 기간에 주의해야 할 몇 가지를 말하고자 한다.

　우선 가을에서 겨울로 계절이 바뀌기 때문에 이 시기에 감기에 걸리는 학생들이 많다. 공부로 인한 스트레스와 불규칙한 생활과 식사, 그리고 운동 부족, 마음관리 허술 등 여러 이유로 몸의 저항력이 약해지면서 감기 기운이 몸을 감싸기 시작한다. 이럴 때 마음관리와 건강관리를 집중적으로 하면 감기가 금세 떠나가지만 그냥 방치하면 한 달 정도 고생하게 된다. 그러면 공부를 효율적으로 하는 데 막대한 손실을 초래하기 때문에 유의해야 한다. 마음의 건강과 육체적 건강 이 두 가지 모두 공부 실력에 포함되는 것이다. 체력이 약하면 공부하기가 쉽지 않다.

　또 하나 유의할 사항은 틀린 문제를 확실히 내 것으로 만드는 작업에 더 많이 집중해야 한다는 것이다. 이 책대로 착실히 1학기 때부터 공부해 온 학생들은 이 시기가 되면 2학기 기말고사 범위의 대부분이 예습되어 있을 것이다. 이때 예습은 장점과 동시에 단점도 있다는 것을 잊지 말자. 미리 한 번 보았기 때문에 한 번 더 공부할 때 더욱 깊이 이해하며 공부할 수 있으나, 마음관리가 느슨해지면 한 번 공부한 것이기 때문에 다 안다는 착각에 빠져 대충대충 넘어가는 경우도 많기 때문이다.

따라서 예습하였다고 해서 결코 방심하지 말고 자신이 틀린 부분은 잘 모르는 부분임을 명심하고 그 부분을 철저하게 자기 것으로 만드는 과정을 확실히 밟도록 하자. 틀린 문제는 왜 틀렸는지 확실히 이해한 뒤 거기에 머무르지 말고 그 주요 내용과 풀이 과정을 상세히 암기하는 데까지 나아가야 한다.

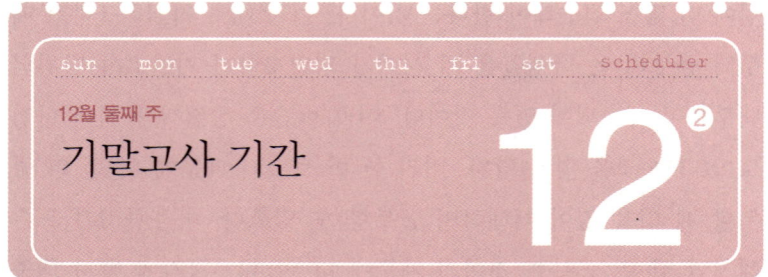

기말고사 기간

12²

    보통 이 시기에 기말고사가 있다. 각 학교의 기말고사 계획에 맞추어 준비하되 이 책에 나온 계획을 참조하여 자기만의 계획을 세우는 것이 필요하다. 시험 기간에는 이미 앞에서 누누이 강조했듯이 망친 과목에 대한 마음관리를 병행하며 절제와 인내로 하루하루 최선을 다할 것을 말하고 싶다. 나머지 구체적인 공부 방법은 앞에서 언급한 대로 하면 무난하다. 정직하게 최선을 다한다는 마음가짐이 중요하다. 내가 공부한 만큼 정직하게 시험보고 성적을 받겠다는 마음을 가지게 되면 시험으로 인해 생기는 불안과 초조를 극복할 수 있다.

겨울방학의 시작

12³-12⁴

 이 시기면 대부분 겨울방학이 시작된다. 고1 겨울방학은 1학기부터 성실하게 공부해 온 학생들에게는 목표하는 대학과 학과를 확실히 갈 수 있는데 필요한 실력을 충분히 쌓는 시기로 활용될 수 있다. 한편 중학교 때도 대충대충, 고1 때도 대충대충 공부해 온 학생들에게 이 시기는 새롭게 뜻을 정해 공부를 시작해야 하는 중요한 기회의 기간이다.

고1 겨울방학의 의미

 겨울방학 기간은 대략 12월 말에서 2월 초까지이지만 실제로 고등학교 2학년 진도가 나가는 3월 이전까지를 방학 기간으로 생각하고 공부해도 좋다. 즉 1월, 2월, 12월의 한두 주, 이렇게 약 70일 정도 되는 시간이 생긴다. 여름방학의 두 배에 달하는 시간이 생긴 것이다.

따라서 이 시기를 어떻게 보내느냐에 따라 대학입시 결과가 좌우된다고 해도 큰 무리가 없을 것이다. 수학능력시험을 보기 전따로 입시를 준비할 수 있는 겨울방학은 고1 겨울방학과 고2 겨울방학밖에 없기에 그 중요성은 더욱 크다. 특별히 고1 겨울방학은 고2 때보다 상대적으로 국·영·수를 공부할 수 있는 시간이 많다. 고2 겨울방학 때에는 상황에 따라 암기 과목 공부도 병행해야 하기 때문이다. 다시 말하자면 국·영·수에 보다 많은 시간을 내어 집중해 공부할 수 있는 시간은 고1 겨울방학이 거의 유일하다. 따라서 이 시기에 구체적인 공부 계획을 주도면밀하게 세우고 실천하도록 하자.

고등학교에 들어와서 1년 내내 공부를 열심히 하지 않고 놀던 학생들도 지금부터 정신을 차려 마음을 정해 시작할 수만 있다면 결코 늦지 않았다. 얼마든지 역전할 수 있다. 자신을 고1로 생각하지 말고 중3이라 생각하며 겨울방학을 제대로 보내겠다고 결심하면 된다.

내가 강의하는 학원●에는 학교에 다닐 때 공부를 열심히 하지 않다가 졸업한 다음 찾아오는 학생들이 종종 있다. 그들은 점수에 맞춰 원치 않는 대학, 원치 않는 학과에 어쩔 수 없이 들어간 학생들이다. 그들은 뒤늦게 자신의 꿈을 향해 이제부터 진짜 공부해야겠다는 결심을 하고 찾아온다. 심지어 군대를 다녀와서 다시 공부하는 학생들도 종종 있다. 얼마 전에 들어온 24살의 준수와 성호가 그렇다. 그들은 군복무를 하면서 공부의 중요성을 절실하게 깨

● 학원 강의에 대한 자세한 안내는 책 맨 뒤 편을 참조하시기 바랍니다.

달았다고 한다. 군 복무 중 소개받은 다니엘 학습법을 통해 새롭게 뜻을 다잡고 찾아온 것이다. 요즘 준수는 하루 12시간 이상을 자기 스스로 공부하는 데 최선을 다하고 있다. 준수가 공부하는 것을 보면 정말 대견하고 기특하다. 준수는 지방의 모 대학 공대 기계공학과에 2년 동안 다니다가 자신의 적성에 맞지 않아 다시 뜻을 정해 공부하고자 하는 학생이다. 요즘 준수의 표정은 무척 밝다. 그는 태어나서 하루 12시간 이상 공부해 본 적이 없다고 한다. 그런 그가 요즘 매일 새벽 4시 40분에 어김없이 일어나 공부한다. 비록 늦었지만 자신에게 소중한 새로운 꿈이 생겼기에 힘들어도 그는 견딜 수 있다고 말한다. 원치 않는 대학과 학과에 진학해서 꿈을 포기했던 그가 이제 다시 꿈을 향해 달리기 시작한 것이다. 꿈을 향해 달리기 시작하는 사람들의 표정은 정말 밝다. 아무리 힘들어도 참아낸다. 그것이 바로 꿈과 희망의 위력이다. 절대로 현재 성적으로 인해 그냥 대충 공부를 접지 말기를 부탁한다. 이제부터 뜻을 정해 시작해도 얼마든지 역전이 가능하다.

작년 겨울 나를 찾아온 주성이는 요즘 괄목상대라는 말을 실감할 정도로 하루하루 실력이 쑥쑥 자라고 있다. 주성이는 중학교 시절 실컷 놀고 실업 고등학교에 진학하여 3년 내내 그저 놀기만 했다. 그런 그가 사회에 나가 사회에서의 냉대와 무시에 상심한 채 내 강의를 듣고자 주변 사람들의 소개를 받고 찾아왔다. 처음 주성이를 만났을 때, 주성이의 실력은 중학교 수준밖에 되지 않았다. 하지만 강의를 들으면서 주성이는 아직 늦지 않았다는 것을 깨달았고 자신의 꿈을 찾았다. 그러면서 그는 잃어버린 자신감을 회복하기 시작했다. 지금은 준수처럼 하루 12시간 이상 매일 4시

40분에 기상하여 공부를 하고 있다. 정말 놀라운 변화이다. 매달 보는 모의고사를 통해 드러나는 주성이의 성적 향상은 놀라울 정도이다.

준수와 주성이같이 청소년 시절 공부를 등한시하다가 다시 공부를 하고자 마음먹은 친구들이 내 강의를 듣고자 오면 나는 그들에게 이렇게 말한다.

"힘들어도 선생님이 가르쳐 주는 대로 정말 해 보겠니?"

그들은 이제 공부를 해야만 하는 절실한 동기를 가지고 있기 때문에 억지로가 아니라 자발적으로 공부할 수 있다고 대답한다. 나는 그들에게 맞는 다니엘 아침형 공부 계획과 구체적인 학습 방법들, 그리고 마음관리법을 제시해 준다. 이제 그들 역시 수많은 선배들이 그러했듯 잃어버렸던 꿈을 가슴에 다시 품고 아침을 깨우기 시작하였다.

그러한 친구들 대부분은 대개 중학교 공부부터 다시 시작하는 경우가 많다. 다니엘 아침형 학습을 통하면 약 3~4개월 정도에 중학교 과정을 새롭게 마칠 수 있다. 비록 나이는 많지만 함께 수업을 듣는 자기보다 어린 학생들에게 모르는 것을 물어보면서 그들은 한걸음씩 나아가고 있다. 그리고 함께 공부하는 학원 학생들에게 놀기만 했던 자신의 과거를 돌이켜 조언도 해 주면서 그렇게

● 시행착오를 거쳐 힘들게 되찾은 꿈을 향해 돌진하는 그들을 보면서 나는 전율한다. 공부할 이유를 몰라 시간을 흘려보냈던 그들이 강의를 들으면서 왜 하기 싫은 공부를 해야 하는지 알고 나면 그들은 전혀 다른 사람으로 변하기 시작한다. 뜻을 정하고 온몸을 던지기 시작한다. 그런 사람에게 9회말 역전 홈런은 얼마든지 현실로 나타날 수 있다는 것을 나는 보았고 현재도 보고 있다. 그런 그들을 가르치며 나는 많은 것을 배운다. 우리는 함께 배우며 성장하는 사이이기 때문에 나는 그들에게 좀 더 나은 선생님이 되고자 한다. 가르칠수록 내 부족함이 드러나는 까닭에 나는 지금도 열심히 공부 중이다. 공부하는 선생님, 나는 영원히 이 이름으로 불리고 싶다.

모두 함께 우리는 공부하고 있다. 그들은 변하기 시작한 것이다.◉

이제는 결단하고 선택해야 할 때

결국 자신이 선택하는 것이다. 공부를 못했으면 성적에 맞춰 원하지 않는 대학이라도 갈 것인가, 아니면 그 동안 게으르게 공부한 것을 솔직히 인정하고 내가 원하는 대학에 가기 위해 이제부터라도 마음을 굳게 먹고 다시 시작할 것인가. 선택은 자신에게 달려 있다. 또 공부를 다시 하기로 결심했더라도 주어진 시간을 대충대충 보낸다면 결과는 어차피 불합격일 것이다.

뜻을 정하고 마음을 먹었으면 그에 따르는 실천이 필요하다. 여기에는 자기절제와 인내가 필요하다. 그 과정을 경험하기 싫으면 자기 점수에 맞춰 대학에 가면 된다. 목표하는 대학이 높으면 그만큼 남보다 더 노력하고 준비해야 한다. 공부는 정직하다. 자신이 공부하지 않고 논 시간만큼 나중에 시간을 들여 보충해야 한다. 하루아침에 실력이 향상되는 것이 아니기 때문이다.

그래서 나는 늘 학생들에게 묻곤 한다.

"네가 정말 원하는 대학과 학과를 가기 위해 필요하다면 노는 시간도 줄이고 잠도 줄일 수 있어?" "자기절제와 인내라는 힘든 경험을 하고서라도 가고픈 대학이 있어?" "원하는 학과가 있어?" "그렇게 공부를 안 하다가 다시 하려고 하는 이유가 있어?"

나는 강의를 듣고자 찾아오는 학생들에게 공부하기 싫지만 힘들어도 꾹 참고 공부해야 하는 분명한 동기를 찾으라고 말한다. 분명한 동기가 부여되지 않은 학생들에게는 찾을 때까지 1주일이고

2주일이고 공부를 제쳐두고서라도 공부를 해야 하는 이유를 찾고 확인하라고 말한다. 그리고 그들이 그것을 찾을 수 있도록 강의를 통해 도전하고 또 도전한다.

겨울방학 전 꼭 해야 할 일

겨울방학 동안 분명하게 동기 부여가 된 상태에서 공부하는 학생과 막연히 공부해야지라는 결심에서 공부하는 학생 사이에는 큰 차이가 있다. 따라서 겨울방학이 본격적으로 시작되기 전에 자신과 진지한 대화를 해야 한다. '하기 싫음에도 불구하고 왜 나는 꼭 공부를 해야 하는가?' '힘든 과정들을 참고 견딜 만큼 내가 가고 싶은 학교와 학과가 있는가?' 자신과의 진지한 대화를 통해 분명한 동기가 부여된 사람이라면 재수를 하든 삼수를 하든 혹은 군대를 다녀와서 다시 공부를 하든 언젠가는 원하는 대학과 학과에 반드시 합격할 것이다. 그리고 그곳에서 하고 싶었던 공부를 힘들어도 재미있게 할 것이고 자기 분야에서 최고의 전문가가 될 것이다.

덧붙이자면 내가 이 책을 쓰는 이유는 똑똑하기만 할 뿐인 자기 자신만 아는 이기적인 엘리트들이 많이 배출되기보다는 출중한 실력뿐 아니라 어려운 이웃을 따뜻하게 도울 줄 아는 마음을 가진 인간미 넘치는 진정한 엘리트들이 분야마다 많이 나오기를 소원하기 때문이다. 청소년 시절부터 이 문제를 진지하게 생각하며 마음관리를 하는 학생들이라면 적어도 남에게 해를 끼치면서까지 다른 사람을 밟고 올라서는 데에만 혈안이 된 엘리트가 아닌, 더불어 살며 자기 분야에서 성실하게 최선을 다하는 그런 사람들이 될 수 있으리라 나는 생각한다. 보다 어려운 이웃을 생각하고 일을 추진하는 사람과 그저 목적을 위해 누가 죽든 말든 상관하지 않고 일만 무섭게 추진하는 사람 중에서 여러분은 어떤 사람이 되고 싶은가?

  겨울방학 준비 기간, 동기 부여가 제대로 되었는지 다시 한 번 확인하고 단단히 마음먹은 다음 본격적인 겨울방학 공부 계획을 세워보자.

기막힌 수보다 더 좋은 수

〈다니엘 마음관리 365일〉중에서

체스만큼 명확한 사고와 속도를 요하는 활동은 없습니다. 따라서 체스를 두는 사람은 신속하게 결정해야 하는데, 그것은 정말이지 위험천만한 것입니다. 체스의 대가 빅토르 코르치노이(Viktor Korchnoi)는 수에 대한 신속한 결정과 관련하여 이렇게 말합니다.

"대부분의 선수들은 단박에 수를 보고 그것에 따라 말을 움직인다. 하지만 그것만큼 치명적인 실수는 없다. 머릿속에 떠오르는 그대로 말을 움직이면 안 된다. 최대한 많은 수를 생각한 다음 최선의 수가 어떤 것인가를 꼼꼼하게 살펴야 한다."

체스 세계 챔피언인 개리 카스파로프(Gary Kasparov)는 급하게 움직이지 않고 장고(長考)를 한 후 말을 옮깁니다. 체스에서의 그의 좌우명은 기막힌 수가 떠오른다 해도 그것보다 좋은 수는 없는가, 세심하게 살펴보라는 것입니다.

이 같은 조언에 귀를 기울이면 현명한 결정을 할 수 있고, 혁신적인 나만의 공부 전략을 개발할 수 있을 것입니다. 청소년 시절에는 너무 급하게 무언가를 성취하려는 조급함이 늘 있습니다. 이런 마음이 들 때마다 머릿속에 순간적으로 떠오르는 생각에만 매달리지 말고, 시간을 가지고 자세히 살펴보는 것은 진정한 엘리트가 되기 위해 꼭 필요한 훈련임을 잊지 마십시오.

귀한 후배들의 최선을 향한 몸부림은 결코 헛되지 않습니다. 늘 말씀드리지만 최고를 꿈꾸지 마시고 최선을 꿈꾸는 멋진 후배들이 되기를 바랍니다. 추운 겨울 여러분들을 위한 저의 비장의 선물(*^^*)인 『다니엘 건강관리법』에 나온 겨울방학 건강관리법으로 약해지기 쉬운 겨울방학 건강관리 특별히 더욱 유의하세요(*^^*).

12월 넷째 주~1월 마지막 주, 2월 한 달

겨울방학 기간

$12°$-$2°$

우선 겨울방학 기간은 두 시기로 나눌 수 있다. 1차 기간인 12월 넷째 주에서 1월 마지막 주까지와 2차 기간인 2월 한 달. 2월에는 개학을 하여 한두 주 학교를 다니다가 봄방학을 한다. 이 시기는 겨울방학처럼 온종일 공부할 수 있는 기간이 아니다. 따라서 두 부분(온종일 공부할 수 있는 기간과 그렇지 못한 2월 한 달)으로 나누어 계획을 세울 필요가 있다.

우선 공부 계획은 기본적으로 여름방학과 같은 스타일로 세우면 된다. 자는 시간, 일어나는 시간, 노는 시간, 공부 시간, 학원 또는 과외시간 등으로 시간을 구획하고 계획을 세우면 된다. 더 나아가 고등학교 1년이 지난 이제부터는 좀 더 시간을 세분화하여 구체적인 계획을 세워 보도록 하자.

최상위권 학생들을 위한 겨울방학 공부 계획

서울대를 목표로 하는 학생들은 이번 방학 동안 최소한 2학년 1학기 국·영·수를 공부해야 한다. 빠른 학생들은 2학년 수학을 다 끝낼 수도 있을 것이다. 물론 중학교 때부터 미리 공부한 친구들은 이미 고3 과정을 다 마치기도 한다. 하지만 그렇게 하지 못한 친구들이 대부분이니 주눅 들지 말고 차근차근 공부하면 된다.

고1 겨울방학 동안 암기 과목을 미리 공부하는 학생들도 있는데, 고1 겨울방학에는 국·영·수 위주로 공부하는 것이 좋다. 만약 국·영·수가 고3 과정까지 철저하게 준비되어 더 이상 할 게 없을 경우에만 암기과목에 들어가도록 하자. 하지만 그렇지 않다면 국·영·수 위주로 공부하는 것이 바람직하다.

이때 영어와 수학에 어느 정도 자신이 있는 학생이라면 국어 공부 시간을 좀 더 늘려도 좋다. 가령 1시간 정도 시간을 더 내어 교과서 지문 이외의 소설과 수필, 그리고 논설문 등을 착실하게 읽도록 한다. 이때 꼭 해야 할 것은 짧게라도 독서한 후의 느낀 점과 내용 요약을 적은 카드를 만들어 놓는 일이다. 하지만 이런 공부는 영어와 수학이 아주 잘 준비된 학생이 하는 것이 바람직하다. 아직 영어와 수학에 자신이 없는 학생들은 시간을 영어와 수학 위주로 배분하는 것이 좋다.

그리고 겨울방학 때도 여름방학 때와 마찬가지로 신문 사설을 보고 요약하는 것을 국어 공부와 병행하기를 권한다. 방학 때마다 하는 이 공부가 나중에 언어영역 시험에서 얼마나 큰 역할을 하는지 곧 실감하게 될 것이다.

각자에게 맞는 시간 계획은 이제 스스로가 세울 수 있을 것이다.

1학년 여름방학 계획을 참고하여 자신에게 맞는 계획을 세워 실천하기 바란다. 하루 공부 시간은 최소 8시간 이상으로 잡아야 현재 자신의 실력을 유지할 수 있다. 서울대 경영학과와 의대 등 최상위 학과를 목표로 하는 학생이라면 최소 9시간 정도는 계획을 세우고 끝까지 인내하며 공부할 것을 부탁한다. 그리고 본인 스스로 공부할 수 있는 시간을 최대한 확보하면서 동시에 불필요하게 낭비되는 시간을 최소로 줄이는 데 힘써야 한다. 복습할 때는 주로 약한 부분과 틀렸던 문제를 집중적으로 공부하면서 약점을 보완하도록 한다.

만약 학원이나 과외 수업을 통해 2학기 진도를 나가고자 한다면 신중하게 선택해서 수업을 받는다. 오가는 시간을 최대한 줄이면서 자기 공부 시간을 확보해야 한다. 공부에 대한 동기 부여가 확실히 되어 있다면 인터넷 강의를 통해 부족한 부분을 보완하는 것도 매우 효과적이다.

영어 실력을 확실하게 하기 위해서는 매일 단어와 숙어, 듣기, 독해, 문법 이 네 가지를 함께 공부해야 한다는 것을 잊지 마라. 1학년 동안 꾸준히 듣기를 해왔을 뿐 아니라 겨울방학 두 달 동안 계속해서 듣기를 하게 되면 듣기 시험에서는 더 이상 틀리지 않을 수 있다. 그리고 대학입시 영어의 단어와 숙어는 매일 30분 정도 소리 내어 읽으면서 외우도록 한다. 문법은 『맨투맨 종합영어』를 적극 추천한다. 두 달 정도 계획을 세워 한 번 보는 것을 목표로 한다. 문법은 끊임없이 반복해서 책을 봐야 하기 때문에 처음에 잘 정하도록 한다. 아마 여기서 언급한 시리즈로 정리하면 문법은 큰 어려움이 없을 것이다. 맨투맨은 스스로 학습할 수 있도록 정리가 잘 되어 있기 때문이다. 독해는 2학년 1학기 영어 교과서에 나오는 내용을 자습서를 이용하여 예습 위주로 공부한다. 자습서를 통한 독해 공부와 더불어 자신의 실력에 맞는 독해 문제집 한 권을 정해 꾸준히 공부하도록 한다.

1학년 수학과 영어 복습과 2학년 과정 예습 시간의 배분은 3:7 정도가 무난하다. 그 동안 1학년 영어와 수학은 자주 반복했으니 자신이 약한 부분을 집중적으로 정리하고 전체적으로 개념을 한 번 죽 정리하는 것을 목표로 삼아 복습한다. 1학년 과정을 복습할 때는 국어 복습 시간을 확보하는 것을 잊지 말아야 한다. 영어와 수학에 비하여 상대적으로 국어 시간 배분이 적었다는 것을 잊지 말고 다른 시간을 줄이더라도 국어 복습 시간은 충분히 확보하여 공부해야 한다. 만약 1학년 수학과 영어 복습이 철저하게 잘되어 있다는 생각이 든다면, 2학년 예습 시간 배분 비율을 2:8까지 해도 괜찮다.

상위권 학생들을 위한 겨울방학 공부 계획

상위권 학생들이 최상위권으로 도약하는 데 있어서 겨울방학 두 달은 황금의 시간이다. 이 시기를 철저하게 계획을 세워 1학년 여름방학처럼 보낼 수만 있다면 겨울방학이 지난 후 최상위권으로 도약할 수 있다. 최상위권 학생들 중에서 마음관리가 느슨해져 겨울방학을 대충 보내는 학생들이 있기 때문에 그 학생들의 자리에 빈틈없이 준비한 상위권 학생들이 들어갈 수 있다.

지금의 실력을 유지하기 원하는 학생은 8시간 정도 공부를 한다. 그러나 최상위권에 도전해 보겠다는 학생들은 10시간 이상 공부해야 한다. 상위권과 최상위권의 차이가 미미해 보이지만 실제로 둘 사이에는 큰 차이가 있다. 최상위권 학생들은 상위권 학생들과 달리 국·영·수를 고르게 잘하는데 이 차이를 만만하게 보면 안 된다.

영어와 수학 공부에 부담이 되지 않는 한에서 국어 공부 시간을 1시간이라도 더 확보하는 것이 최상위권으로 도약하는 데 있어서 중요한 분수령이 될 것이다. 사실 상위권 학생들과 최상위권 학생들을 판가름하는 기준은 언어영역 점수이기 때문이다. 상위권 이상 학생들의 영어와 수학 실력은 거의 비슷하다. 하지만 언어영역 점수 차이는 매우 크다. 미리 언어영역 실력을 종합적으로 기른 학생과 문제집만 많이 푼 학생은 실제 시험에서 큰 차이가 난다.

1학년 영어와 수학 복습과 2학년 1학기 영어와 수학 예습에 대한 시간 배분은 3:7 정도이다. 최상위권과 마찬가지로 틀린 문제와 약한 부분 위주로 복습하되 약점을 강점으로 바꿀 수 있도록 철저하게 복습한다. 문과의 경우 대학입시에서 수 I만 본다고 하지만 수능에서 수학 문제의 변별력이 점차 높아지고 있기 때문에 10-가, 10-나, 9-나 도형 부분에 대해서도 철저한 준비가 필요하다. 왜냐하면 변별력을 높이기 위해 10-가, 10-나, 9-나 부분의 내용들이 통합되어 수 I 문제로 나오기 때문이다.

이과의 경우도 수 I과 수 II 그리고 선택 과목을 시험 보지만 고1 수학의 기초 없이 제대로 대학입시를 준비하기는 어렵다. 따라서 고1 겨울방학을 이용하여 고1 수학 복습을 꼭 해 둘 필요가 있다. 복습은 개념 정리와 더불어 오답 정리를 위주로 하면 충분하다.

국어 복습 시간을 확보하기가 쉽지 않을 것이다. 하지만 최상위권 도약을 진정으로 원한다면 추가 공부 시간을 만들더라도 1학년 국어 복습 시간을 만들어 자습서와 교과서 위주로 빠르게 읽어 보도록 한다.

학원이나 과외 수업은 자신에게 꼭 필요한 부분만 듣는 것을 원칙으로 한다. 자기 공부 시간을 최대한 확보하며 공부하는 것이 최상위권 도약을 위해 매우 중요하다.

매일 반복되는 공부 때문에 종종 매너리즘에 빠지기 쉽다. 그럴 때마다 자신이 왜 이렇게 힘들게 꾹 참고 공부해야 하는지 그 분명한 동기를 끊임없이 마음관리 시간을 통해 확인해야 할 것이다. 두 달간 계속될 자기와의 싸움을 통해 자기절제와 인내를 배우게 될 것이다.

중위권 학생들을 위한 겨울방학 공부 계획

방학 때는 일단 영어와 수학 위주로 공부를 한다. 중위권 학생들은 수학과 영어에 대한 기초가 전혀 없지는 않다. 단지 자신 없는 부분을 제대로 공부하지 않은 채 넘어간 부분들이 많을 뿐이다. 중위권 학생들이 상위권으로 도약하기 위해서는 우선 영어와 수학의 기초를 탄탄하게 갖추어야 한다. 따라서 겨울방학 내내 국어 공부는 이틀에 한 번 정도로 여름방학 계획처럼 공부하고 나머지 시간은 영어와 수학에 집중해야 한다. 대략 공부 시간은 8시간 정도면 중위권에서 중상위권을 바라볼 수 있다. 만약 상위권 도약을 원하는 학생이라면 10시간 이상을 공부하면서 추가된 2시간 동안에는 영어와 수학 중 자신 없는 부분을 더 집중적으로 공부한다.

중위권 학생들 중에서 도저히 스스로 공부할 자신이 없는 학생들은 약한 부분을 보완하기 위해 필요하다면 과외와 학원을 통해 배우는 것도 하나의 방법이 될 수 있다. 하지만 늘 주의할 것은 오가는 시간을 줄이고 자기 공부 시간을 확보해야 한다는 점이다. 2학년 1학기 예습과 1학년 복습 시간 배분을 4:6 정도로 한다.

1학년 과정 복습 시에는 전체 내용 정리와 함께 약한 부분을 시간이 걸리더라도 하나하나 정리하며 보완해야 한다. 이때 잘 정리하게 되면 수학능력시험을 볼 때에도 잘 기억날 것이다. 자신 없는 부분과 공부를 충실히 하지 못했다고 생각하는 부분에서 문제가 나오면 실제 난이도보다 더 어렵게 느끼게 된다. 따라서 이러한 마음의 짐을 버리기 위해서, 고1 영어와 수학 복습 시 자신 없는 부분을 튼실하게 재정리하며 공부한다.

하위권 학생들을 위한 겨울방학 공부 계획

하위권 학생들은 고등학교 영어와 수학 수업을 들을 때 잘 이해가 되지 않아 수업 내용의 반 이상을 알아듣지 못했을 것이다. 이런 학생들은 무엇보다 먼저 자신이 왜 공부해야 하는지 보다 분명한 이유를 찾는 것이 필요하다. 비싼 과외와 학원 수업을 받기보다 하위권 학생들은 먼저 공부에 대한 구체적인 뜻을 정해야 한다. 만약 이제 노는 것도 지겹고 정말 한번쯤 제대로 공부를 해야겠다는 결심이 선 학생들이라면 이 시기에 영어와 수학을 위주로 공부를 시작해 볼 것을 권한다. 하루에 최소한 영어와 수학 공부에 각각 3시간씩을 배정하고 공부를 해 보라.

　하지만 아무리 마음을 단단히 먹었다 해도 그 동안 하지 못했던 공부를 한 번에 다 하려면 어렵다. 혼자 힘으로 도저히 공부할 수 없으면 학원과 과외를 통해 도움을 얻더라도 차근차근 기초부터 시작한다. 너무 비싼 학원이나 과외 선생님보다는 자신의 부족한 부분을 친절하게 인내심을 가지고 지도해 주실 분이 필요하다. 명문대를 나온 선생님만 과외를 잘하거나 학원에서 강의를 잘하는 것이 아니다. 본인이 공부를 잘하는 것과 자신이 아는 것을 상대방에게 알기 쉽게 잘 전달하는 것은 다른 문제이기 때문이다.

　따라서 하위권 학생들에게 가장 좋은 선생님은 부족한 부분을 알기 쉽게 설명하면서도, 여러 차례 계속되는 반복 설명에 지치지 않고 짜증내지 않는 사람이다. 이런 선생님이라면 과외와 학원은 분명 도움이 된다. 하지만 아무리 도움이 된다 하더라도 배운 것을 스스로 자기 것으로 공부하는 시간이 부족하다면 학습 계획은 수정되어야 한다.

　하위권 학생들이 하루에 수학과 영어를 3시간 정도씩 꾸준히 공부한다면 두 달 동안에 고1 영어와 수학의 기초적인 실력을 갖출 수 있게 된다. 그것을 바탕으로 고2 수업을 듣게 되면 수업 내용이 보다 잘 이해가 되면서 공부에 대해 잃었던 흥미를 조금씩 되찾게 될 것이다. 하위권 학생들은 가급적 1학년 영어와 수학 복습을 위주로 공부하고 만약 여력이 생긴다면 2학년 수학 1학기 내용만이라도 조금씩 공부하는 것이 좋다. 하지만 이때 절대로 무리하게 계획을 세우지는 말자. 지금 핵심은 1학년 영어와 수학을 잘 복습하여 최대한 내 것으로 만드는 데에 있다.

모든 학생들에게 해당되는 사항

우선 자는 시간과 일어나는 시간을 종전대로 하라. 단 그 동안 6시간 이상의 잠을 자 왔던 학생이라면 이제는 6시간 숙면을 취하는 계획으로 수정하도록 한다. 자는 시간과 일어나는 시간이 정해져있는 학생이라면 마음만 먹으면 하루에 5분씩 줄여 2주 정도면 1시간 정도 잠을 줄일 수가 있다. 하지만 굳이 이것을 할 필요는 없다. 깨어 있는 시간에 보다 더 집중하여 공부하면 되기 때문이다. 만약 상위권 학생들 중에서 자는 시간과 일어나는 시간이 정확하게 지켜지는 학생들 중에서 잠을 좀 줄여 보고 싶은 학생이 있다면 하루 5분 내지 10분씩 일찍 일어나도록 시간 조정을 하면 된다. 굳이 줄이지 않아도 되는 학생이라면 평소대로 공부하면 된다.

여름과 달리 겨울은 공부하기가 매우 좋다. 날씨가 춥지만 방 안에서는 비교적 따뜻하게 공부할 수 있기 때문이다. 너무 더운 것보다는 약간 서늘한 것이 공부하기에는 더 좋다. 상위권 이상 학생들 중에서 어떤 학생들은 일부러 보일러 온도를 약간 서늘하게 맞추어 긴장이 풀어지지 않도록 하는 학생들도 있다. 왜냐하면 너무 더우면 졸음이 오기 때문이다.

새벽, 오전, 오후, 저녁 네 번의 공부 시간을 자신이 세운 계획에 맞도록 잘 배분하라. 쉬는 시간에 어떻게 쉬는가는 여전히 중요한 숙제이다. 휴식 시간에 텔레비전을 보는 것은 가급적 피하도록 한다. 공부하느라 눈이 많이 피곤한데 거기다가 더 눈을 피곤하게 만드는 텔레비전까지 보게 되면 실제로 몸에 지나치게 무리를 가하게 된다. 흔히 텔레비전을 보면서 머리를 식힌다고 하지만 엄밀히 말하면 텔레비전을 보면서는 그다지 쉬지 못한다. 물론 머리는 멍해지기 때문에 쉬는 것처럼 느껴지지만, 몸은 그렇지 않다. 더 좋은 방법을 꼭 찾도록 하자.

텔레비전을 보는 대신 쉬는 시간에 자신이 좋아하는 음악을 들으며 하는 스트레칭을 권한다. 좋아하는 음악을 들으면서 책상에 오랫동안 앉아 있어서 경직된 근육들을 스트레칭을 통해 이완하면 몸 구석구석까지 신진대사가 활발해진다. 또한 뇌에 공급되는 혈액량도 그만큼 많아진다. 몸이 활력을 되찾으면 마음 역시 그 영향을 받게 된다. 정신적 피로를 육체적 이완을 통해 새롭게 재충전하는 것은 매우 좋은 방법이다.

긴 겨울방학 동안 쉬는 시간을 어떻게 효과적으로 보내는가에 따라 공부 시간 동안의 집중도에 많은 차이가 생길 것이다. 스트레칭만 하는 것으로 부족하다면 식사 시간 이후 30분 정도 시간이 있을 때 잠깐 눈을 붙이는 것도 좋다. 또는 이 시간을 이용해 자신이 좋아하는 만화책 한 권 정도를 빌려 쉬면서 보는 것도 좋다. 단행본 한 권 정도 보는 데에 30분 정도면 충분할 것이다. 이때 주의할 점은 한 권으로 만족하지 못하고 여러 권을 빌려다 보는 것이다. 자기절제를 하지 못하면 좋은 여가 방법도 결국 하지 않는 것만 못하게 된다. 만화책은 아무래도 눈의 피로가 텔레비전보다는 덜하기 때문에 공부하는 데 큰 지장을 주지 않지만 너무 빠지면 곤란하다.

꼭 텔레비전을 봐야 한다는 학생은 좋아하는 프로그램을 자신이 쉬는 시간에 볼 수 있도록 예약 녹화 기능이나 인터넷을 이용해 보는 것이 좋다. 텔레비전 프로그램 시간에 맞추어 공부 계획을

변경하는 것은 현명하지 못한 방법이다.

또 다른 방법으로는 하루에 한 번 정도 춥지 않게 옷을 입고 동네를 한 바퀴 도는 것이다. 자신이 좋아하는 음악을 들으며 식사 후 20분 정도 산책을 하면서 먹은 것을 소화시키고 머리를 쉬게 하는 것은 매우 좋은 방법이다.

나는 대학 시절 공부하다가 머리가 떵해지면 좋아하는 음악을 들으며 관악산 캠퍼스를 걸었다. 좋은 음악과 함께 산책하면서 다음 시간을 어떻게 보낼 것인지 생각하고 휴식 시간을 보낸 것이 집중력을 많이 향상 시켜 주었다. 때로는 음악을 듣지 않고 조용히 어떻게 공부할 것인지 생각하며 한 걸음 한 걸음 걷기도 했다. 계속 방 안에 있다 보면 공부가 지루해지고 싫증나기 때문에 밖에 나와 맑은 공기도 마시고 분위기도 일신하면 새롭게 공부하는 데에 효과가 있다.

식사는 아침·점심·저녁을 꼭 챙겨 먹을 것을 권한다. 아침을 거르는 학생들이 많은데, 아침을 먹지 않으면 오전 공부 시간에 졸음이 더 쉽게 올 것이다. 어느 정도 식사를 해야 공부할 때 필요한 에너지 공급도 원활해지고 소화기관에도 도움이 된다. 의욕이 앞선다고 밥 먹는 시간마저 줄이지 말고 제때 쉬면서 공부 시간에 더 집중하는 방법을 택하는 것이 낫다. 이렇게 하여 겨울방학 1차 기간을 보내면 대성공이다.

겨울방학 2차 기간인 학교에 가는 동안에는 새벽 공부와 방과 후 저녁 식사 전까지의 공부, 저녁 공부로 나누어 한다. 봄방학 기간에는 겨울방학 1차 기간과 같은 계획으로 공부하되 학교에 가는 시간 동안은 계획을 수정하여 한다. 보통 이 기간에는 학교를 가더라도 자율학습이 대부분인 학교가 많다. 따라서 자율학습 시간이 주어지면 자신의 계획에 맞추어 그 시간에 공부를 하면 된다. 만약 이 기간 학업 진도를 나가게 될 경우 복습 위주로 공부하며 자신의 공부 계획을 꾸준히 실행하도록 한다.

2학년

고등학교 2학년이 되면 공부에 대한 중압감은
고1 때보다 두 배에서 세 배 정도 커진다.
특별히 중위권 이상의 학생들은 더욱 그렇다.
새 학년이라는 설렘보다는 예비 수험생이라는
중압감이 더 크게 다가온다.

3월 첫째 주~둘째 주

새로운 반 분위기에
적응하는 시기

3^1-3^2

　이제 본격적으로 예비 수험생이 되었다. 고등학교 2학년이 되면 공부에 대한 중압감은 고1 때보다 두 배에서 세 배 정도 커진다. 특별히 중위권 이상의 학생들은 더욱 그렇다. 새 학년이라는 설렘보다는 예비 수험생이라는 중압감이 더 크게 다가온다. 수업 분위기도 더 진지해 진다. 겨울방학 동안 착실하게 공부를 해온 학생들이라면 이미 국·영·수 예습이 잘되어 있기 때문에 수업 시간이 편안할 것이다. 하지만 하위권 학생들은 겨울방학 동안 뜻을 정해 열심히 공부했어도 수업 시간이 좀 힘들 것이다. 그러나 예전보다 수업 듣기가 수월하다는 것 역시 느낄 것이다.

　일단 첫째 주에는 새 학년 각 과목 선생님의 수업 경향을 잘 파악하도록 한다. 수업 진도 계획과 속도에 대하여 잘 이해하도록 한다. 중간고사, 기말고사 기간이 언제인지 미리 파악한다. 3월 둘째 주까지는 겨울방학 때 세운 계획 중에서 미진한 것을 보충하도록 한다.

　새로운 환경에 적응하는 시기이므로 특별히 마음관리에 힘써야 한다. 자칫하면 마음이 흐트러져 생활 리듬과 공부 리듬이 깨질 수 있기 때문이다. 비행기가 이륙할 때 주의해야 하는 것처럼 새 학기 두 주간은 특별히 조심하며 반 분위기를 익히도록 한다.

고2 중압감을 이겨내자

교실 분위기가 공부하기에 원만해야 수업을 듣거나 쉴 때 큰 무리가 생기지 않는다. 지나치게 교우관계가 좋지 않으면 그로 인해 공부에 온전히 집중하기가 어려울 수 있다. 특히 고2가 되면 공부를 완전히 포기한 학생들 몇몇이 반 학생들 중 약한 학생들을 귀찮게 괴롭히며 스트레스를 푸는 경우가 종종 있다. 운동을 많이 한 친구들이야 건드리지 않겠지만 평범한 대다수의 학생들은 이런 친구들이 자신을 괴롭히면 무척 힘들어 한다. 이럴 때는 주변 친구들과 상의하거나 담임 선생님께 솔직히 말씀드려 문제를 해결하는 것이 좋다. 후환이 두려워 말하지 못하는 학생이 있다면 부모님과 담임 선생님께 알리고 서로 힘을 합쳐 그 문제에 정면으로 부딪치도록 한다. 공부 외적인 이유로 자꾸 시달리다 보면 정작 공부를 하고 싶어도 할 힘이 없어진다. 이 점을 늘 주의하자.

특별히 이 책을 보는 학생들 중에서 반에서 어느 정도 힘도 있고 싸움도 할 줄 아는 학생들이 있다면 반에서 괴롭힘을 당하는 친구들이 있는지 유심히 살펴보고 연약한 친구들을 돕기를 부탁한다. 별로 대수롭지 않은 일 같지만 당하는 학생에게는 너무나 절박한 일일 수 있다. 생명을 구하는 일일 수도 있으니, 보고도 그냥 지나치지 않기를 부탁한다.

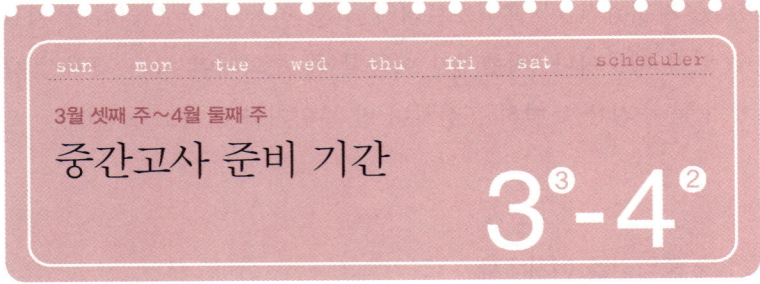

한 달간 중간고사 시스템으로 변경하여 공부한다. 1학년 동안 본 네 번의 시험을 통해 나름대로 어떤 공부 방법이 자신에게 가장 효과적인지 알았을 것이다. 특별히 고등학교 2학년부터는 과학과 사회 계열을 더 철저하게 공부하도록 한다.[●] 이미 예습을 많이 한 학생들은 상대적으로 암기 과목을 공부할 여력이 생길 것이다. 이때 과학과 사회 과목에서 자신 없는 부분이 생기지 않도록 미리미리 약점 제거 작업을 충실히 하도록 한다. 이렇게 한 발 앞서 내신 시험을 준비하는 와중에 암기 과목을 성실하게 공부한다면 따로 공부를 하지 않아도 수학능력시험을 잘 볼 수 있다.

최상위권과 상위권 학생들 중에서 만약 이 기간에 짬을 내어 신문 사설 한 편 정도를 꾸준히 읽고 요약할 수 있는 여력을 가진 학생이 있다면 하도록 하라. 신문 사설 한 편을 읽고 요약하는 데 20

● 문과는 사회 계열, 이과는 과학 계열을 집중적으로 공부한다.

분에서 25분 정도면 충분하다. 꾸준히 읽고 쓰는 훈련을 반복하다 보면 언어 능력뿐만 아니라 전반적 학습 능력 향상에 큰 도움이 된다. 사설은 사회 전반의 중요 문제들을 다루기 때문에 논술을 준비하는 학생들에게 큰 도움이 된다.

중하위권 학생들은 일단 중간고사 공부에 전념하기를 바란다. 아직은 여러 가지 공부를 할 때가 아니므로 좀 더 인내하며 착실하게 내신 성적 향상을 도모하라. 특별히 내신 준비를 하는 동안에는 학원이나 과외 수업을 줄이는 것이 좋다. 학원에서 내신 대비로 모의 문제도 내 주고 여러모로 도와주기는 하지만 무엇보다 본인이 스스로 공부하며 약한 부분을 집중적으로 보완하는 것이 좋다. 학원 수업은 자신이 잘하는 부분과 약한 부분을 모두 다루기 때문에 잘하는 부분도 반복해서 들어야 하는 경우가 많다. 그러니 신중히 잘 검토하여 어떻게 하면 학원 수업과 과외 수업을 적절하게 잘 사용할 수 있는지 생각해 보라. 이 책을 참조하여 스스로 꾸준히 공부해 온 학생들은 이제 자신이 남들에게 모르는 문제를 가르쳐 주는 사람이 되었음을 알게 될 것이다.

학업 수행 능력 평가에서 고득점 받는 비결

학기 중 학교를 다닐 때는 모르는 부분을 공짜로 학교 선생님께 물어보면서 공부할 수 있다. 겨울방학 동안 혼자 예습하면서 모르는 부분을 각 과목별 선생님께 겸손하게 물어본다면 선생님은 그 학생을 무척 아끼게 될 것이다. 왜냐하면 요즘에는 대다수의 학생들이 학원 위주로 공부하기 때문에 수업 시간에 별로 집중하지 않은 채 조용히 학원이나 과외 숙제를 하거나 늦은 시각까지 계속되는 학원 수업을 듣느라 부족한 잠을 자는 경우가 많기 때문이다. 수업 시간을 이용하여 딴 공부를 하는 것은 그다지 좋은 방법이 아니다. 마음이 편치 않아 집중력이 떨어지기 때문에 공부에 별로 도움이 되지 않는다.

아무리 수업 내용이 좋지 않더라도 학교 선생님은 본인보다는 많이 알고 일정 수준의 실력을 가지고 있다. 수업 전달이 다른 선생님에 비해 명확하지 못한 선생님에게 개인적으로 찾아가 질문을 해 보면 아주 친절하고 자세하게 문제를 설명해 주시는 경우가 많다. 아마도 학교 선생님을 다시 바라보고 존경하게 될 것이다. 학기 중에는 각 과목별 학교 선생님께 잘 여쭈어 보는 것을 잊지 말고 실행하라. 가끔 음료수를 사 드리면서 고마움을 표시하면 선생님은 참 기뻐하실 것이다. 요즘은 고등학교 시절 사제지간의 정이 없다고들 하지만 꼭 그렇지만은 않다. 선생님 수업을 집중해서 듣고 열심히 질문하면서 공부하는 학생들과 선생님의 관계는 매우 친밀하다. 얼마든지 사제의 정을 쌓을 수 있다. 부모의 치맛바람으로 선생님께 잘 보이기보다는 이러한 정공법으로 깊고 인격적인 사제지간이 되기를 바란다.

학업 수행 능력 평가에서 이런 학생들에게 선생님들은 후한 점수를 주지 않을 수가 없다. 이 부분을 학기 중에는 늘 유념하여 선생님께 진심으로 잘 대하기를 바란다. 스스로 공부하는 학생이나 학원과 과외 수업을 듣는 학생 누구든지 수업 시간에 선생님 수업을 경청하는 것이 공부 잘하는 지름길이다. 최상위권 학생들치고 수업 시간에 대충대충 공부하는 학생들은 거의 없다. 학교에서 대부분의 시간을 보내고 수업 시간에는 대충 공부하면서 학원과 과외 수업으로 공부를 보충하려는 것은 이중으로 시간을 낭비하는 것일 뿐이다. 주된 수업은 학교 수업으로 한다. 정말 보충이 필요한 과목이 있다면 선별적으로 학원이나 과외를 통해 공부하도록 한다.

2학년 역시 내신 성적은 중요하다. 방학 때는 수학능력시험 위주로 공부를 하고 학기 중에는 내신과 수학능력시험을 준비하는 시간을 반반으로 배분하여 공부하면 무난하다. 중간고사 한 달 전에는 중간고사 준비 시스템을 시작하여 내신 위주로 공부를 하면 된다.

중간고사 기간

4③

연습은 실전처럼 실전은 연습처럼 하라는 말이 있다. 지금까지 책에 나온 대로 공부한 학생들은 준비한대로 평안한 마음을 가지고 시험을 치면 무난하다. 지나친 욕심과 결과에 대한 집착은 오히려 시험 보는 시간에 마음에 짐이 되어 점수가 잘 나오지 않게 된다. 그러므로 평정심을 유지하기 위해서는 마음관리에 더욱 힘써야 한다.

시험 기간 중에는 마음관리와 더불어 건강관리에 특별히 유의하도록 한다. 환절기 감기를 특별히 조심하도록 한다. 일단 감기에 들 조짐이 보이면 바로 병원에 가서 감기에 들지 않도록 주의한다. 어떤 학생들은 귀찮다고, 혹은 시험기간이라고 해서 그냥 대충 약국에서 감기약 먹고 공부하는 경우가 많다. 이렇게 되면 오히려 병을 키우게 되고 시험기간 내내 좋지 않은 컨디션으로 시험을 보게 되어 집중력이 떨어져 결국 성적이 좋지 않게 된다. 감기에 걸리지 않도록 항상 외출하여 돌아오면 손을 깨끗이 씻고 몸을 청결하게 유지해야 할 필요가 있다.

건조한 4월이므로 밤에 잘 때 일정한 습도유지를 위해 가습기 혹은 젖은 수건을 사용하도록 한다. 가습기를 사용할 때에는 청소를 제때 하지 않으면 오히려 감기에 걸릴 확률이 높아지므로 가습기 청소에 주의하며 잘 사용하도록 한다.

시험을 잘 보기 위해서는 여러 분야의 자기 관리가 종합적으로 이루어져야 한다. 왜냐하면 시험을 보기 위해서는 자신의 총체적 힘을 사용해야 하기 때문이다. 따라서 학습관리, 마음관리 못지않게 건강관리가 중요하다는 것을 명심하면서 이번 중간고사에 시험에 임하기를 부탁한다.

4월 넷째 주~6월 첫째 주

도약할 수 있는
절호의 기회

$4^4 - 6^1$

이제 고2 첫 중간고사 시험도 끝났다. 이제부터 7월 중순에 있는 기말고사를 보기까지 귀중한 시간들이 남아 있다. 6월 중순부터 7월 중순까지 기말고사 시스템으로 들어가기 전 약 40일 정도의 시간이 있다. 마음껏 국·영·수를 공부할 수 있는 시간이다. 이때 최상위권 학생들은 기말고사가 끝난 후 2일 정도 여유를 가지면서 지친 마음과 몸을 쉬게 한다. 힘들게 공부한 만큼 정말 재미있을 것이다. 2일 정도는 정말 푹 쉬어도 된다.● 수고했으니 그 정도로 쉬는 것은 괜찮다. 특별히 많은 학생들이 고등학교 2학년 중간고사를 본 후 5월이 되면 긴장이 풀어지는 주의하도록 한다. 최상위권 역시 예외는 아니다.

● 자는 시간과 일어나는 시간을 지키고 아침 공부는 하면서 쉬도록 한다. 생활리듬이 깨지는 것을 가장 조심해야 한다.

최상위권 학생들이 유의할 점

최상위권 학생들도 이 기간에는 자기절제와 인내가 순간적으로 흐트러져 생활리듬과 공부리듬이 조금씩 무너질 수 있다. 꾸준히 공부하는 것이 이래서 힘들다.

따라서 최상위권 학생들은 꾸준히 공부하되 몹시 공부하기 싫고 힘들 때는 일주일에 하루 정도 날을 잡아 푹 쉬어 미연에 슬럼프를 예방하면 좋을 것이다. 최상위권 학생들은 오히려 주기적으로 잘 쉬는 것이 마음관리를 하는데 효율적인 방법일 수 있다. 늘 최상위권을 유지해야 한다는 강박관념에서 벗어나 매일매일 새롭게 뜻을 정하고 최선을 다하면 그것으로 족하다는 마음관리를 해야 한다. 완벽을 꿈꾸지 말고 최선을 다하는 마음관리가 무엇보다 중요하다.

상위권 학생들은 최상위권 도약의 기회를 놓치지 말자

이 시기에 상위권 학생들이 겨울방학 때 열심히 공부한 것을 떠올리며 절제와 인내로 공부한다면 필히 최상위권으로 도약할 수 있다. 매일 아침 마음관리 시간을 가진 다음 적어도 1시간 40분정도 수학 공부시간을 확보하도록 한다. 방과 후 공부시간과 저녁공부시간을 이용하여 영어와 수학을 위주로 공부한다. 만약 영어와 수학 성적이 안정적으로 나오는 학생이라면 주중에 국어 공부를 해도 괜찮다. 하루 1시간에서 1시간 30분 정도 꾸준히 문학과 비문학 자습서를 정독하고 문제 풀이를 하면 모의고사 언어점수를 월등히 향상시킬 수 있다.

많은 학생들이 가장 해이해지기 쉬운 5월이기에 상위권 학생이 40일 동안 마음을 가다듬고 묵묵히 참아가며 공부한다면 서울대 합격이 가능하다. 5월에는 놀고 싶은 때가 많다. 하지만 자신이 목표로 하는 대학과 학과에 갈 수 있다면 이 정도는 참을 수 있다고 다짐한 학생들에게는 이 시기를 놓치지 말라고 강력하게 말하고 싶다. 이 시기를 장악하면 최상위권 도약은 물론 대기권 돌파도 가능하다. 대기권 돌파란 우리나라에 있는 대학과 학과 어느 곳에 지원해도 합격할 수 있는 점수를 받는 것을 의미한다. 서울대 어느 과든지 내가 지원만 하면

지금이
도약의 기회야

합격할 수 있는 점수를 받는다고 생각해 보라. 얼마나 기쁜가. 역전의 기회가 늘 있는 것은 아니지만 때는 반드시 생긴다. 그 기회를 결코 놓치지 말기를 바란다.

중위권 학생들은 40일간 새벽 공부에 승부를 걸자

이 시기는 중위권 학생들에게도 상위권으로 도약할 수 있는 좋은 기회이다. 40일간 수학을 새벽에 배치하고 방과 후 공부 시간에는 영어 공부를 한다. 저녁 공부 시간에는 시간을 나누어 영어, 수학을 집중적으로 한다. 국어 공부는 주말과 일요일을 이용하여 각각 2시간 정도 배분하여 계획을 세워 복습한다.

하위권 학생들은 영어와 수학 공부에 전념하자

하위권 학생들 중에서 고등학교 2학년 중간고사가 끝난 다음에야 정신을 차리는 학생들이 있다. 하위권 학생들은 고2 영어와 수학을 수업 중에 정상적으로 따라가기가 어렵다. 5월이라는 놀기 좋은 황금의 시간이 기다리고 있으므로 이 기간에 공부할 것을 기대하기는 사실 어렵다. 하지만 만약 이때에 마음을 가다듬고 새롭게 뜻을 정하여 공부하기로 결심한 학생이 있다면 부족한 영어, 수학의 기초를 다질 수 있는 좋은 기회이다.

40일을 반씩 나누어 영어와 수학 공부에만 전념한다. 나머지 과목은 생각하지 말고 일단 영어와 수학을 위주로 40일을 보낸다. 이 시기에는 고2 수학과 영어 공부를 한다. 고2 영어와 고1 영어는 사실상 별 차이가 없으므로 고2 내신 영어 공부를 하다 보면 자연스레 영어 공부는 되는 셈이다. 고1 수학이 약하면 고2 수학 공부할 때 어려움이 있다. 그러나 이 시기에 고1 수학을 공부하면 기말고사에서 고2 수학 점수가 바닥으로 나오게 된다. 따라서 고2 수학 위주로 공부하되 고1 수학 기초가 꼭 필요한 경우에는 그 부분만 복습하고 다시 고2 수학 위주로 공부를 하는 것이 바람직하다. 고1 수학의 부족한 부분은 여름 방학을 이용하여 보완하도록 한다.

이성 교제와 현명한 선택

이 시기에 가장 중요한 문제는 5월을 어떻게 보내느냐 하는 것이다. 5월에는 공휴일도 많고 단체로 여행도 많이 한다. 마음이 한껏 부풀어 오르면서 이성에 대한 호기심도 매우 높아진다. 남녀합반인 경우, 서로 호감을 가지는 이성친구들이 생긴다. 토요일에 같이 영화도 보고 밥도 먹게 되면서 자연스레 가까운 사이로 발전하게 된다.

고등학생 성경험 비율이 이미 20%가 넘었다. 많은 학생들이 이성과 섹스를 한다. 공부에 대한 중압감이 가중되고 힘들수록 중압감에서 벗어나고자 눈앞의 이성에게 몰두한다. 이성 교제라는 엄청난 변수가 고2가 되면 더 업그레이드되어 학생들을 찾아온다. 최상위권, 상위권, 중위권, 하위권 어디에 속하든지 간에 이성 교제의 기회는 예고 없이 어느 한순간 찾아올 수 있기 때문에 누구도 방심해서는 안 된다. 상위권일수록 절제와 인내로 큰 중압감을

견디고 있으므로 순간적 배출구를 찾게 되면 거기에 몰입하게 될 가능성이 매우 높다. 또한 하위권일수록 공부를 점점 포기하려는 마음이 들면서 그 빈 공간을 멋진 이성과의 교제로 채우려고 애쓸 가능성이 높다.

고등학생 때에는 적당한 이성 교제를 유지하는 것이 쉬운 일이 아니다. 감정은 한곳으로 쏠리기 마련이다. 성인이 되어도 그것은 쉬운 일이 아니다. 공부와 이성 교제를 병행하는 것이 불가능한 일은 아니다. 하지만 이성 교제는 공부리듬을 철저하게 깨뜨리고 파괴할 수 있는 가능성을 늘 가지고 있기 때문에 항상 조심해야 한다. 만약에 이성과 헤어지면서 마음에 상처를 받게 되면 한동안 평상심을 가지고 공부를 할 수 없게 된다. 이 시기에 최상위권은 상위권으로, 상위권은 중위권으로 한 단계씩 떨어지기 쉽다. 더 심하면 두 단계씩 떨어질 수도 있다. 공든 탑이 무너지는 경우가 바로 이런 경우다.

마음관리가 일순간 강한 정신적, 감정적 쇼크로 인하여 중지되고 내면세계는 걷잡을 수 없는 혼돈으로 뒤덮인다. 왜 공부를 해야 하는지 근본적인 생각마저 뿌리째 흔들리게 된다. 술과 담배에 몰두하기 시작한다. 더 강한 자극이 필요해 인터넷을 통해 무분별한 성적 쾌락을 탐닉할 수도 있고 사창가에 드나들 수도 있다. 특히나 공부 위주로 단순하게 살아온 최상위권과 상위권은 한순간에 무너질 수 있다.

인간의 마음은 유리보다 약하다. 한 번 마음이 상하기 시작하면 그 상처는 쉽게 치유되지 않는다. 마음이 병들고 약해지면 몸 역시 극도로 약해져 병에 걸리기 쉽다. 걱정과 근심으로 마음이 상하게 되면 뼈가 썩을 수도 있다. 하지만 반대로 마음이 기쁘고 즐겁고 유쾌하면 암세포까지 녹여 버릴 수도 있다고 한다. 따라서 우리의 마음을 관리하는 것의 중요성은 아무리 강조해도 지나치지 않다.

이성 교제는 마음관리를 송두리째 뒤흔들 수 있는 파괴력이 있다. 이성 교제만큼 강한 위력을 가진 것은 그다지 많지 않다. 고2 중간고사가 끝나고 대지가 푸르게 물들기 시작할 때 우리 학생들의 마음은 금세 부푼다. 이성 교제에 대한 준비된 마음이 없다면 이 책을 보는 여러분도 언제든지 이성 교제로 인하여 심한 마음앓이를 해야 할 것이다.

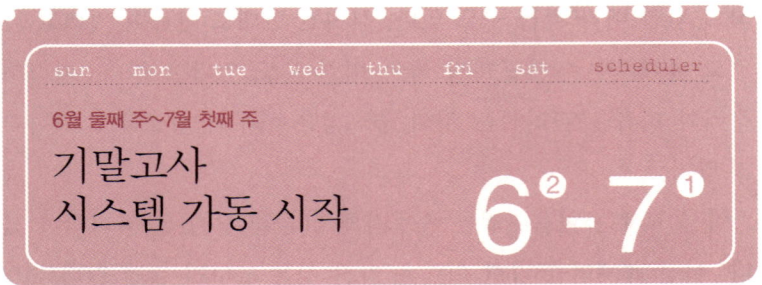

1학기 기말고사 시스템으로 들어간다. 5월을 착실하게 자기절제와 인내로 보낸 학생들에게 이 시기는 매우 편안할 것이다. 이미 기말고사 국·영·수는 어느 정도 준비가 끝났기 때문이다. 최상위권과 상위권 학생들 중에서 성실하게 5월을 보낸 학생들은 이 시기에 암기 과목을 철저하게 준비하기를 바란다. 특별히 이과는 과학 과목들을 정교하게 공부를 해 놓는다. 문과의 경우 사회 계열은 교과서와 자습서를 가지고 부지런히 읽고 또 읽는다.

국·영·수가 어느 정도 준비되었다면 편한 마음으로 암기 과목에 충분한 시간을 배분하여 매일 공부해야 한다. 1학년 때 경험했겠지만 기말고사를 잘 보면 방학 동안 공부할 때 마음이 훨씬 가볍다. 하지만 기말고사를 망치게 되면 방학 내내 그 생각에 사로잡히고 실제로 다음 학기 중간고사에서 성적을 만회하지 않는 한 그 생각에서 쉽게 벗어나기는 어렵다.

따라서 이 시기에는 결코 방심하지 말고 공부해야 한다. 최상위권과 상위권 학생들 중에서 5월 공부를 성실히 한 학생은 일요일 하루 정도 푹 쉬면서 기말고사 시스템을 본격적으로 가동시킬 마음의 준비를 한다. 누누이 강조하지만 쉬는 시간을 얼마나 재밌게 잘 쉬느냐에 따라 공부의 질이 달라진다. 쉬는 시간에 어떻게 쉬면 보다 잘 쉴 수 있을지 미리미리 생각하여 준비하는 것이 지혜로운 방법이다.

중하위권 학생들은 국·영·수와 암기 과목 비중을 1학년 중간고사 준비를 참고하여 조절한다. 특별히 암기 과목을 공부할 때는 대충대충 하지 말고 배정된 시간을 꼼꼼하고 알차게 보내야 한다. 교과서를 보거나 자습서를 볼 때 무작정 보지 말고 시간을 정해 놓고 집중해서 보는 습관을 기른다. 암기 과목의 단위 수가 낮다고 과소평가하다가는 나중에 후회할 수 있다. 한 과목 한 과목 입시를 준비하는 마음으로 착실하게 공부할 수 있도록 마음관리에 만전을 기한다.

7월 둘째 주

자기 절제와 인내를
배우는 특별 기간

7②

기말고사를 보면서 유의해야 할 점을 말하고 싶다. 결과에 대해 정직하게 받아들일 것. 내가 공부하고 계획한 것이 완벽할 수 없다는 것을 인정할 것. 자신의 한계를 겸손하게 인정할 것. 이 세 가지에 유의하여 마음관리 하고 시험에 임한다면 좋은 결과를 얻을 수 있을 것이다.

나 자신에 대하여 구체적으로 알면 알수록 더 겸손한 마음으로 공부하게 된다. 시험을 통해 나를 훈련시키고 단련하는 지혜를 배워야 한다. 쉬운 일은 아니지만 어차피 치러야 할 시험이라면 자기 절제와 인내를 배우는 특별 기간으로 설정하고 시험에 끝까지 임해 보라.

7월 셋째 주
기말고사가 끝난 뒤의 기간

7③

이제 기말고사가 끝났다. 시험이 끝난 그 주 일요일은 푹 쉬면서 1학기 기말고사에서 부족했던 점을 반성하고, 다음 주부터 시작될 여름방학 계획을 구체적으로 세우도록 한다. 푹 쉬되, 공부 리듬이 끊기지 않도록 적절하게 시간관리, 마음관리를 하도록 한다.

'공든 탑이 무너지랴' 라는 속담이 있다. 하지만 기말고사가 끝난 뒤의 이 기간을 제대로 관리하지 못하고 무절제하게 보내게 되면 그동안의 좋은 공부 습관이 한순간에 날아갈 수 있다. 그 결과 여름방학 기간 첫째 주 혹은 둘째 주까지 무너진 공부 리듬을 찾는 데 상당한 에너지를 쏟게 되어 본격적인 여름방학 공부를 첫 주부터 하기가 어렵게 된다.

그렇게 되면 여름방학 공부에 나쁜 영향을 주어 부족한 과목 공부를 보완할 시간이 부족하게 된다. 따라서 이 기간 동안 적절히 쉬면서도 공부 리듬을 잘 유지하여, 구체적인 계획과 함께 여름방학 공부를 본격적으로 할 수 있는 몸과 마음의 준비를 해야 한다.

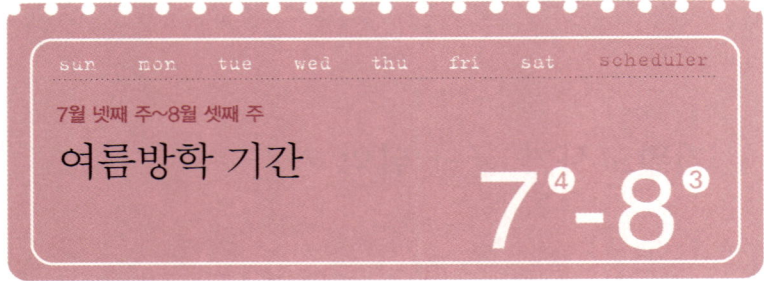

　　고등학교에 들어와서 두 번째 맞이하는 기회의 시간, 여름방학이 되었다. 이 시기는 고등학교 때 찾아오는 엄청난 기회의 시기면서 한편으로는 또 한 번 만나게 되는 위기의 순간이다. 기말고사를 생각만큼 잘 보지 못한 학생들은 여름방학 초반에 공부에 대한 깊은 회의감이 들기 시작할 것이다. 공부하는 것에 대하여 강한 반발을 보이게 된다. 나름대로 공부한 중위권과 상위권 학생은 시험 결과가 생각만큼 나오지 않으면 자신을 포함하여 주변 사람들을 굉장히 신경질적으로 대하기 쉽다.

　　'공부는 해서 뭐하나…… 꼭 좋은 대학에 가야 하나…… 좋은 대학의 기준이 뭐란 말인가? 아, 공부하기 지긋지긋하다. 다 때려치우고 속 편하게 살고 싶다. 날씨도 더운데 정말 짜증난다.' 시험 결과에 대한 기대감이 실망감으로 바뀌면서 걷잡을 수 없는 분노에 휩싸이기도 한다. 이런 상황에서는 방학이 중요한 시기인 줄 알면서도 자신의 마음을 관리하지 못하고 수수방관하는 경우가 많다. 될 대로 되라는 식이다. '기껏 열심히 해도 성적이 나오지 않는 공부, 이제 하기도 싫다. 지긋지긋하다.'

이럴 때 부모님으로부터 공부에 대한 핀잔과 잔소리를 듣게 된다면 학생 스스로도 놀랄 정도로 과하게 화를 낸다. 그러면서 가족 간의 관계가 조금씩 깨져 간다. 부모님과의 관계가 껄끄럽게 변하기 시작하면 방학 동안 집에서 공부하기가 힘들어진다. 이렇게 며칠 보내다 보면 금세 열흘이 지나간다. 공부한 것도 없이 열흘 정도가 지나가면 그때부터는 마음이 극도로 불안해지면서 아예 공부할 엄두가 나지 않을 수도 있다.

악순환이 반복된다. 그리고 악순환의 고리를 끊기가 불가능해 보이기도 한다. 사실 이런 상황일 때 많은 학생들이 하지 않던 담배나 술에 탐닉하게 된다. 술과 담배 정도로 만족하기 어려운 학생들은 환각제, 본드 흡입 등 더 강한 것을 찾게 된다. 이성과의 섹스를 통해서 현실을 도피하려는 경우도 많아진다. 결국 성적에 대한 지나친 관심과 집착이 자기 스스로를 망가뜨리기 시작한 것이다. 이는 길게 보지 못하고 코앞만 보고 있기 때문이기도 하다. 사실 원하는 만큼 성적이 나오지 않았으면 더 분발하여 여름방학을 알차게 보내야 하는데 그 반대로 지내는 것이다.

하지만 이러한 모습을 잘 들여다보면 그만큼 학생들이 많이 지쳐 있다는 것을 알 수 있다. 학생들이 고등학교 들어와서 세 학기 정도를 보내면 육체적으로 정신적으로 많이 탈진하고 힘이 빠진다. 이럴 때 평소처럼 공부를 하는 것은 불가능하다. 따라서 이런 깊은 수렁에 빠지기 전에 미리 대책을 마련하는 것이 중요하다.

여름방학 특별 마음관리 비법

일단 기말고사가 끝난 다음 시험을 기대만큼 보지 못한 학생들은 2일에서 3일 정도 쉬면서 그 동안 어떻게 지내 왔는지 돌아보는 시간을 가져야 한다. 내면의 자신과 진지한 대화를 통해 자신의 현재 상태를 점검해야 한다. 어떨 때는 나 자신조차도 지금 자신의 내면이 얼마나 무질서한 상태인지 모를 수도 있다. 그런 상태가 지속되면 어느 한순간 공부를 포기하게 된다. 그냥 공부하기가 싫고 책 보기도 싫어진다. 학교를 가기는 가지만 공부를 위해서 가지는 않게 된다. 시간을 마냥 흘려보내면서도 더 이상 마음에 별다른 동요마저 생기지 않는다.

고2 여름방학이 되면 내면의 공황 상태를 경험하는 학생들이 하나 둘씩 늘어간다. 이런 상태로는 여름방학 내내 책을 보고 학원을 다니고 과외를 하더라도 마음속 깊은 곳에서 본인 스스로 하고자 하는 마음이 없으므로 실제로 공부가 되지 않는다. 단지 너무도 빨리 시간이 손가락 사이로 빠져나가는 것을 희뿌연 눈동자로 바라만 볼 뿐이다. 별로 아쉬운 것도 없고 별로 슬프지도 않고 별로 기쁘지도 않다. 이런 마음의 공황 상태는 쉽게 회복되지 않고 악순환의 반복을 가져온다. 나는 이런 학생들을 강의 시간을 통해 많이 만나 봤고 현재도 만나고 있다. 그들은 쉽게 치유되지 않는 마음의 병으로 방황하고 갈등하고 고통스러워한다. 겉으로는 웃고 있지만 속으로는 너무나 슬프게 울고 처절하게 괴로워하는 그들을 보면서 나 역시 가슴이 아팠다.

나는 그런 친구들에게 일주일이고 보름이고 마음의 병을 치유할 때까지는 억지로 공부하려고 하지 말라고 말한다. 그리고 그냥 같이 밥 먹고 일상적인 얘기를 나눈다. 가끔 피씨방에 가서 스타크래프트 팀플레이도 하고 목욕도 같이 간다. 그냥 좋은 형, 오빠로서 그들 곁에 있고자 한다. 가르치는 것이 아니라 함께 있어 주는 것이다. 그리고 가끔 그들을 붙잡고 기도한다. 그들의 내면이 더 이상 무너지지 않게 해 달라고 기도한다.

그리고 내가 십여 년의 오랜 허리 디스크와 허리 통증으로 인해 생겼던 정신적, 육체적 공황 상태를 극복하게끔 도와 준 책들을 빌려 준다. 그리고 할 수 있다면 책을 읽고 나서 아무 내용이든지 느끼는 대로 써서 달라고 부탁한다. 요구가 아닌 부탁이다. 안 써도 좋다. 하지만 나는 부탁하는 것을 잊지 않는다.

그렇게 한 달 두 달 정도 흐르면서 아이들은 조금씩 변하기 시작한다. 먼저 말을 걸지 않으면 입도 뻥긋하지 않던 녀석들이 먼저 다가와 많은 말들을 하기 시작한다. 그때가 되면 나 혼자 숱한 시행착오를 겪으면서 공부했던 일들을 하나 둘씩 얘기해 준다. 고3 때 허리가 너무 아파서 자살하고 싶었던 이야기, 부모님 모두 교통사고로 중환자실에서 위급한 상태로 계시는데 내가 할 수 있는 것이 아무 것도 없었던 기억들, 학원비를 내야 하는데 달라고 말할 수 없었던 상황들.

그러면서 지금은 눈앞에 있는 나무밖에 볼 수 없는 그들에게 이제까지 내가 보고 겪었던 큰 숲의 모습을 아는 만큼 얘기해 준다. 긴 인생 속에서 지금 내가 서 있는 이 시간들이 얼마나 소중한지를, 마치 내 동생을 대하듯이 얘기해 준다. 형이 없는 내가 정신적 공황을 겪었을 때 누군가에게서 듣고 싶었던 이야기들을 하나씩 해 준다.

그러다 보면 아이들은 진정으로 마음을 열고 말한다. 정말 지금부터 해도 늦지 않았냐고, 정말 잘하고 싶었는데 어떻게 해야 할지 몰랐다고 털어놓는다. 누군가 나 좀 도와주었으면 했는데 아무도 없었다고, 뒤처지는 자신의 모습을 보기가 무서웠다고 말하는 학생도 있다. 늦게 시작하는 나를 누군가 비웃으면 어떻게 하냐고, 또 좌절하고 실망할까 봐 두렵다고도 한다. 정말 지금부터 열심히 하면 나도 할 수 있냐고 묻고 이렇게 무의미하게 시간 흘려보내면서 사는 것이 싫다고도 말한다. 자신도 좋아서 종일 오락하고 만화 보고 포르노를 보는 것이 아니라면서……. 그때서야 달라지기를 바라는 학생들의 목소리를 들을 수 있다.

21세기 진정한 엘리트의 조건

나는 내 강의를 듣는 학생들에게 명문대를 나와야 세상에서 잘 살 수 있다고 말하지 않는다. 대신 각자의 상황에서 최선을 다해 간 대학이 자신에게 가장 소중한 대학이라고 말한다. 꼭 서울대를 나와야만 성공하는 것이 아니다. 공부라는 훈련을 통해 절제와 인내 그리고 인간의 한계를 인정하는 겸손함을 배운 사람이라면 자신이 원하는 분야에서 성실하게 최선을 다할 뿐 아니라 언젠가는 남들을 도와주고 이끌어 주는 리더가 되어 있을 것이다. 나는 그런 리더를 진정한 엘리트라 부른다.

진정한 리더는 독불장군처럼 자신 밖에 모르고 사는 것이 아니라 더불어 사는 삶을 보여 주고 실천하는 사람이다. 진정한 엘리트는 연약한 이웃을 밟고 일어서는 사람이 아니라 그들의 연약한

무릎을 보듬어 일으켜 세워 주는 사람이다. 한국 사회에는 바로 이런 엘리트가 필요하다. 무한 생존 경쟁 속에서 남을 죽여야 내가 살 수 있다는 약육강식의 논리가 지배하는 이 사회는 우리가 꿈꾸는 유토피아가 아니다.

이 책을 보는 학생들 중에는 내면의 공황을 깊이 경험하는 학생들도 많을 것이다. 너무 힘들어 아파트에서 뛰어내리고 싶은 생각을 하는 학생들도 있을 것이며, 다 포기하고 될 대로 되라는 식으로 사는 학생들도 있을 것이다. 난 꼭 말하고 싶다. 아직 늦지 않았다. 이제 지나간 시간을 비옥하게 가꾸지 못한 것을 정직하게 인정하고 다시 시작하면 된다. 아직 포기할 때가 아니다.

정신적 공황 치료법

방학을 맞이하여 만약 자신이 이런 정신적 공황 상태라면 한 달 내내 공부를 하지 못하더라도 자신과 솔직한 대화를 하면서 있는 그대로의 모습을 인정하고 받아들이는 훈련을 시작하라. 혹시 기독교 신자라면 하나님 앞에서 철저하게 자신의 상태를 숨김없이 토해 내며 절규하기를 부탁한다. 자신의 마음의 병을 치료해 달라고 울부짖고 기도하기를 바란다. 아마 내가 겪었듯 하나님의 놀라운 은혜와 사랑을 경험하면서 새롭게 치유되는 자신을 볼 수 있을 것이다.

사실 지금도 내게는 허리 통증이 남아 있다. 아무리 많은 것을 가졌다고 하더라도 건강을 잃으면 다 잃은 것이라고 했는데 나는 건강을 잃은 상태이다. 세상 사람들의 기준으로 보면 나는 불행한 사람이다. 만약 하나님을 만나고 그분과 대화할 수 없었다면 난 부모님께는 너무나 죄송하지만 미련 없이 세상과 나 자신을 비난하며 자살했을 것이다. 내가 만난 하나님은 연약하면 연약할수록, 실수하면 실수할수록 나를 더 귀하게 여겨 주시고 사랑으로 안아 주셨다. 정신적 공황으로 좌절과 허무에 빠져 있을 때 나는 하나님의 사랑으로 극복할 수 있었다. 나는 지금까지 그분의 사랑 덕분에 하루하루 삶을 포기하지 않고 살아왔다.

이 책을 쓰는 가장 중요한 목적은 정신적 공황 속에서 신음하는 인생의 후배들에게 먼저 겪은 선배로서 해 주고픈 말이 있기 때문이다. 어서 속히 그 상태에서 나오게 되기를 소원한다. 정직하게 내면의 자신과 나누는 깊은 대화를 통해 새롭게 뜻을 정하게 되기를 소망한다. 아직 포기하지 마라. 다시 시작할 수 있다. 잃었던 것을 만회하고 더 멋지게 회복할 수 있다. 그런 역전은 결코 꿈이 아니다. 희망은 얼마든지 현실로 다가올 수 있다. 아직 포기할 때가 아니다. 다니엘 아침형 학습을 통해 반드시 여러분의 꿈이 이루어질 수 있음을 확신한다.※

최상위권 학생들을 위한 여름방학 공부 계획

우선 최상위권 학생들은 여름방학 동안 1학기 때 배운 고2 수학을 철저하게 복습하면서 동시에 2학기 수학 범위를 예습해야 한

※『다니엘 아침형 학습법』과『다니엘 학습법』을 참고하면 다니엘 아침형 학습을 제대로 배울 수 있다.

다. 다시 말해 고2 수학을 나름대로 끝내야 한다. 문과인 경우는 충분히 끝낼 수 있는 시간이 되지만 이과인 경우는 분량이 많아 힘들 수도 있다. 하지만 최상위권이라면 이과인 경우라도 가급적 수 I과 수 II, 선택 과목을 함께 예습하여 끝낼 수 있도록 해야 한다. 만약 너무 힘들 경우에는 겨울방학 때 나머지 분량을 마치도록 한다. 물론 최상위권 학생들의 경우 이미 국·영·수 준비가 끝난 학생들도 상당히 많다. 하지만 그렇게 철저하게 선행 학습을 하지 않은 학생들은 조급해하지 말고 차근차근 이 책에 나오는 대로 공부하자. 그러면 얼마든지 원하는 내신 성적과 수능 성적을 받을 수 있을 것이다.

최상위권 학생들은 이번 여름방학 때 수학에 중점으로 시간을 배분하도록 한다. 과학 계열과 사회 계열과 같은 암기 과목에 우선적으로 시간을 분배하는 것은 그다지 바람직하지 못하다. 이 책대로 중간, 기말고사 한 달 전부터 공부를 해 왔던 학생들은 암기 과목에 대한 학습이 다른 학생들보다 두 배 이상 탄탄하므로 고2 겨울방학부터 공부하기 시작해도 늦지 않다. 그보다 이번 여름방학을 통해 수학을 확실하게 다져야 한다. 주 2~3회 정도 모의고사를 풀면서 문제 풀이 감각을 익히는 과정을 통해서 자신의 현재 수학 실력을 정확히 점검한다. 그리고 오답노트를 활용하여 철저하게 오답을 정리하고 2학기 수학 예습을 병행하도록 한다.

영어는 기존의 방학 계획처럼 하되 실전 모의고사를 풀어 보고 점수를 확인하도록 한다. 4회분 정도 풀어 보고 약한 부분을 확인한 다음 부족한 부분 위주로 공부 계획을 세우도록 한다. 모의고사를 풀어 대략 5개 이상 틀리지 않으면 나름대로 괜찮은 성적이다. 꾸준히 단어와 숙어, 문법, 독해, 듣기를 두루두루 공부하도록 한다. 고1 여름방학 공부 계획을 참조하여 계획을 세우면 충분하다. 국어는 기존 방학 계획처럼 하면 충분하다.

상위권, 약점을 보완하자

국·영·수에 대한 기본적인 공부 계획은 최상위권과 비슷하다. 단 최상위권과 달리 상위권 학생들은 자신이 없는 과목을 찾아야 한다. 수학을 예로 들어보면 고1 수학이나 고2 수학 중 어느 부분이 약한지 분명하게 확인한다. 하루에 1시간 정도 시간을 따로 떼어 이 시간에는 약한 부분만을 보강하도록 한다. 수학은 기초가 매우 중요하기 때문에 수I 공부를 하면서 고1 수학 기초가 부족해서 막히는 곳이 생길 수 있다. 이럴 때는 시간을 내서 막힌 부분에 해당하는 고1 수학을 다시 복습하도록 한다.

자주 강조하지만 공부는 약한 부분을 위주로 철저히 보완하는 것이 좋다. 고1 때 문제를 풀어 답을 맞혔던 문제는 웬만해서는 공식을 잊어버려서 틀리는 일은 없다. 머릿속에 나름대로 잘 정리되어 있으므로 시험을 통해 긴장감이 고조되면 얼마든지 다시 기억이 되살아날 수 있다. 하지만 틀린 부분은 확실하게 정리하지 않으면 시험 도중에 고심하다가 또 틀리는 경우가 많다. 이 점을 잊지 말고 여름방학을 통해 약점을 충실히 보완하도록 한다.

중위권, 자신 없는 과목 끌어올리기

고1 여름방학 계획대로 계획을 세우되 현재 영어나 수학 중에서 더 자신 없는 과목이 무엇인지 확인하도록 한다. 그래서 둘 중 더 부족한 과목에 공부 시간을 최대한 많이 분배한다. 가령 수학이 부족하다면 전체 공부 시간에서 수학 시간을 6.5 정도 배분하고, 영어는 3.5 정도 배분한다. 국어는 이틀에 하루 혹은 사흘에 하루 정도 공부를 해도 좋다. 필요하다면 주말을 이용하여 국어 공부를 해도 좋다. 단 이번 여름방학에는 마지막으로 영어와 수학에 최선을 다해 집중하도록 한다.

우선 수학은 1학기에 배운 범위를 착실하게 복습하고 2학기 범위의 예습도 병행한다. 그리고 하루에 1시간 정도 시간을 내어 고1 때 배운 수학 범위 중에서 자신이 약한 부분과 틀린 문제들을 죽 정리하는 시간을 가진다. 영어는 문법, 독해, 듣기, 단어와 숙어 정리하기 등 기본적인 공부에 충실하면 된다. 이전 여름방학 공부 계획을 참조로 계획을 세우면 충분하다.

하위권, 새롭게 시작하는 마음으로

너무 늦었다는 생각에 사로잡혀 그냥 포기하는 학생들이 많다. 혹시라도 그런 생각은 가져서는 절대 안 된다. 너무 늦었다는 사실은 사실로 인정하되 단 포기하지는 말아라. 오히려 늦었다는 사실을 정직하게 인정하고 바닥부터 다시 시작한다는 마음을 가지도록 하자. 자신을 고2가 아닌 중3이라고 생각하고 시작하면 못할 것이 없다. 남들보다 2년 정도 늦게 되었다고 생각하는 것도 괜찮다. 욕심 부리지 말고 중3 여름방학 때 고등학교 1학년 공부를 미리 하는 마음으로 차근차근 다시 공부해 보자. 그렇지 않다면 고1 공부 계획을 참조해 새롭게 시작할 것을 권한다. 자신이 중3이고 고1 공부를 예습한다고 생각하면 공부에 대한 중압감보다는 새로움을 갖게 될 것이다.

이미 늦은 것을 억지로 해결하려고 하니까 부담감이 생기고 걱정과 근심에 휩싸이게 되는 것이다. 늦은 것을 정직하게 인정하고 남은 시간 동안 최선을 다하라. 그리고 정 모자라면 졸업 후 시간을 더 들여 공부하면 된다. 솔직하게 자신을 인정하는 것이 바로 진정한 공부의 시작이다. 다시 한 번 강조하지만 지금 시작해도 늦지 않았다. 힘을 내서 다시 뜻을 정하기를 바란다.

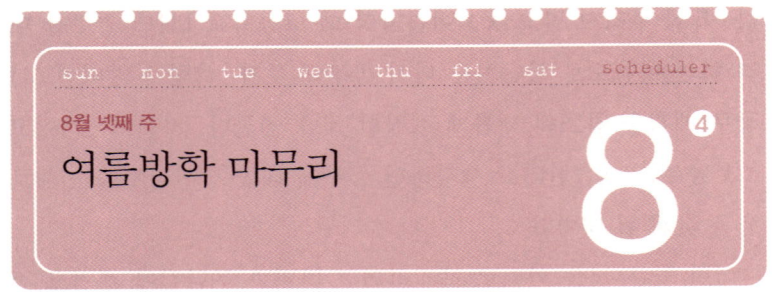

　　이제 2학기가 시작되었다. 만약 여름방학 공부 계획 중 미진한 부분이 남았으면 이 한 주간을 잘 이용하여 마무리 짓도록 한다. 이 기간에 2학기 공부 계획을 전반적으로 세우는 것이 중요하다. 방학 기간 동안 국·영·수 각 과목별로 어느 정도 공부가 되었는지, 2학기 예습에서 부족한 부분은 무엇인지 확인하도록 한다. 계획한 만큼 되지 못한 과목은 이 기간을 이용하여 집중적으로 보충하도록 한다. 그와 동시에 8월 넷째 주는 본격적인 2학기 공부를 하기 위해 준비 기간이다. 여름방학 마무리와 함께 새 학기 시작을 위해 자신의 학습 체질과 계획을 바꾸어야 한다. 그러기 위해서 2학기 공부 계획을 구체적으로 세워야 한다. 먼저 전체적으로 12월까지의 계획을 세운 다음, 9, 10, 11, 12월 각 달 계획을 세우고, 마지막으로 각 주 계획을 세우도록 한다. 계획을 다 세운 다음에는 차분히 마음관리 하며 반드시 이렇게 공부하겠다고 자신과 약속을 한다. 그리고 나는 반드시 이 계획을 지키고 실천하겠다고 이 기간 내내 매일 열 번씩 큰 소리로 읽도록 한다.

나의 다짐

나는 2학기 공부 계획을 세운대로 반드시 실천할 것을 나와 약속합니다.

이 약속을 반드시 나에게 지킬 것을 다짐하고 결단합니다.

나의 2학기 시작은 부족하지만 2학기 마지막은 매우 풍성하고 넘치게 만들 것입니다.

반드시 그렇게 하도록 매일매일 분발하겠습니다.◉

◉ 나와의 다짐을 매일매일 열 번씩 읽으며 반드시 실천하여 좋은 결실을 맺는 여러분이 되길 간절히 바랍니다. 모두들 새로운 2학기를 알차고 비옥하게 보내기 위해 힘을 내십시오. 모두들 파이팅입니다.

진정한 리더는 누구일까요?

〈다니엘 마음관리 365일〉 중에서

전설에 따르면, 옛날 아일랜드에 한 왕이 있었는데, 그에게는 왕위를 물려 줄 계승자가 없었습니다. 그 왕은 고민 끝에 결국 전령을 보내 그 나라 방방곡곡에 방(榜)을 붙이게 했습니다. 그 방에는 자질 있는 모든 젊은이는 왕위 계승 후보로서 왕과 면담할 수 있다고 알리고 있었습니다. 단, 모든 지원자는 하나님과 이웃을 내 몸처럼 사랑하는 덕목을 지녀야 했지요.

이 전설의 주인공인 한 젊은이가 이 방을 보고 스스로 하나님과 이웃을 사랑한다고 생각했습니다. 그러나 한 가지 사실이 마음에 걸렸습니다. 그건 워낙 가난해서 왕 앞에 입고 나갈 만한 옷이 없었다는 것이죠. 그래서 그는 여기저기서 빌리고 허드렛일도 하면서 적당한 옷을 갖출만한 돈을 구했지요.

적당히 입을 옷이 갖추어지자, 그는 드디어 길을 떠났습니다. 그렇게 여정이 끝나가던 어느 날, 그는 길가에서 거지 한 사람과 마주치게 되었습니다. 그 거지는 다 떨어진 누더기를 걸친 채 그에게 애원했지요. "선생님, 전 너무나 배가 고프고 추워요. 제발, 제발 절 도와 주세요, 네?"

그는 거지의 처지가 하도 불쌍해서, 자신의 새 옷과 거지의 넝마를 맞바꾸어 버리고 남겨 두었던 음식까지도 주어 버렸습니다.

그는 잠깐 망설이다가 거지의 누더기를 걸친 채로, 집으로 돌아갈 때 먹을 음식도 없이 궁궐로 향해 갔습니다. 그가 도착했을 때, 왕의 시종들은 커다란 거실에서 그를 맞이했고, 잠시 뒤 마침내 왕이 거하고 있는 방으로 안내되었습니다.

그는 머리를 조아려 경의를 표했습니다. 그리고 나서 고개를 들자, 그는 놀라 숨이 넘어갈 뻔했지요. "아니, 다, 당신은……! 당신은 길 옆에 있던 그 거지가 아닙니까?"

"그렇다네." 하고 왕은 미소를 띠고 대답했습니다. "내가 그 거지라네."

젊은이는 겨우 진정하고 간신히 몇 마디 더듬거릴 수 있었습니다. "그, 그렇지만 당신은 거지인데……. 당신은 진짜로 왕이시군요! 어찌 된 일입니까?"

"내가 거지로 변장했던 건 자네를 포함한 젊은이들이 진실로 하나님과 이웃을 사랑하는지를 가려내야 했기 때문이네." 왕이 대답했습니다. "우리가 지금처럼 만났더라면 자네가 다른 사람을 진정으로 사랑하는지 나는 결코 알 수 없었을 것이네. 그래서 그런 책략을 썼던 거야. 나는 자네가 진정으로 하나님과 이웃을 사랑한다는 것을 알게 되었네. 자네가 내 후계자가 되어서 다음 왕이 되어 주게나. 이 왕궁은 이제 자네 것일세!"

진정한 리더는 탁월한 실력만으로는 부족합니다. 수많은 사람을 세워 주며 이끄는 사람은 준비된 인격이 필요합니다. 나에게 이익이 될 만한 사람들에게만 잘 해주지 마시고 어려운 이웃들에게 여러분이 선한 이웃이 되어 주십시오. 따뜻한 마음과 탁월한 실력 두 가지 모두 겸비하십시오. 어느 하나라도 소홀히 하지 마십시오. 오늘부터 새롭게 뜻을 정해 내가 먼저 선한 이웃이 되겠다고 다짐하시기를 간곡히 부탁드립니다. 여러분의 결심으로 세상이 밝아집니다. 여러분이 바로 21세기 한국을 좀 더 살기 좋고 정이 넘치는 사회로 만들 수 있는 주인공들입니다. 모두들 힘내세요.

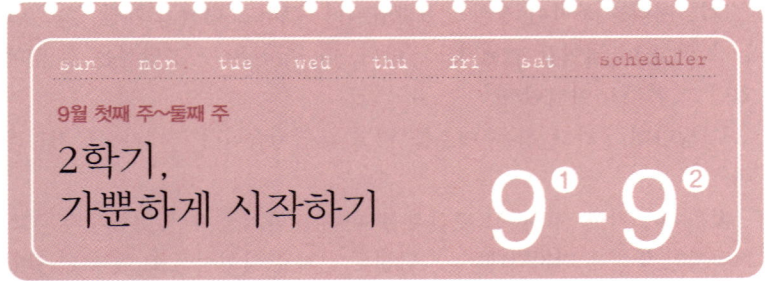

만약 여름방학 동안 성실하게 공부해 온 최상위권이나 상위권 학생이라면 2학기 국·영·수에 이미 상당한 실력을 쌓았을 것이다. 특히 지금까지 세 번의 방학(고1 여름·겨울방학, 고2 여름방학) 동안 성실하게 국어 공부를 해 온 학생이라면 국어 실력이 비약적으로 성장했을 것이다. 영어 또한 이제는 고득점을 받는 것이 어렵지 않다. 수학은 1, 2학년 동안 반복적으로 복습과 예습을 하였으므로 굉장한 자신감이 붙었을 것이다.

국·영·수 중 여전히 자신이 없는 과목은 2학기 방과 후 학습 시간을 이용하여 공부하면 된다. 가령 국어를 좀 더 공부하고 싶은 학생이라면, 하루는 2학기 국어를 복습과 예습을 하고 또 다른 하루는 1학기 내용과 고1 내용을 복습하는 것으로 시간을 배분하면 된다. 국어를 공부하는 구체적인 방법은 교과서와 참고서를 자주 읽어 지문이 눈에 익도록 만들어 두는 것이다. 틀린 문제를 확인하는 것도 효과적이다.

중위권 학생들은 국·영·수 중에서 수학은 새벽 공부 시간에 배치하고 방과 후 공부 시간에는 영어 과목을 배치한다. 저녁 공부 시간에는 2학기 영어와 수학을 예습 위주로 공부한다. 고3이 되면 암기 과목 공부가 본격적으로 시작되기 때문에 고2 때 최대한 국·영·수 성적을 상위권으로 올리는 것이 중요하다.

　하위권 학생들은 일단 개학한 다음에는 2학기 국·영·수를 복습과 예습 위주로 시간을 배분하여 일단은 수업 내용을 최대한 알아들을 수 있도록 노력한다. 수업 내용을 70퍼센트 이상 이해하는 것을 목표로 복습한 후 겨울방학 때 전체적으로 부족한 부분을 보완할 수 있도록 계획을 짠다.

　　2학기 중간고사 대비 시스템으로 공부를 시작한다. 이 기간에 특히 유의할 것은 과학 과목과 사회 과목 중에서 자신 없는 과목이 생기면 그 과목을 집중적으로 공부하여 두려운 마음이 생기지 않도록 해야 한다는 것이다. 이 책에서는 중간고사와 기말고사를 대비한 공부 계획이 한 달 전부터 시작된다. 따라서 평소에는 공부하지 않던 암기 과목에 대한 정리와 복습을 이 기간 동안 집중적으로 한다. 성실하게 암기 과목을 정리하는 것은 내신은 물론 수학능력시험을 대비하는 것이다. 고2까지 암기 과목 공부 시간을 시험 기간 이외에 두지 않고도 암기 과목이 약점이 되도록 하지 않기 위해서는 중간, 기말고사 시스템 기간 동안 철저하게 자신이 약한 암기 과목을 보완하고 복습해야 한다.

마음관리에 힘쓰며 최선을 다한다!

$10^{③}$

이제까지 해 온 것처럼 마음관리를 하면서 한 과목 한 과목 최선을 다하기를 바란다. 완벽에 집착하지 말고 최선을 다하는 것에 온 힘을 기울일 수 있도록 마음 훈련을 결코 게을리 해서는 안 된다. 이 훈련이 고1·2 기간 동안 잘되어 있어야 고3 때의 엄청난 스트레스와 결과에 대한 두려움을 효과적으로 다룰 수 있다. 고3 때의 엄청난 스트레스에 비하면 지금의 스트레스는 좋은 훈련이 될 수 있다. 중간고사가 주는 중압감과 고3이 주는 중압감은 많이 틀리다. 수능에 대한 중압감은 학생으로 하여금 병에 들기까지 만든다. 그러므로 중간고사의 중압감에 눌려 시험을 포기하거나 대충 보거나 망치지 않도록 철저하게 매일매일 마음관리에 힘써야 한다.◉

◉ 『다니엘 아침형 학습법』을 참조하면 자세한 아침 마음관리와 아침 학습에 대한 도움을 받을 수 있다. 자신의 상황과 계획에 맞게 수정하여 자신에게 맞는 나의 다짐을 적어보십시오. 위의 내용은 참조를 위한 예시입니다.

우선 왜 내가 지금 마음이 무겁고 집중이 되지 않는지에 대해 구체적으로 그 이유를 노트에 쓰고, 그 해결책이 무엇인지도 써 보도록 한다. 사실 우리는 문제에 대해 이미 답을 알고 있는 경우가 많다. 하지만 애써 그 답을 외면하려고 하기에 답을 모른다고 생각한다. 중압감은 회피한다고 해서 피할 수 있지 않다. 그것을 극복하는 것은 정면돌파 외에는 없다. 현재 나의 마음 상태를 노트에 솔직히 쓰고 그것을 있는 그대로 받아들이고 문제해결에 적극적으로 나서야 한다. 나 자신의 문제를 나에게 숨겨서는 안 된다. 문제해결을 위해서는 못난 나의 모습도 인정해야 한다. 그래야 문제를 해결할 수 있다. 시험이 주는 중압감을 극복하기 위해서는 형식적인 마음관리가 아닌 적극적이고 능동적인 마음관리가 이 기간에 꼭 필요하다.

10월 넷째 주~11월 첫째 주

인내, 인생의 귀한 보물

$10^{④}$-$11^{①}$

이 주간은 국·영·수를 효과적으로 공부할 수 있는 시간이다. 공부 계획은 이전 계획들과 현재 자신의 상태를 참조하여 나름대로 세우면 된다. 이 책에 나온 것을 적어도 60퍼센트 이상 실천한 학생들은 이제 시간과 공부 계획의 소중함을 느꼈을 것이다. 공부를 하는 중에 생기는 마음의 번뇌와 고민 그리고 시련이 인내심을 길러 줌을 알게 되었을 것이다. 공부에 대한 중압감과 스트레스가 마음이 감당할 수 있는 정도를 넘어서면 병이 되지만 그것을 잘 견디면서 마음관리를 하면 인내라는 귀한 인생의 보물을 얻을 수 있다.

쉬는 데도 구체적인 계획이 필요하다

만약 시험이 끝난 다음 몸과 마음이 소진된 학생이라면 2~3일 정도 쉬어도 좋다. 지나치게 의욕만 앞서서 쉴 때를 놓치면 결국은 효율이 떨어져 목표했던 공부량에 도달하지 못하게 된다.

공부할 때와 쉴 때가 따로 있는 사람은 이미 최상위권의 마음가짐을 가진 것과 같다. 쉬지 않고 공부할 수는 없다. 어떻게 쉬는 시간을 보내느냐에 따라 다음 공부 시간의 집중도와 효율성이 결정된다고 해도 과언이 아니다.

2년간 훈련한 학생들은 이제 나름대로 쉬는 노하우가 있을 것이다. 가령 쉬는 시간 10분이 주어지면 어떻게 쉬어야 하는지, 30분이 주어지면 어떻게 해야 하는지 어느 정도 알고 있을 것이다. 얼마만큼의 시간이 주어지면 어떻게 쉬어야 할지 나름대로 계획을 세울 수 있게 되었을 것이다.

아직 포기할 때가 아니다

〈다니엘 마음관리 365일〉중에서

등단한 지 20년이 넘도록 로버트 프로스트는 자신의 문학과 관련해서는 실패자였습니다. 친구들과 이웃들, 그리고 출판업자들도 그를 실패자로 보았죠. 그는 인정받고자, 또 작품을 출판하고자 외롭게 절망적으로 싸웠지만, 그에게는 결코 기회가 주어지지 않는 것 같았습니다. 프로스트는 종종 이렇게 말하곤 했습니다. 그 때만 해도 자신을 시인이라고 생각하는 사람은 자신 말고는 아무도 없었다고. 이제 세상은 프로스트를 기리고 있으며, 그는 가장 위대한 미국 시인 가운데 한 사람으로 우뚝 서 있습니다. 그의 시집은 지금까지 스물두 개의 나랏말로 번역되었고, 미국판 시집은 백만 부 이상이나 팔렸죠.

프로스트는 문학인이라면 누구나 선망하는 퓰리처상을 네 번이나 받았고, 어떤 문학인보다도 호평을 받았습니다. 사람들은 그가 작품을 계속 발표하기를 기대했죠.

로버트 프로스트가 출판사에서 첫 시집을 출판할 수 있었을 때는 이미 39살이었습니다. 20여 년이라는 그 긴 세월 동안, 그의 글은 계속 퇴짜를 맞았지만 그는 글쓰기를 멈추지 않고 작품을 계속 써냈죠. 끝내 그의 인내는 보답을 받았습니다. 그의 작품은 출판되었고 시인으로 인정받았습니다. 오늘의 우리는 로버트 프로스트의 작품 덕분에 세상이 좀 더 지혜로워졌고 좀 더 풍요로워졌다고 말할 수 있을 겁니다.

저명한 정신과 의사인 조지 크레인 박사는 최근 위대한 사람이 갖추어야 할 몇 가지 자질을 목록으로 만든 바 있습니다. 그가 주목한 자질들 가운데 몇 가지는 재능이나 책임감 등 우리가 예상할 수 있는 것들입니다. 그러나 의외로 그는 육체적인 인내 또한 필요하다고 말합니다. 그는 많은 사람들이 인생의 후반부까지 필생의 목표를 이루기 위해서는 무엇보다도 끈기가 필요하다고 이야기합니다.

인생의 육체적인 영역에 적용되는 것은 영혼의 영역에도 마찬가지로 적용됩니다. 우리가 21세기 따뜻한 마음과 탁월한 실력을 겸비한 진정한 엘리트가 되기 위해서는 영혼의 인내 혹은 오래 참음이 반드시 필요합니다.

인생이라는 기나긴 여정에서 우리를 절망에 빠지게 하는 것들은 결국 대단한 것이 아닙니다. 우리가 우리 삶의 목표에 도달하려 한다면, 먼저 인내라는 덕목을 갖춰야 하지요. 그것은 충분히 그럴 만한 가치가 있으며, 결국 여러분은 그 순간에 인내심을 발휘한 것을 기뻐하게 될 것입니다.

사랑하는 후배님들 공부하느라 무척 힘드시죠?

힘을 내세요. 20년간 실패를 참고 묵묵히 도전한 프로스트를 생각하면서 지금 현재 힘든 상황과 현실에 지지 마세요. 도중에 포기하지 마세요. 너무 힘들어 잠시 쉴 수는 있어도 포기는 하시면 안 됩니다. 오늘 하루 다시금 뜻을 정해 각오를 새롭게 해서 시작하시기를 간곡히 부탁드립니다.

고2 마지막 기말고사가 다른 내신 시험보다 훨씬 더 중요한 이유는 고2 겨울방학을 보내기 직전에 보는 시험이기 때문이다. 이전에도 강조했지만 방학 전에 보는 시험은 다른 시험들보다 더 마음을 가다듬어 준비할 필요가 있다. 시험을 망치게 되면 방학 초반부에 마음이 심하게 동요되어 겨울방학 공부 계획이 시작부터 차질을 빚기 쉽다. 설사 시험을 못 보는 한이 있더라도 끝까지 최선을 다해 시험에 임해야만 마음관리가 수월하다.

고2 겨울방학은 이제 본격적으로 대입을 위해 공부하는 시기인지라 기존의 방학과는 마음가짐도 달라야 하고 공부하는 자세도 달라야 한다. 이러한 마음 자세를 가지기 위해서는 겨울방학 직전에 보는 기말고사를 본인이 할 수 있는 최선을 다해 성실하게 준비해야 한다. 수학능력시험 준비가 이제 본격적으로 시작됐다고 생각하고 기말고사를 준비한다면 내면세계를 관리할 때 수월할 것이다. 스스로에게 이제는 정말 집중해서 공부해야 할 때임을 납

득시켜야 한다.

공부 계획은 이전의 계획을 참조하여 세우되 국 · 영 · 수와 기타 암기 과목에 대한 시간 배분에 좀 더 정교해 질 필요가 있다. 특정한 암기 과목에서 자신 없는 부분은 해당 과목 선생님의 도움을 받아서라도◉ 철저하게 준비하여 마음속의 불안을 미리 제거하는 것이 좋다.

◉ 자신 없는 암기 과목의 선생님을 찾아뵈어 솔직하게 자신의 상황을 말씀드리고 어떻게 하면 그 과목을 잘 할 수 있는지 선생님께 조언을 구한다. 겸손하게 조언을 구하고자 하면 선생님도 감동을 받아 최선을 다해 비법을 전수해 주실 것이다. 전문가의 한 마디가 엄청난 시행착오를 줄일 수 있다는 것을 기억하며 선생님의 가르침 하나하나를 소중히 여기기 바란다.

　기말고사 시험 기간 내내 마음관리와 건강관리에 유의하면서 편안한 마음으로 시험을 치는 훈련을 하도록 한다. 시험을 보는 동안 초조와 불안에 쫓기게 되면 어려운 문제를 풀 때 제대로 생각이 나지 않는다. 결국 빨리 생각나지도 않으면서 시간만 허비하게 되었다는 생각이 들면 쉽게 풀 수 있는 문제마저도 어렵게 보여 시험을 망칠 수도 있다. 수능시험 당일에는 이러한 상황이 더욱 심하다. 따라서 이제부터는 마음의 평안을 유지하면서 시험을 보는 방법을 익히도록 한다. 그러기 위해서는 시험 기간 내내 돌발상황이 발생하면 즉시 계획을 수정하고 대신 결코 무리한 계획을 세우지 않도록 해야 한다.

　시험을 마치고 집에 와서는 내면의 질서를 바로잡고 공부하도록 한다. 시험에 대한 결과를 정직하게 인정하면서 아쉽게 실수한 것도 나의 실력으로 받아들이는 태도가 중요하다. 현재의 실력을 인정한 후, 더 나은 실력을 가지기 위해 남은 시간 최선을 다해 공부하기로 한다. 뜻을 세우고 다시금 공부를 시작하는 것이다.

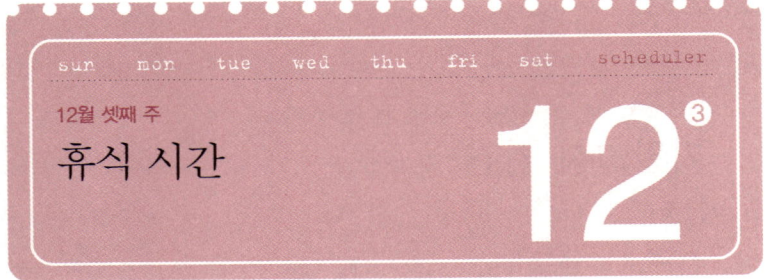

　　겨울방학 공부 계획을 꼼꼼하게 세우면서 나만의 휴식 방법으로 쉬는 시간을 갖는다. 이 시기를 보내며 본격적인 대학입시 전쟁에 뛰어들기 전 호흡을 가다듬기 바란다. 그와 동시에 수능 대비 겨울 방학 공부 계획을 철저하게 세워야 한다. 이제 본격적인 수험생이 된 것이다. 수능 전쟁에서 효과적으로 공부하여 승리하기 위해서는 자신의 현재 실력에 대한 냉철한 분석이 필요하다. 목표 대학과 희망 학과에 도달하기 위해 향상시켜야 할 각 과목별 성적이 어느 정도인지에 대해 정확히 알고 있어야 한다. 지피지기면 백전백승이라는 전략이 수능 전쟁에서도 동일하게 적용된다. 자신의 정확한 현재 실력과 목표 대학과 희망 학과의 합격선에 대한 정확한 지식이 필요하다. 그리고 남겨진 시간을 계산하여 각 과목별 시간을 배분하여 필승전략을 세우도록 한다.

12월 넷째 주~1월 마지막 주, 2월 한 달

겨울방학 기간

$12^{4} \text{-} 2^{4}$

대학입시 공부를 할 수 있는 겨울방학이 이제 한 번 남았다. 이 기간을 지나면서 성적에 많은 변화가 생긴다. 성적이 뒤처진 학생들에게 이때는 만회할 수 있는 가능성이 충분한 시기이다. 최상위권 학생들은 대기권 돌파*를 위해 더 열심히 공부할 수도 있다.

공부 계획의 기본적인 뼈대는 작년 겨울방학과 같은 스타일로 세우면 된다. 단 이 시기에 중요한 변화는 이제 공부할 과목에 암기 과목이 포함된다는 점이다. 이제 수학능력시험까지 11달이 남았다. 앞으로 11달 후면 좋든 싫든 시험을 치르게 된다.

◉ 대기권 돌파란 우리나라 대학과 학과 어느 곳에 지원해도 합격할 수 있는 점수를 받는 것을 말한다.

최상위권, 대기권 돌파를 목표로

서울대를 목표로 공부하는 학생들 중에서 이 책에 나온 대로 1, 2학년을 보낸 학생들은 이제 대기권 돌파를 바라볼 수 있다. 일단 국·영·수에서 고르게 고득점이 나올 수 있다. 국어는 세 번의 방학을 통해 교과서 지문 공부와 사설 요약 등으로 실력이 무척 향상되었을 것이다. 영어와 수학 역시 꾸준히 공부하면서 적어도 한 번 이상 예습하고 한 번 이상 복습하였다. 특별히 약한 부분에 대해서는 두세 번 이상 반복하여 보완하였으므로 이제 전체적으로 보았을 때 특별히 약한 부분은 사라졌을 것이다.

이제 탄탄한 국·영·수 실력을 바탕으로 문과의 경우 사탐 과목 중에서 한 과목 정도와 제2외국어 영역을 겨울방학을 통해 완벽하게 끝내는 것으로 목표를 세운다. 일단 국·영·수 과목 복습과 암기 과목 공부에 시간을 7:3으로 배분한다.

만약 스스로 국·영·수에 대한 확신이 있다고 생각한다면 국·영·수 공부에 5, 암기 과목 복습에 5를 배정하여 공부한다. 문과의 경우 사탐에서 두 과목과 제2외국어 영역을 공부하면 된다. 국·영·수 공부에 6 정도 배분하고 암기 과목에 4 정도 배정할 때는 사탐(11개 과목 중 택 4) 선택 네 과목 중 자신 없는 두 과목과 외국어 영역을 공부하도록 한다.● 하지만 국·영·수 과목에 7 정도로 배분하여 국·영·수에 대해 보다 확실한 실력을 다져 두는 것을 기본으로 하는 것이 좋다.

일단 국어는 기존의 방학 계획을 토대로 계획하되 특별히 고3

● 2010년까지는 네 과목, 2011년 대학입시부터는 세 과목 선택으로 축소 예정.

교과서 지문에 대한 예습을 병행하여 공부하도록 한다. 문학과 비문학으로 나누어 자습서를 이용하여 내용 정리를 하고 더불어서 주 2회 정도 모의고사 문제를 정확하게 시간을 재면서 풀도록 한다. 이 시간을 통해 수능 언어영역에 대한 실전 감각을 익히고 국어 시험에 대한 종합적 능력을 향상시킬 수 있다. 영어와 수학은 이미 고3 수준까지 많이 공부해 왔으므로 그다지 큰 부담감이 없을 테지만 국어는 고3 교과서 지문을 새롭게 공부해야 하므로 겨울방학을 통해 예습을 하도록 한다.

수학의 경우 문과 학생들은 수 I을 집중적으로 복습하면서 고1 수학 기초에서 부족한 부분을 확실하게 보완하면서 공부하도록 한다. 전체적인 계획을 세워 겨울방학 동안 한 번 정도는 고1 수학에서 부족한 부분과 수 I을 복습한다. 복습을 하면서 꼭 해야 할 것은 실전 모의고사를 적어도 한 주에 2회 정도는 시간을 정확하게 재고 풀어 보는 것이다. 최상위권 학생들인 경우 본격적인 실전 감각을 지금 시점에서 익혀 두어야 한다. 한 주에 2번 정도 모의고사와 대입 기출문제를 시간을 내어 풀어 보면 나름대로 자신이 부족한 부분이 어느 부분인지 잘 알게 될 것이다. 그리고 복습할 때는 자신이 약한 부분은 다시금 확인하고 넘어가도록 한다. 미리 이렇게 시작하면 재수를 하는 것과 같은 효과를 얻을 수 있다. 경험의 차이는 미리 공부하면서 극복할 수 있다는 것을 명심하자. 더불어 8-나와 9-나 도형 부분은 다시 확인하여 변별력을 높이기 위한 통합 문제에 대비해야 한다.

영어는 매주 2회 이상 실전 모의고사와 대입 기출문제를 풀어 보면서 자신이 약한 부분이 어디인지를 확인하도록 한다. 매일 독해, 문법, 단어와 숙어 공부를 꾸준히 해야 한다. 듣기에서 아직도 만점이 나오지 않는다면 겨울방학 기간을 이용하여 하루에 한 번, 30분 정도 매일 실전 듣기문제를 풀어 본다. 반복하여 문제를 풀다 보면 듣기문제의 패턴이 귀에 익게 된다. 듣기문제 유형을 알게 되면 완벽하게 다 듣지 못해도 답을 고르는 데에는 별 어려움이 없다.

상위권, 최상위권으로 도약할 수 있는 기회

상위권 학생들은 이번 겨울방학이 최상위권으로 도약할 수 있는 기회이다. 이 책에 나온 대로 새벽 공부, 오전 공부, 오후 공부, 저녁 공부를 착실하게 할 수만 있다면 무난히 최상위권으로 도약할 수 있다.

일단 국·영·수는 최상위권과 동일한 계획을 세우지만 자신의 취약한 부분은 잠을 줄여서라도 확실하게 보강 공사를 하고 넘어간다. 잠을 줄이기가 어렵다면 쉬는 시간을 쪼개어 자신의 약한 부분을 메우도록 한다.

이 과정을 통해 최상위권에 도달할 수 있다는 것을 마음속에 분명히 새겨 비록 힘들고 공부하기 싫더라도 꾹 참고 하기를 바란다. 인내와 절제의 열매 없이는 최상위권 도약은 신기루일 뿐이다. 하지만 성실하게 참고 또 참고 공부한다면 분명 가능하다. 만약 상위권 학생들 중에서 국어 점수가 잘 나오는 학생들은 더더욱 최상위권 도약이 쉬워진다. 이럴 때 영어와 수학에서 부족한 부분을 잘 보강하면 자신감이 배가되어 국어 점수도 더욱 상승하게 된다.

방학 기간 동안 꼭 학원에 가야 하는 학생은 신중하게 선택하도록 한다. 이 시기에는 고등학교 2년 동안 배운 것을 체화시키는 과정이 절대적으로 중요하다. 너무 많은 것을 또 새롭게 배우려다 그 동안 배운 것을 자기 것으로 복습하는 시간이 모자라서는 안 된다. 2년 동안 배운 것을 복습하는 데 겨울방학을 투자해야 한다. 정말 부족하고 약한 부분은 선택적으로 학원 수업을 이용하되 최대한 시간을 아껴야 한다.

최상위권 도약을 위해서는 절대적으로 스스로 공부하는 자세가 필요하다. 남들이 떠먹여 주는 공부는 한계가 있다. 자신의 것으로 만들지 않으면 시험 당일, 문제가 조금만 응용되어도 틀리기 마련이다. 아무리 비싼 학원과 과외 수업을 받더라도 자신의 것으로 만들기 위해서는 본인이 공부해야 한다. 그것까지 학원에서 해 줄 수는 없다.

중위권, 겨울방학을 상위권 도약의 발판으로

중위권을 차지하고 있는 학생들이 전체 학생들 중에서 상당히 많다. 고2 겨울방학은 자신의 수준에서 상위권으로 도약할 수 있는 좋은 기회이지만 한편으로는 하위권으로 떨어질 수 있는 시간이 될 수도 있다. 중위권이 상위권으로 겨울방학을 이용하여 도약하는 것은 철저한 자기절제와 인내 없이는 힘들다. 왜냐하면 대부분의 상위권 학생들이 긴장하여 이 시기부터는 마음관리를 나름대로 하며 공부하기 때문이다. 하지만 긴장감과 부담감이 너무 큰 시기인지라 상위권 학생들도 깊은 심적 슬럼프에 빠질 가능성이 있다. 따라서 성실하게 꾸준히 2월 말까지 공부하는 학생들은 상위권 도약이 가능하다.

중요한 것은 이 시기에 꾸준히 공부했다고 해서 바로 상위권으로 도약할 수 있을 것이라 기대해서는 안 된다는 점이다. 왜냐하면 이 시기쯤 되면 상위권과 중위권의 격차가 크기 때문이다. 따라서 겨울방학을 상위권 도약의 발판으로 삼은 뒤에 고3 내내 절제와 인내로 그 동안 부족한 부분을 보완하여 공부해야 상위권으로 도약할 수 있다.

중위권에 속한 많은 학생들 중에서 나름대로 영어와 수학에 실력이 있으나 노력하지 않았던 학생들이 이 기간부터 마음관리를 새롭게 하고 고3 기간 내내 열심히 공부하여 명문대에 입학하는 경우도 종종 있다. 하지만 고3 동안 결과에 대한 중압감과 경쟁에서 오는 스트레스를 참아 가며 공부하는 것은 쉬운 일이 아니다. 겨울방학 때부터 규칙적인 생활 습관과 공부 습관을 확립하고 아울러 흐트러진 내면의 질서를 바로잡아 강해지도록 마음관리를 집중적으로 해야 한다.

일단 중위권 학생들 중에서 영어와 수학 둘 다 자신이 있는데 공부를 열심히 안 한 학생들일 경우는 영어와 수학 공부를 상위권처럼 복습 위주로 하면서 겨울방학 동안 최대한 마무리 짓는다. 국어 공부 역시 병행하도록 한다. 주 2회 언어영역 모의고사 실전문제 풀이와 문학, 비문학 자습서를 가지고 내용 정리를 한다.

문제는 암기 과목이다. 중간, 기말고사를 대비하면서 미리미리 정리를 철저하게 해 두지 않았기에 자신 없는 과목들이 많을 것이다. 가장 자신 없는 암기 과목(문과의 경우 사탐과 제2외국어 영역을 말함) 중에서 두 과목을 정해 그 과목을 중심으로 공부하되 하루에 조금씩 하기보다는 이틀에 한 번 몰아서 집중적으로 한 과목씩 공부한다. 그렇게 한 과목을 끝낸 다음 새로운 과목을 공부한다. 동시에 하는 방법도 있지만 현재 자신의 상황을 고려해 볼 때 집중력이 흐트러질 수 있으므로 한 과목씩 침착하게 공부하도록 한다.

그리고 공부하기에 앞서 마음관리를 통해 자신감을 회복해야 한다. 우선 자신에게 물어보라. 왜 그 동안 공부를 소홀히 했을까? 나름대로 대답을 해 보고 반성과 결의도 내면에 있는 자신에게 말해 보아라. 그러고 나서 영어와 수학를 잘하는 자신의 능력을 떠올리며 자신감을 가져보라. 영어와 수학도 잘하는데 그 동안 암기 과목은 공부하지 않아서 못한 것뿐이다. 이제 하면 잘할 수 있다는 긍정적인 마음을 가질 수 있도록 스스로를 계속 격려하면서 공부를 시작한다.

중위권 중에서 영어와 수학에 그다지 자신이 없는 학생이라면 일단 새벽 공부 시간을 철저하게 지키며 2월 말까지 집중적으로 수학을 공부한다. 영어와 수학에 대한 준비 없이 암기 과목만을 잘해서는 좋은 점수를 기대하기가 어렵다. 왜냐하면 영어와 수학 시험에는 어려운 문제도 나오지만 평이한 수준의 문제도 많이 나오기 때문이다. 영어와 수학에 약한 학생들은 평이한 수준의 문제도 어렵게 보아 틀리는 경우도 많다. 그렇기 때문에 약한 부분을 잘 보완만 하면 수십 점을 올릴 수 있는 기회가 주어진다. 하지만 겨울방학을 이용하여 영어와 수학 보충을 하지 않으면 고3 기간에 다시 보완할 수 있는 기회는 거의 없다. 만약 수학능력시험에서 평이한 수준의 문제를 틀리지 않고 암기 과목 준비도 잘 이룬다면 중상위권 대학도 지원이 가능하다.

그렇기 때문에 일단 영어와 수학 중심으로 공부한다. 공부하면서 가장 약한 부분들을 먼저 체크해 두고 그 부분에 공부할 시간을 더 많이 배정한다. 자신 있는 부분은 시간을 적게 들여 개념 정리와 틀렸던 문제를 확인하는 정도로 지나간다. 이제부터는 그리 시간이 많지 않음을 늘 명심하면서 긴장하되 초조하지는 않도록 마음관리를 잘해야 한다.

그리고 암기 과목은 그 중에서 가장 자신 없는 한 과목을 정해 복습한다. 하지만 영어와 수학 공부가 우선인지라 시간 배분에 있어서 지혜롭게 계획을 세워야 한다. 일단 겨울방학 동안은 집중적으로 영어와 수학 공부를 하고 나머지 암기 과목은 고3이 시작되는 3월부터 본격적으로 준비하도록 한다.

하위권, 공부는 성품을 훈련할 수 있는 기회

하위권 학생들은 거의 대부분이 공부를 포기하거나 정신적 공황상태에 빠져 공부할 의욕을 상실하고 있다. 이 책에서는 고1부터 하위권에서 벗어날 수 있는 방법과 시기에 대하여 몇 번 언급했었다. 그러나 그 시기와 기회를 다 놓친 학생들도 있을 것이다. 하지만 이제 겨울방학은 놀라운 기회가 될 수 있으니 힘을 내자.

현재 한국은 대학교 지원자보다 대학 정원이 더 많다. 물론 전문대까지 포함해서이다. 미달인 지방 대학도 많다. 따라서 점수가 나오지 않아도 지원만 하면 갈 수 있는 대학은 많다. 만약 자신이 아예 공부를 포기하고 고3 내내 놀거나 그냥 시간을 흘려보낸 후에 대학 등록금만 내면 입학을 시켜 주는 학교에 가려고 생각한다면 더 이상 공부를 할 필요가 없을 것이다. 하지만 아무리 돈만 내면 입학시켜 주는 대학교에 들어간다고 하더라도 고3 시기를 그냥 어정쩡하게 보내지 않기를 바란다. 왜냐하면 대학에 들어가서도 4년 내내 공부와 담쌓고 놀면서 시간을 보내는 학생이 될 수 있기 때문이다.

습관이 참 무섭다. 대학에 간다고 해서 마음의 정원에 자란 무성한 엉겅퀴와 잡초가 갑자기 사라져 마음의 정원이 깨끗해지지는 않는다. 공부는 단지 대학에 가기 위해서만 한다고 생각하는 사람들이 많은데 결코 그렇지 않다. 하기 싫은 공부를 대학 입학이라는 통과의례를 치르기 위해 억지로 맹목적으로 해야 하는 것은 아니다.

공부는 절제와 인내라는 인생의 귀한 성품들을 학창 시절에 훈련할 수 있는 귀한 도구이다. 공부하는 과정을 통해 우리는 절제와 인내를 배울 수 있다. 또한 우리에게 주어진 시간의 한계를 깨닫고 우리 인생에 남겨진 시간을 계산할 수 있는 지혜가 필요함을 깨달을 수 있다.

양적인 측면에서 볼 때, 21세기에는 지식이 풍부한 사람들이 무척 많다. 소위 지식인이라는 박사와 석사들이 넘쳐나는 시대이다. 그러나 인생에 소중한 지혜는 단순히 지식을 축적한다고 해서 저절로 생기지 않는다. 나는 이 책을 읽는 학생들이 공부라는 마음을 훈련하는 과정을 통해 자기절제와 인내를 배우기를 바란다. 인생에서 가장 귀하다고 할 수 있는 지혜를 배우기를 바란다.

공부를 잘한다고 해서 지혜가 생기는 것은 아니다. 하지만 인내와 절제를 통해 마음관리를 하다 보면 내면이 지혜의 필요성을 깨닫게 된다. 지혜란 분별력, 판단력, 결단력 이 세 가지로 말할 수 있다. 현대 사회는 너무도 복잡하고 빠르게 변화하고 있다. 수많은 정보들이 동시에 주어져 복잡한 상황 속에 내동댕이쳐지는 경우도 많다. 여러 일들이 동시에 발생하는 불확실성의 시대에 살고 있는 우리이기에 단순히 지식을 축적하는 것만으로 삶의 안정성을 기대하기는 어렵다.

생각해보면 학창 시절 공부하는 학생에게도 공부 이외의 많은 변수들이 주어진다. 친구 관계, 가족 관계, 선생님과의 관계, 인터넷, 오락, 이성 교제, 건강 문제 등 무수한 변수들이 교차한다. 이러한 교차 속에서 마음이 혼란해지면 정작 공부해야 할 때에 힘이 다 빠지는 경우가 허다하다. 지엽적인 문제에 얽매여 결국 핵심을 장악할 힘이 부족해지는 경우가 많다.

이런 상황들은 고교 시절이 끝난 다음 대학에 가서도, 사회에 나가서도 종종 만나게 된다. 그리고 시간이 지날수록 수백 배, 수천 배로 더 복잡해지고 해답이 없는 경우가 허다하다. 그렇기 때문에 고교 시절 동안 공부하면서 만나는 여러 상황들을 해결해가는 과정에서 지혜를 배우는 것은 앞으로의 인생을 대비하는 예비 과정과도 같다. 이 과정을 거치면서 상황을 예의 주시하며 분별할 수 있는 강한 힘을 갖게 되기를 바란다.

상황을 분별한 다음에는 자신이 어떻게 해야 할지를 판단해야 한다. 그리고 판단한 후에는 결단해야 한다. 수많은 선택의 갈림길에서 어물거리다가 그냥 휩쓸려 갈 때가 너무 많지 않았는가? 한 번 휩쓸리기 시작하면 도중에 멈춰 서기가 어렵다. 결국 시간적으로나 육체적으로나 엄청난 손해를 보게 된다. 예리하게 분별하고 정확하게 판단하며 단호하게 결단하는 지혜로운 사람이 되도록 노력하자. 진정한 능력이란 어떤 대학에 들어가느냐로 결정되는 것이 아니라 바로 이런 지혜를 얼마나 내면에 가지고 있느냐로 결정된다.

사실 이런 지혜를 갖추게 되면 공부하지 말라고 해도 공부한다. 왜냐하면 비록 공부가 너무 힘들어도 공부를 통해 많을 것을 얻는다는 것을 금세 분별하기 때문에 참고 해야겠다고 판단하기 때문이다. 그렇게 되면 스스로 온 힘을 다해 공부하기로 매일매일 순간순간 결단하고 실행할 수 있다.

나는 하위권에 속한 학생들을 포함한 모든 학생들이 단순히 시험에서 정답을 찍는 기계가 되기를 원하지 않는다. 획일적이고 무감각한 기계처럼 되지 않았으면 한다. 살아 있는 역동적인 지혜를 소유하며 진취적으로 자기 삶을 개척하는 사람들이 되었으면 한다. 학생 중심이 아닌 가르치는 자 중심의 암기 위주 교육 속에서 대량으로 지식을 주입받아 탄생한 지식인은 진정한 지식인이라고 부를 수 없다. 그런 지식은 인터넷 검색으로도 얼마든지 얻을 수 있는 것이다. 오히려 산처럼 쌓인 지식을 효과적으로 분별, 판단, 선택하는 지혜를 가진 사람들이 비록 드물지만 시대를 앞서 나갈 수 있는 지식인이다.

비록 지방 대학을 나왔더라도 이러한 지혜를 가진 학생들은 언젠가는 자기 분야에서 최고의 자리에 오를 것이다. 물론 지방 대학이라는 약점 때문에 상당한 시간을 무시당하고 설움과 좌절을 겪을 수도 있다. 명문대를 선호하는 한국의 사회적 풍토는 다른 나라들보다 매우 심한 편이기 때문이다. 하지만 각자의 분야에서 성공한 최고의 전문가들은 단순히 대학 간판만으로 사람들을 뽑지 않고 창의적 지혜를 가진 사람들을 뽑는다. 비록 지원자가 지방 대학을 나오고 한국 사회가 알아주지 않는 대학을 졸업했을지라도 말이다.●

서울대학교 입학생들 중에서도 지식만 축적하는 경향에 편중된 학생들이 무척이나 많다. 어려서부터 지식 축적 지향적인 교육, 즉 암기 교육 위주로 학습 습관이 형성되었기 때문이다. 그런 습관은 쉽게 사라지지 않는다. 왜냐하면 창의적 지혜를 기르는 것보다는 그냥 단순히 외우고 지식을 축적하는 것이 쉽기 때문이다. 그러나 창의적 지혜를 배양하는 것과 암기위주로 지식을 축적하는 것은 결국에는 엄청난 차이를 가져온다.

물론 어려서부터 암기 교육을 받는다고 해서 모두 지식 축적 지향적인 사람이 되지는 않는다. 암기 교육은 결코 나쁜 교육이 아니다. 하지만 암기 교육과 함께 지혜를 습득할 수 있는 마음관리 교육이 병행되어야 더 좋은 교육이 될 수 있다.

하위권 학생들은 고교 시절 남은 1년 동안 대학입시 준비라는 기간을 절제와 인내를 배우는 시간이 되도록 다시금 뜻을 정하고 결단해야 한다. 하기 싫은 일도 참고 하는 훈련이 필요하다. 늘 단 것만 먹을 수는 없다. 먹기 힘들지만 쓴 것을 먹어야 할 때가 있다. 다시 말해 참아야 할 때가 있는 것이다. 이제 조급함을 버리고

● 지방 대학을 나왔어도 자신이 노력해서 명문대를 나온 사람들보다 더 성공한 사람들이 우리 주변에는 무척 많다. 그러므로 대학의 간판이 성공의 전부라는 생각을 버리고 현재 내가 처한 상황에서 최선을 다하기를 부탁한다. 최선을 다하는 자들에게 역전의 기회는 자주 찾아온다. 하지만 게으른 사람에게 역전의 기회는 오지 않는다. 내가 가진 능력과 지식이 남에 비해 비록 보잘것 없더라도 최선을 다해 갈고닦아 준비하면 반드시 기적은 일어난다. 너무 일찍 성급하게 포기하는 어리석음을 범하지 말기를 인생의 선배로서 간곡히 부탁하는 바이다.

새롭게 속사람과 진지한 대화를 시작하라. 언제까지 이렇게 살 것인지에 대하여 진지하게 자신의 내면과 대화해야 한다. 그리고 그동안 여러 일들로 상처 입고 찢어진 속사람을 다독이는 과정이 필요하다. 그 상처들을 싸매면서 새살이 돋을 때까지는 참아야 한다.

아직 인생을 포기하기에는 너무나 이르다. 매일매일 논다고 해서 매일이 재미있지는 않다. 사실 다른 것을 하기에는 너무 늦었다고 생각하니까 공허감을 메우기 위해 그냥 노는 것뿐이지 않은가. 아니, 논다기보다는 그냥 시간을 흘려보내는 것이다. 이런 생활을 너무 오래 하다 보면 속사람이 깊이 병든다. 육체적 장애자가 아닌 정신적 장애자가 될 수 있다. 즉 속사람이 후천적으로 장애를 가지게 되는 것이다. 그리고 마음의 병이 깊어지면 육체도 병들게 된다. 이런 상태에서는 무엇을 해도 별로 기쁘지도 않고 별로 슬프지도 않다. 무감각의 상태에 빠져서 살아 있기는 하지만 죽은 시체의 눈동자를 지닌 학생들이 우리 주변에는 너무 많다. 산다는 것이 행복하지 않고 왜 살아야 하는지 그 이유도 불분명한 학생들 말이다.

다시금 마음을 굳게 먹고 새롭게 결단하기를 바란다. 중학교 교과서를 다시 보고 공부하는 한이 있더라도 무작정 공부를 포기해서는 안 된다. 강의 시간에 만난 한 학생은 서른이 넘어 공부를 다시 시작했다. 가정 형편이 어려워 공고를 졸업한 후 가족들을 위해 10년간 열심히 일했다고 한다. 공부가 너무 하고 싶었지만 할 수 없는 상황에 있었던 그가 서른이 넘어 교사가 되기 위해 다시 공부를 시작했다. 중학교 과정부터 하나하나 공부하면서 모르는 것이 있으면 자기보다 훨씬 나이가 어린 학생들에게 물어보는 것을 주저하지 않았다. 창피하게 생각하지도 않았다. 그저 다시 공부할 수 있다는 사실이 그를 행복하게 만들었다. 공부하는 것이 생각만큼 잘되지 않아 고민도 많이 하고 괴로워도 했지만 묵묵히 참고 열심히 공부했다.

난 그 학생을 보면서 고교 시절에 공부를 포기하는 것은 너무나 경솔한 일임을 새삼 느꼈다. 지금 고3인 학생은 자신이 이미 너무 늦었다고 생각하지만 넓게 보면 그다지 늦지 않았기 때문이다. 나는 여러 학생들을 만나고 가르치면서 나이 들어서도 다시 공부하려는 학생들을 많이 보았다. 그들의 공통적인 이야기는 고등학교 시절 공부를 잘해 보고 싶었지만 어떻게 해야 할지 몰라 우물주물 거리다 그냥 시간을 흘려보냈다는 것이다. 그런데 그들은 지금 그 당시를 돌이켜 보면 너무 어리석었고 무책임했다고 고백한다. 다시 그때로 돌아간다면 공부하는 것이 힘들어도 좀 더 참고 재수, 삼수를 해서라도 끝까지 해 보겠다고 말한다.

스물넷, 스물다섯인 학생들 중에서 다시금 공부를 하려는 학생들이 의외로 많다. 남학생인 경우는 군대에 다녀 와서 다시 공부를 하기도 하고 여학생들은 직장 생활을 하다가 공부를 다시 시작하기도 한다. 그때가 되면 의지력과 인내력이 있으며 왜 공부해야 하는지에 대한 분명한 동기도 가지고 있다. 하지만 고교 시절처럼 공부에만 전념할 수 있는 상황이 아니기 때문에 시간이 오래 걸린다. 하지만 시간이 들어도 다시금 시작할 수 있다는 것에 그들은 감사한다.

이 책을 보는 많은 학생들 중에서 공부를 포기하고 그냥저냥 시간을 흘려보내는 학생들이 있다면 인생의 선배로서 감히 말하고 싶다. 아직 포기할 때가 아니다. 역전의 기회는 얼마든지 있다. 꼭 명문대 출신만이 성공하는 시대는 아니다. 자신만이 가지고 있는 귀한 재능을 인내와 절제로 훈련하고 준비하면 때가 되었을 때 얼마든지 인정받고 능력을 발휘할 수 있다.

나는 개인적으로 스타크래프트를 좋아한다. 나는 자칭 테란의 황제다. 테란의 황제 임요환 선수, 테란의 이윤열 선수, 정명훈 선수, 저그 홍진호, 이제동, 박찬수 선수, 프로토스 김택용, 송병구 선수, 해머 테란 최연성 선수 등 많은 스타 프로게이머를 좋아한다. 그중에서 내가 가장 좋아하는 선수를 굳이 꼽는다면 임요환, 최연성 선수이다.

최연성 선수는 수학능력시험은 쳤지만 대학에 원서를 내지 않았다고 한다. 그는 원래 프로게이머가 되려는 생각은 없었다고 한다. 하지만 게임아이 서버에서 두각을 나타냈고 임요환 선수가 최연성 선수의 자질을 보고 프로게이머가 될 것을 권유했다고 한다. 그러면서 같은 팀이 된 임요환 선수는 선배로서 최연성 선수를 친동생처럼 대하며 지도했다고 한다. 최연성 선수는 끊임없이 새로운 게임 빌드 오더를 연구하고 임요환 선수에게 끈질기게 묻고 또 물어 많은 것을 배웠고, 임요환 선수는 모르는 것이 있으면 솔직히 그것을 인정하고 끈질기게 묻는 후배를 잘 챙겨 주었다고 한다. 결국 최연성 선수는 2003년 11월 30일 첫 출전한 엠비씨 게임 스타리그 결승전에서 강력한 우승 후보였던 폭풍 저그 홍진호 선수를 3:0으로 이기고 우승하는 쾌거를 올렸다.

난 그 선수의 자전적 이야기를 다룬 프로그램을 보면서 참 많이 기뻤다. 대학입시를 포기하고 그냥 시간을 흘려보낼 가능성이 얼마든지 있었지만 그는 결국 자신의 재능을 잘 발휘했다. 끝까지 배우려는 자세로 최고의 스승 밑에서 묵묵히 연습하고 또 연습하는 그의 모습이 참 보기가 좋았다. 사실 프로게이머라는 직업이 겉으로 화려해 보여도 고된 훈련이 따르는 직업이라 한다. 아마도 최연성 선수가 게임 훈련하는 시간의 반만 공부에 전념했으면 소위 말하는 명문 대학에 우수한 성적으로 합격할 수도 있었을 것이다. 하지만 그는 그보다 자신의 재능을 꽃피우기 위해 자기가 선택한 길에서 최선을 다했다.

사실 모든 사람들이 명문대, 인기 학과를 갈 수는 없다. 많은 사람들이 선호하지만 지원한다고 해서 모두 들어갈 수는 없다. 어떤 사람들은 적성에 맞지 않아도 돈벌이가 잘 되고 명망 높은 직업을 얻을 수 있는 의대와 경영대를 선택한다. 심지어 법대생이 아니면서도 사법고시를 준비하는 학생들이 각 대학 도서관에는 넘쳐 난다. 대학을 졸업한 후에 의대에 편입하거나 로스쿨을 준비하려고 회사에 사표를 내는 사람들도 많다.

이 속에서 각자에게 주어진 무척 소중한 재능이 빛을 발하지도 못한 채 사라지는 경우가 허다하다. 한국 사회는 전국 일등부터 꼴등까지 성적을 기준으로 학생들을 서열화하는 것에 너무나 익숙해져 있다. 이런 구조적인 틀이 너무나 확고해 때로는 숨이 막힌다. 특히 하위권 학생들에게는 이러한 사회 구조가 그들 스스로를 인생 낙오자로 생각하도록 만든다. 아직 시작도 해 보지 않은 청소년들을 성적이라는 기준 하나로 벌써 인생의 낙오자나 실패자로 만드는 것이다. 이로 인해 그들의 마음정원은 더욱더 황폐하게 되고 나중에는 어떤 것도 자랄 수 없는 사막으로 변하게 된다.

다시금 말한다. 아직 늦지 않았다. 지금부터라도 시작하면 할 수 있다. 일류 대학과 인기 학과에 일 년 내내 공부해도 못 갈 수 있다. 공부는 정직한 것이기 때문이다. 하지만 정직하고 성실하게 실력을 쌓고 인내로 준비한다면 자신이 원하는 학과와 학교에 갈 수 있다.

만약 원하는 학교에 가기가 힘들다면 대학을 낮춰 원하는 학과에 가서 그곳에서 본격적인 실력 연마에 들어가는 것도 좋다. 만일 학교가 인지도가 낮은 곳이라면 창의적인 지혜를 더욱더 기르도록 힘쓰면 된다. 비록 한국 사회는 뿌리 깊은 학벌 사회이므로 뛰어난 실력이 있어도 학벌이 좋지 않으면 인정받기가 쉽지 않지만, 인내심을 가지고 창의적 지혜와 자기 분야에 있어서 탄탄한 실력을 갖추면 언젠가는 반드시 인정받고 자기 분야에서 앞서 나가는 사람이 될 수 있다. 직업에는 귀천이 없다. 자신에게 맞는 적성을 살려 그 분야에서 전문가가 되면 그것이 가장 훌륭한 직업이다. 하위권이라 스스로 생각하는 학생들은 부디 한 번 더 힘을 내어 시작하기를 바란다. 아직 포기할 때가 아니다.

우선 자신이 할 수 있는 만큼 계획을 세워 영어와 수학을 착실하게 시작하라. 다른 과목을 공부하기보다는 일단 영어와 수학 기초를 착실하게 다져 나가라. 만약 수능만을 목표로 한다면 우선 암기 과목 공부를 하여 일정 점수를 확보할 수도 있다. 이것은 자신이 선택할 부분이다. 하지만 겨울방학부터 암기 과목을 주로 공부하면 점수가 오를 수 있는 한계는 분명해진다. 사실 영어와 수학 시험에서는 아주 쉬운 문제들도 많이 나온다. 이런 문제들을 그냥 포기해서는 안 된다. 일단은 영어와 수학 기초를 다시 시작한다는 마음으로 공부하면서 암기 과목을 병행하는 것이 바람직하다.

과연 나는 어떻게 할까요?

〈다니엘 마음관리 365일〉 중에서

1915년 1월 12일, 켄사스 시티에 있는 홀 브라더스 사의 연하장 보관 창고에 불이 났습니다. 화재 때문에 모든 것이 일순간 폐허로 변해 버린 것을 본 많은 사람들은 그 회사 젊은 사장의 불운에 대하여 한마디씩 했을 겁니다. 전날 밤, 그 건물 전체를 휩쓴 화재는 곧 선적될 수천 상자의 발렌타인데이 카드를 한줌의 재로 만들어 버렸습니다. 23세의 조이스 홀과 그의 형 롤리는 카드를 판 돈으로 빚을 갚을 계획이었죠. 그런데 모든 게 화염 속에 날아가 버려서, 그 형제는 17,000달러의 부채를 갚을 수 없게 되었습니다.

사태가 사태이니 만큼, 이 재난으로 특히 조이스 홀은 상심이 컸습니다. 그는 수년간의 고생과 가난을 이겨내고, 이제 막 성공적인 사업가로 자리 잡으려는 참이었거든요. 네브라스카 주의 노픅 토박이인 그가 아홉 살이었을 때, 아버지는 돌아가셨습니다. 무척 가난하고 힘든 형편이었습니다. 어머니는 병들어 계셨습니다. 그래서 어린 조이스 홀은 집집마다 돌아다니며 향수 행상을 했고 그 뒤에 연하장을 판매하는 사업을 시작하게 되었던 것이지요. 그러다가 좀 더 나은 기회를 찾던 중, 켄사스 시티에 카드를 납품하게 되었고, 그 지역 잡화점 주인들을 상대로 카드 도매업을 시작했습니다. 곧 그는 수입 크리스마스 카드와 발렌타인데이 카드 판매도 겸하게 되었으며, 1년이 채 지나지 않아 형 롤리와 동업을 하게 되었습니다. 그렇게 화재가 자신의 모든 재산을 휩쓸어 가기 전까지는 가까운 주요 시로 점차 판매 지역을 넓혀 갔고요.

'그만두고 싶다면 지금이 바로 그 시기이다. 그러나 포기하고 싶지 않다면 빨리 결단해야 한다.'

조이스 홀은 재난이 있은 후에 혼자 이렇게 되뇌었습니다. 그 후에 결국 재기를 시도한 그 젊은 사업가는 어렵지만, 돈을 더 빌려서 그 지역의 조판 회사를 구입하여 롤리와 함께 직접 디자인한 연하장을 인쇄해 빠르고 값싸게 재고량을 채워 나갔지요. 그들이 만들어낸 첫 번째 고유 디자인 카드 두 가지는 1915년 크리스마스에 맞추어 준비되었습니다. 이렇게 수작업으로 인쇄한 조그만 크리스마스 카드는 중서부 지역의 잡화점에 팔려 휴일 쇼핑객들을 성공적으로 끌어 모았으며, 결국 폐허가 된 홀의 회사에 절박하게 필요했던 현금을 메워 주었습니다.

조이스 홀이 세상을 떠난 1982년, 그의 이름을 딴 홀마크 합자 회사는 하루에 팔백만 장이나 되는 연하장을 생산해 냈습니다.

사랑하는 귀한 후배님들.

여러분이 만약 조이스 홀과 같은 상황이었다면 어떻게 했을까요? 세상을 비관하며 아무렇게나 살까요? 아니면 홀처럼 그래 다시 뜻을 정해 시작해보자 하실 건가요? 선택은 여러분에게 달려 있습니다. 선택에 따라 미래의 모습은 하늘과 땅차이입니다.

아마도 여러분 가운데서도 홀처럼 어려운 상황의 청소년들이 분명 있을 것입니다. 제가 이 책을 쓰는 가장 큰 이유의 중의 하나가 바로 그런 후배들에게 아직 희망이 있다는 것을 전해주기 위해서입니다.

홀이 포기하지 않은 것처럼 여러분도 좀 더 힘을 내어 다시 뜻을 정해 시작하십시오. 시작했다가 또 실패하면 다시 뜻을 정해 시작하십시오. 아직 포기할 때가 아닙니다. 자신의 소중한 가능성을 주변만 탓하다가 그냥 흘려보내지 마십시오. 반드시 역전의 기회는 있습니다.

3학년

고등학교 3학년이 되면 공부에 대한 중압감과
대학입시에 대한 부담감이 고2에 비해 몇 배로 가중된다.
고3 학급의 수업 분위기는 사뭇 긴장이 흐른다.
그리고 시간이 아주 빠르게 흘러가는 것을 느끼게 될 것이다.

　이제 본격적인 수험생이 되었다. 고등학교 3학년이 되면 공부에 대한 중압감과 수학능력시험에 대한 부담감이 고2 때에 비해 몇 배로 가중된다. 수업 분위기는 사뭇 긴장감이 흐른다. 그리고 시간은 아주 빠르게 흘러간다. 한 주 한 주가 휙휙 지나간다는 생각이 든다. 그러면서 초조함은 점점 심해진다.

　지금까지 이 책을 보면서 학습 계획을 세워 왔고, 자신의 학습 패턴을 잘 알고 있는 학생들은 이제 실전을 대비한 계획을 세워 본다.● 우선 1학기 중간고사를 보기 한 달 전까지는 이 책에 나온 고1·2 때의 3월 첫째 주에서 둘째 주에 나온 대로 공부해야 하는데, 여기에 이제는 암기 과목을 병행한다.

　최상위권 학생들일 경우 이 책대로 꾸준히 준비해 왔다면 국·

- - - - - - - - - - -

● 고3 때 처음 이 책을 접한 학생들은 먼저 고3 부분을 읽은 다음 고1부터 고3까지 전체 내용을 확인하면 이 책을 효과적으로 활용할 수 있다.

영·수에 대하여 확실한 자신감을 가지고 있을 것이다. 이제 대기권 돌파®를 위해 더 힘껏 박차를 가해야 한다. 제일 중요한 것은 고3이라는 중압감을 매일하는 마음관리를 통하여 벗어 버리는 것이다. 마치 무거운 외투를 세탁하기 위해 벗는 것처럼 자연스럽게 중압감을 벗어야 한다. 시간이 지날수록 더 무거운 중압감이 찾아오기 때문에 순간순간 중압감이라는 옷을 벗지 않으면 나중에는 견디기 힘들 정도로 무거워져서 대기권 돌파 도중 폭발할 수 있다.

고3 수험 기간에서 가장 유의해야 할 점은 바로 '마음관리'이다. 이것은 내면의 자기 관리, 영혼의 정원을 잘 가꾸는 것 등으로 표현할 수 있다. 인간은 육체만 가지고 있는 존재가 아니다. 영혼이 있는 존재이다. 육체적 건강만으로는 건강을 유지할 수 없다. 영혼이 병들고 황폐해지면 몸도 시들해 진다. 고3 수험 기간에는 수험생의 영혼이 가장 심하게 왜곡되고 상처입고 메마르기 쉽다. 이때 받은 상처는 일생 동안 지워지지 않을 수 있다. 그 상처의 쓴 뿌리가 다른 사람에게 악영향을 미칠 수도 있고 자신의 자식들에게까지 미칠 수도 있다.

따라서 매일 다니엘 마음관리 시간을 통해 내면과의 대화 시간을 진지하게 가져야 한다. 예를 들어 기독교 신자라면 기도 시간을 통해 하나님과 자신의 내면이 깊이 대화하는 시간을 갖도록 한다. 불교나 유교 신자일 경우 명상 시간을 통해 내적 성찰을 하도

● 대기권 돌파란 우리나라에 있는 대학과 학과 중 어디에 지원하든 합격할 수 있느 성적을 받는 것을 의미한다.

록 한다. 종교가 없는 학생이라면 자기반성과 『다니엘 마음관리 365일』을 통해 내면의 정원을 돌아보도록 한다.

마음의 정원에 순간순간 엄습하는 막연한 두려움, 불안감, 공포, 그리고 입시결과에 대한 과도한 집착 등을 미루지 말고 매일매일 정리해야 한다. 이 작업을 수험 기간 내내 병행한다면 대기권 돌파는 현실로 다가올 것이다. 마음관리는 모든 영역에 속한 학생들이 고3 한 해 동안 좋든 싫든 힘써야 하는 중요한 일임을 잊지 말자.

일단 국어 공부는 자습서를 통해 꾸준히 3학년 때 새롭게 배운 부분을 복습한다. 영어와 수학은 이틀에 한 번 꼴로 모의고사를 보아 실전 테스트를 한다. 정확하게 시간을 재면서 OMR 카드를 이용하여 답안지 체크도 해 본다. 모의고사에서 틀린 문제를 잘 정리하면서 약한 부분이 발견되면 그 부분을 집중적으로 보강하여 정리한다. 그 동안 몇 번에 걸쳐 틀린 문제에 대한 보완 작업을 하였으니 이제는 확실히 안다고 생각되는 문제들은 동그라미를 쳐서 다음부터는 확인 작업에서 제외시키도록 한다.

암기 과목은 자신 없는 과목부터 한 과목씩 정리하여 끝낸다. 빠르게 전체 내용을 정리하고픈 학생들은 인터넷 강의를 이용하면 효과적으로 빠르게 내용 정리를 할 수 있다.

최상위권 학생들은 자신의 실력 유지와 마음관리가 제일 중요하다. 과도한 욕심을 부리지 말고 지금처럼 꾸준하게 준비한다는 마음으로 임하도록 하자.

상위권 학생들이 해야 할 일 : 최상위권 도약 꿈꾸기

상위권 학생들 역시 최상위권 학생들처럼 공부를 하되 최상위권 도약을 꿈꾼다면 보다 정교한 마음관리와 시간관리 및 체력관리를 해야 한다. 결국 자신이 약한 부분을 얼마나 잘 보완하고 준비하느냐에 따라 상위권과 최상위권으로 나누어진다. 마음관리와 체력관리가 잘되면 심신이 건강해지는데 이럴 때 집중력이 더욱 높아지고 예민해진다. 영어와 수학의 틀린 부분을 이런 집중력으로 정리한다면 최상위권으로 도약이 가능하다. 따라서 상위권 학생들은 생활을 더욱 규칙적으로 하고 동시에, 쉬는 시간과 공부 시간을 패턴화하여 공부할 시간이 되면 저절로 머리가 맑아지고 공부할 마음이 생길 수 있도록 힘써야 한다.

이를 위해서 우선 생활을 최대한 단순하게 만들어 불필요하게 집중력이 흩어지는 것을 막는다. 상위권 학생들이 텔레비전과 오락, 그리고 인터넷을 금할 수만 있다면 두 배 이상의 집중력을 키울 수 있다. 가급적 쉬는 시간도 산책을 하거나 스트레칭을 하면서 긴장을 완화시키도록 한다. 텔레비전 시청과 같이 눈에 피로를 주는 휴식은 가급적 피하도록 한다. 이러한 것들에 유념하며 수험 기간을 보낼 수 있다면 최상위권 도약이 가능하다.

중위권 학생들이 해야 할 일 : 주말에 승부수를 띄워라

중위권 학생들은 겨울방학 때 미리 공부한 범위 내에서 국·영·수 복습을 철저히 하는 것을 원칙으로 한다. 이때 틀린 문제를 집중적인 공부하도록 한다. 이것은 저녁 공부 시간을 이용하고, 새벽 공부 시간에는 수학을 집중적으로 공부한다. 암기 과목은 방과 후 공부 시간을 통해 1년간 꾸준히 정리하도록 한다.

중위권 학생들이 상위권으로 도약하기 위해서는 주말을 잘 보내는 것이 중요하다. 대부분의 학생들이 주말에 집중력이 현격히 저하되고 긴장도 풀어진다. 그래서 주말에는 공부를 해도 평소의 집중력으로 하지 않기 때문에 허점이 생기게 마련이다. 만약 중위권 학생들이 보다 단호히 결단하여 가혹할 만큼 철저하게 마음관리를 하여 주말 공부를 평소의 집중력으로 할 수만 있다면 확실하게 실력을 향상시킬 수 있다.

자신이 원하는 것을 얻기 위해서는 그만큼의 희생이 필요하다. 인내와 절제 없이 되는 것은 없다. 공부를 즐거워하는 사람은 드물다. 하지만 공부라는 과정은 힘들지만 꿈과 비전을 위해 반드시 도전해야 할 일이다. 인내와 자기절제를 배운다는 마음으로 수험 기간 동안 주말 공부에 더욱 힘을 기울이도록 하라. 고3 시절 주말에 긴장을 풀지 말고 그때그때 쉬는 시간을 이용하여 공부로 인한 스트레스를 해소하고 매일 마음관리 시간을 가진다면 주말 공부에서 승리할 수 있다. 고3이라는 중압감과 긴장 그리고 초조라는 옷을 벗을수록 겉과 속의 건강에 모두 유익하다.

하위권 학생들이 해야 할 일 : 일단 내신 공부부터 차근차근

고2 겨울방학 때 이야기한 부분을 충분히 참고하고 지금 실천하고 있는 것을 계속 유지하도록 한다. 지나치게 조급한 것은 오히려 지속적인 실천을 방해한다. 의욕이 앞선다고 해서 한꺼번에 밥을 열 숟가락이나 먹을 수는 없다. 한 숟가락씩 천천히 그러면서도 부지런히 먹다 보면 결국 밥 한 그릇을 다 먹을 수 있다. 너무 빨리 먹으려고 하면 결국 체하고 만다. 지금은 그동안 황폐화된 마음의 정원을 잘 정리하고 가꾸는 것이 중요하다. 그러면서 자신이 할 수 있는 만큼 공부를 시작한다.

하위권 학생들은 학기 초부터 국·영·수와 암기 과목 공부 계획을 세워서 일단 내신 성적 위주로 수험 기간을 보내도록 한다. 수학능력시험 준비는 여름방학 동안 더 집중적으로 하도록 한다. 만약 새벽 공부를 할 수만 있다면 이는 굉장한 히든카드가 될 수 있다. 새벽에는 대학입시에 대비하여 영어와 수학을 번갈아 가며 하루 1시간 40분씩 공부하도록 한다. 국어는 주말을 이용하여 집중적으로 공부한다. 방과 후 공부 시간과 저녁 공부 시간에는 내신 시험 공부를 하도록 한다. 내신 시험 공부는 국·영·수 위주로 하고 암기 과목은 이미 앞에서 언급한 것처럼 시험 보기 한 달 전부터 고1·2 중간고사 계획을 참고하여 공부하도록 한다. 가장 중요한 것은 공부하기를 무조건 싫어하지만 말고, 내가 원하는 분야에서 전문가가 되기 위한 인내와 절제를 배우는 과정으로 생각하며 지속적인 마음관리에 힘써야 한다는 것이다.

3월 셋째 주~4월 둘째 주

중간고사 준비 기간, 실력별 30일 특별 시험 준비 전략

3³-4²

본격적인 중간고사 준비 시스템으로 변경하여 공부한다. 최상위권과 상위권 학생들은 평소처럼 중간고사 준비를 한다. 단 국·영·수 준비가 잘되어 암기 과목을 병행할 여력이 된다면 하루 1시간 정도 매일 수학능력시험에서 자신이 선택할 암기 과목을 공부하도록 한다.

중위권 학생 역시 상위권으로 도약하기 위해서는 평소처럼 중간고사 공부를 하되 부족한 영어나 수학의 약점을 보완하기 위한 공부 시간을 매일 1시간 정도 가지도록 한다. 이 시간을 통해 영어와 수학에 대한 자신감 부족을 메울 수 있다.

하위권 학생들은 고1 중간고사 계획을 참조하여 그대로 실천하도록 한다. 현재로서는 그것이 가장 좋은 방법이다.

중간고사 기간

　고3 중간고사라고 해서 특별히 주눅이 들 필요는 없다. 그저 지금까지 해 온 것과 같은 마음으로 시험에 임하면 충분하다. 내신 성적 반영률이 고3 때가 가장 큰 만큼 마음의 긴장이 심할 것이다. 긴장이 심하면 책상에 앉아 책을 보아도 머릿속에 잘 들어가지 않는다. 공부를 가장 열심히 해야 할 이 기간에 오히려 공부가 잘되지 않는 경우가 허다하다. 이런 마음의 동요로 인해 중간고사를 망치는 일도 생긴다. 시험 기간에는 아무리 공부할 시간이 부족하더라도 마음관리를 소홀히 하지 않기를 바란다. 극도로 마음이 불안하고 초조해 공부가 잘되지 않으면 『다니엘 마음관리 365일』을 20~30분 정도 읽어 보기를 권한다. 마음이 따뜻해지면서 평안해질 것이다. 나보다 더 어렵고 힘든 상황에 있는 수많은 사람들의 인생 역전 이야기를 통해 다시금 공부에 도전할 자신감과 용기가 생겨날 것이다.

4월 넷째 주 ~ 6월 첫째 주

마음과 건강을 다잡는 시기, 고3 첫 번째 승부처

4⁴-6¹

이제부터 기말고사가 있기 한 달 전까지는 이전 공부 계획대로 공부하면 된다. 특별히 이때 수험생들은 나른해지기 쉽다. 봄이 되어 날씨가 따뜻해지고 주변이 푸르게 덮이기 시작하면 마음이 부풀어 오른다. 매우 긴장해야 할 시기임을 알면서도 자꾸 긴장의 끈이 느슨해지면서 잡생각이 많이 든다. 평소보다 집중 시간도 짧아지고 공부도 뜻대로 잘되지 않는 경우가 많다. 공부에 가장 집중해야 할 기간인데도 불구하고 마음이 자꾸 산만해진다.

이 기간에 평소 유지해 온 공부 리듬과 생활 리듬이 깨지는 경우가 많다. 중간고사가 끝난 후련함과 날씨의 변화가 서로 맞물려 긴장감을 이완시키는 것이다. 어느 정도 긴장을 풀어 주는 것도 좋지만 이 시기에 풀어지기 시작하면 아주 풀어지는 쪽으로 치우치는 경우가 많다. 왜냐하면 긴장감이 깊어질수록 반대로 이완하

고픈 몸의 욕구 또한 강렬해지기 때문이다. 그래서 이 기간에 많은 학생들이 마음을 다잡지 못하고 시간을 효과적으로 사용하지 못하곤 한다.

반대로 수험생에게 이 시기는 내면을 한층 더 단련시킬 좋은 기회이며, 절제와 인내를 더 높은 수준으로 업그레이드 할 수 있는 시기이기도 하다. 위기는 관점을 달리 해서 보면 또 다른 기회가 될 수 있다. 고난과 고통 그 자체보다 그것을 어떻게 바라보고 대처하느냐에 따라 고난이 축복의 기회가 될 수도 있고 절망의 입구가 될 수도 있다. 결국 마음 먹기에 달려 있다. 긍정적인 마음관리를 통해 이 시기를 축복의 시간으로 만들기 바란다.

아침 식사의 중요성

일단 중간고사가 끝난 다음 하루 정도 쉬되 몸과 마음이 푹 쉴 수 있는 방법을 선택하자. 이 시기에 할 수 있는 좋은 휴식 방법 중 하나는 모자란 잠을 푹 자 두는 것이다. 잠을 너무 많이 자는 것도 좋지 않지만 휴식을 위해 평소보다 한두 시간 정도 더 자는 것은 매우 좋다. 특별히 고3 수험생들에게 중요한 것은 마음과 육체의 건강이다. 공부에 대한 의욕이 너무 앞서다 보면 건강을 소홀히 하기 쉽다. 건강은 공부 실력만큼 중요한 수험생의 능력이다. 아무리 공부 실력이 좋더라도 건강하지 않다면 실력 발휘를 할 수 없다. 건강은 한순간 망가지는 것이 아니라 조금씩 자신도 모르게 상하는 것이다. 상당수의 수험생들이 아침을 거르는 경우가 많지만 건강관리를 위해 아침을 꼭 챙겨 먹는 것을 절대 잊어서는 안 된다. 아침 한 끼를 100만 원짜리 보약으로 생각하고 꼭 꼭 씹어 먹도록 한다.

새벽 공부 후 아침 식사를 거르게 되면 학교에서 제대로 집중하여 공부하기가 어렵다. 수험생들은 고1·2보다 더 많이 긴장하고 신경을 과도하게 쓰기에 칼로리 소모가 많지만 식욕은 오히려 떨어지는 경우가 많다. 이런 상태에서 만약 아침 식사를 거르게 되면 건강관리에 큰 구멍이 생기게 된다. 이렇게 되면 실제로 공부함에 있어서도 엄청난 손해를 감수해야 한다. 부디 이 책을 읽는 모든 수험생들과 다른 학년의 학생들은 아침 먹는 것을 절대로 소홀히 하지 않기를 바란다.

가족들과 대화를

이 시기에는 가급적 가족들과 많은 대화를 하도록 하라. 불안하고 초조한 마음을 애써 감추지 말고 가족들에게 터놓고 얘기하라. 특별히 학부모님들께서는 이 기간에 평소보다 더 많이 수험생들을 격려해 주고 칭찬을 아끼지 않아야 한다. 왜냐하면 이 기간이 되면 수험생들은 시간에 쫓기는 공포감을 강렬하게 느낀다. '공부를 열심히 하려고 했는데 벌써 잠잘 시간이 되었다. 공부를 더 하고 싶지만 내일 아침 새벽 공부를 위해서는 자야 한다. 하루 할 수 있는 공부 분량이 자신이 생각한 것보다 그다지 많지 않다.'는 생각들을 하게 된다. 욕심을 낸다 해도 하루에 일주일치 공부 분량을 끝낼 수는 없다. 그리고 매일매일 반복되는 생활은 매너리즘을 가져온다. 이런 때일수록 가족들과 많은 대화를 하여 다시금 용기와 힘을 얻어야 한다. 아버지의 따뜻한 말 한마디, 어머니의 자상한 격려가 수험생에게는 너무나 소중하다.

혹시 이 책을 보는 학생들 중에서 아직도 영어 듣기 평가에 자신이 없는 학생이 있다면 5월부터 하루 20분씩 시간을 내어 보자. 그 시간에 영어 듣기 평가 문제집과 테이프를 사서 계속해서 반복적으로 듣는 훈련을 한다. 그렇게 100일 정도 하게 되면 영어 듣기에 있어서 확실한 자신감을 가지게 될 것이다. 가급적 이 시기에 시작하여 8월 안으로는 끝내도록 한다. 9월과 10월은 모든 과목을 총 정리해야 하는 너무나 정신없는 시기가 될 것이기 때문이다.

기말고사 준비하기

6²-7¹

　1학기 기말고사를 준비해야 한다. 준비 과정은 고3 1학기 중간고사 때와 같은 방법으로 하면 된다. 이 책의 내용을 충실하게 실천한 학생들이라면 이제 공부 계획 세우기와 시간관리하기에 관해서는 다른 학생들에 비해 상당한 자신감이 생겼을 것이다. 그리고 공부하는 것이 결국 자기절제와 인내라는 성공의 필수조건들을 배우는 과정이라는 것도 어느 정도 알게 되었을 것이다.

　이제 고3 수험생활을 한 지도 100일 정도가 지났다. 수험생들은 점차 지치기 시작할 것이다. 긴장 속에서 100일 정도를 생활하다 보니 마음의 정원에 어느덧 잡초가 무성해져 있다. 누적된 피로가 가시화되기 시작하면서 몸과 마음이 더욱 피곤해진다. 공부하기도 자꾸 싫어진다. 수험생으로 지내는 기간에는 이런 현상이 주기적으로 나타난다. 어느 순간에는 정말 공부를 열심히 해야지 하다가도 어느 순간에는 포기하고 싶다는 생각이 든다. 극에서 극으로 오간다. 이러한 상황은 많이 지쳐서 나타나는 현상이다. 마음이 어느 순간 아주 불안해지면서 '만약 대학에 떨어지면 어떻게 하나' 하는 생각이 언뜻언뜻 머릿속을 스쳐 지나간다. 공부를 잘해왔던 학생이든 그렇지 못했던 학생이든 모두에게 이런 마음은 시험 날짜가 다가올수록 커져 간다.

수험생의 최대 난적, 고3병을 바로 알자

그러면서 수험생들에게 가장 달갑지 않은 손님이 찾아온다. 바로 '고3병'이다. 겉으로는 멀쩡해 보이고 괜찮아 보이는데 자꾸 두통을 호소하는 경우가 있다. 과도한 긴장과 불안, 초조로 인해 생기는 신경성 두통이다. 소화가 잘되지 않더니 어느 순간부터는 속도 쓰리고 소화제를 달고 살기 시작한다. 속이 너무 쓰려 집중하기조차 힘들어지는 신경성 위염이 되기도 한다. 허리가 조금씩 아프기 시작한다. 다리도 붓기 시작한다. 허리 디스크 초기 증상을 보인다. 수험생들이 대부분의 시간을 의자에서 보내면서 적절한 스트레칭과 운동을 해 주지 않으면 디스크에 걸릴 위험이 무척 커진다.● 더구나 멍하니 의자에 앉아 있는 것이 아니라 긴장과 초조 속에서 공부하느라 과도하게 정신적 에너지를 사용하기 때문에, 바른 자세가 아닌 구부정한 자세로 공부하다 보면 디스크에 걸리기 십상이다.

- - - - - - - - - - - -

● 청소년 시기 건강을 집중적으로 관리하는 책인 『다니엘 건강관리법』을 참조하면 건강을 유지하는 데에 많은 도움이 될 것이다. 이 책은 청소년 시기 나타나는 여러 가지 건강의 이상증세들을 시기별, 상황별로 예방, 진단, 치료를 하기 위해 쓰인 책이다. 다양한 스트레칭법과 자세 교정법이 나와 있어서 허리 디스크로 고생하는 학생들과 공부로 인해 생겨난 여러 병들을 치료하는 데 매우 도움이 된다.

그리고 공부를 해도 그다지 실력이 향상되는 것 같지 않고 왠지 계속 마음이 무겁다. 시험 결과에 대한 두려움이 자꾸 생각난다. 떨어질 것 같은 마음이 든다. 점점 우울해진다. 여느 때처럼 학교에 가서 친구들과 대화를 하더라도 겉으로 웃고 막 떠들 뿐이지 별로 재미가 없다. 그냥 쓴웃음으로 괜찮은 척하는 흉내가 점점 그럴 듯해진다. 바로 신경성 우울증이다.

신경성 두통, 위염, 디스크, 우울증, 이 모든 것이 대표적인 고3병이다. 이 병들 중에서 적어도 하나쯤을 수험생들은 달고 산다. 정도의 차이만 있을 뿐이다. 이미 말했듯이 마음과 육체의 건강관리에 문제가 생기면 공부와 대입에 엄청난 영향을 미친다. 만약 고3병을 효과적으로 극복하거나 치료하지 못하면 수험 기간 내내 여러분들은 괴로울 것이다. 고3병으로 인해 생긴 상처가 아물기도 전에 고3병으로 순간순간 다양한 형태로 상처 입게 될 것이다. 그렇게 남겨진 상처와 고통은 고3이 끝나도 바로 없어지지 않는다. 우리의 몸과 마음은 심하게 상하게 되면 회복이 무척 더디다. 마음의 상처는 몸의 상처보다 더욱더 오래간다. 한평생을 따라다닐 수도 있다.

마음이 우울하고 머리가 아픈 상태에서 공부하겠다는 의지로 겨우겨우 공부를 한다고 생각해 보자. 공부해야한다는 마음으로 책상에 앉지만 금세 우울증과 두통이 지배하기 시작한다. 대학에서 떨어질 것이라는 불안감, 대학에 떨어진 후 받을 것 같은 주변 사람들의 차가운 시선, 부모님에 대한 미안함과 미움의 교차, 열심히 해도 원하는 대학에 갈 수 없을 것이라는 자괴감, 그리고 자기비하 등 이 모든 것들이 마음속에 하나씩 혹은 여럿이 함께 찾아온다.

처음에는 '공부해야 되니까 그만 생각하자, 그만 생각하자.' 하면서 스스로를 어르며 공부 해 본다. 하지만 그러다가도 나도 모르는 사이에 대학입시 실패에 대한 생각을 한다.

'만약에 떨어지면 어떡하지? 아무래도 떨어질 것 같다. 공부가 잘 안 돼. 집중이 안 돼. 마음은 답답하고 시간은 너무나 빨리 흘러가는데…… 어떡하지? 벌써 며칠째 계획대로 공부한 것이 하나도 없어. 어떡하지? 남들은 잘되는 것 같은데…… 나만 며칠째 왜 이러지? 아, 공부가 잘 안 돼. 괴롭다. 그냥 멀리 어디론가 사라져 버리고 싶다. 그냥 다 때려치울까?'

두려운 마음이 우리들을 서서히 갉아먹기 시작하면 의지로 억눌러 왔던 생각들이 하나둘씩 꼬리에 꼬리를 물고 찾아온다. 이런 생각들을 하다가 문득 정신이 들어 시계를 보면 공부는 10분도 못 했는데 생각하는 데는 30분이나 흘려보낸 것을 알게 된다. 이러면 자기 자신에 대하여 화가 나고 짜증이 나기 시작한다. 공부를 열심히 하고 싶은데 마음먹은 대로 되지 않고 오히려 헛된 생각에만 사로잡혀 그냥 시간을 흘려보냈다는 것 때문에 더욱 참을 수 없는 감정에 휩싸이게 된다.

고3병은 초기에 잡아라

이런 현상은 수험생들에게는 무척 흔하게 찾아오는 현상이다. 비단 수험생들뿐만 아니라 공부하는 학생들이라면 누구나 다 경험하는 일이다. 문제는 이런 고3병의 증세들이 서서히 나타나기 시작하는 초기에 치료를 해야 한다는 것이다. 공부하는 데 시간이 부족하다는 핑계로 치료 시기를 차일피일 미루다 보면 나중에는 오랫동안 치료해야 하며 치료를 해도 완치가 안 될 수도 있다. 고3병을 방치하면 대학입시에서 실패하는 것은 물론이고 재수, 삼수, 사수 등 다시 공부하는 기간 내내 여러분을 더욱더 악랄하고 잔인하게 따라다니며 병들게 할 것이다. 따라서 100일이 지난 이 시기에 다시금 마음관리와 건강관리를 총체적으로 해두는 것은 너무나 중요하다. 시간이 걸리고 공부 계획을 수정하는 한이 있더라도 고3병은 반드시 초기에 치료해야 한다.

우선 허리 디스크는 바른 자세로 앉지 않아 생기는 경우가 많다. 운동하다가 다치는 경우도 있으나 수험생들의 경우 주로 바른 자세로 앉지 않은 채 장시간 공부를 해서 생긴다. 제일 좋은 것은 허리가 아프고 통증이 느껴지면 바로 병원에 가는 것이다. 그냥 며칠 쉬고 잘 자고 나면 괜찮아지겠거니 하면서 안이하게 대처하면 안 된다. 바로 병원에 가서 필요한 검사를 받도록 한다. 허리 디스크는 다른 검사에 비해 비용이 많이 들 수 있다. 왜냐하면 X선으로 다 볼 수 없는 경우가 많아 주로 MRI촬영을 하기 때문이다. 감사하게도 2010년부터 MRI촬영도 의료보험 혜택을 받게 될 예정이다. 그러면 저렴한 비용으로 검사를 할 수 있다.

효과적인 치료를 위해서는 아픈 곳에 대한 정밀 검사를 받고 정확하게 몸 상태를 파악하는 것이 꼭 필요하다. 정밀 검사 결과 후 의사 선생님의 지시에 따라 물리 치료 혹은 운동 치료 등을 받게 될 것이다. 허리에 좋은 스트레칭도 알려 줄 것이다. 병원의 지시에 따라 꼬박꼬박 치료에 임하고 스트레칭으로 허리 주변 근육을 강화해야 한다. 시험이 며칠 안 남았다고 생각하면서 시간이 아까워 치료를 대충대충 받거나 아예 포기하는 학생들이 있는데 이것은 정말 위험한 생각이다.

아직 시험을 보려면 5개월 정도가 더 남아 있다. 지금 미리 치료하는 것이 시간도 가장 적게 들고 비용도 적게 든다. 만약 병을 방치했다가 시험 보기 한 달 전에 통증이 심해 도저히 참을 수 없게 된다면 그때는 어떻게 할 것인가? 결국 마무리를 해야 할 시기에 병원 신세를 질 수밖에 없다. 그러니 이때를 놓치지 말고 꼭 병원에 가서 제대로 치료받기를 선배로서 간곡히 부탁한다. 자기 자신을 진정으로 사랑하는 마음으로 꼭 그렇게 하기를 당부한다.

그리고 신경성 위염, 두통, 우울증도 일단 병원에 가서 정확한 진단을 받도록 한다. '신경성'이란 말이 앞에 붙은 병들은 말 그대로 정신적인 부분과 밀접한 관계를 가진다. 병원에서 처방해 준 약을 먹는다 해도 마음의 병을 완전히 치료하지 않으면 언제든지 재발한다. 따라서 마음관리가 병 치료에 꼭 필요하다. 이 책에서 누누이 강조해 온 마음관리는 바로 이러한 마음의 병들로부터 여러분을 보호해 주고 힘든 공부를 끝까지 할 수 있는 강인한 내면을 만들어 줄 것이다. 허리 디스크 역시 나쁜 자세에서만 유래되는 것이 아니라 과도하게 신경을 쓰고 걱정하면 생길 수도 있다.

고3병의 원인

이런 병들을 효과적으로 치료하기 위해서는 병의 근원적인 이유를 알아야 한다. 무엇 때문에 이런 병들이 생겨났을까? 여러 이유들이 있을 것이다. 그 중 대표적인 것이 욕심과 부정직함이다. 공부하기 싫지만 꾹 참고 끝까지 열심히 한 학생들이 좋은 성적을 받는 것은 당연하다. 하지만 공부하기 싫어 그냥 시간을 흘려보내다가 시험만 잘 볼 것을 기대하는 것은 욕심이다. 문제는 욕심이라는 것을 알면서도 우리 모두는 이 욕심의 노예라는 점이다. 정직하게 자기 실력을 받아들이고 현재의 나약한 내 모습을 있는 그대로 인정하기가 어려운 것이다. '원하는 대학에 너무 가고 싶지만 현재 내 실력은 너무나 부족하다. 실력이 모자란 것을 알면서도 꼭 원하는 대학과 학과에 가고 싶다.' 이러한 강한 집착이 더욱 더 강한 욕심을 부추긴다. 그래서 현재의 나를 정직하게 인정하고 받아들이지 못하게 된다. 현재의 내가 가진 실력과 연약한 있는 그대로의 내 모습을 부인한 채 욕심이 만든 가상의 나를 현실의 나로 착각하려고 몸부림친다.

이 과정 속에서 시험 결과에 대한 병적인 걱정은 욕심에 의해 마음이 지배받는 학생의 내면에서 쉽게 떠나가지 않게 된다. 시험 결과에 대한 걱정스런 마음의 씨앗이 욕심이 지배하는 내면의 정원에 떨어져 무섭게 자라기 시작하는 것이다. 처음에는 금세 제거할 수 있었던 씨앗이 점차 욕심의 토양 속에서 가시가 돋고 무성한 덤불을 이루게 되면 쉽게 제거할 수가 없다. 욕심이 내면의 정원의 토양을 지배하기 시작하면 수험생들의 마음속에 여러 생각들, 가령 시험 결과에 대한 두려움, 성적을 비관하는 마음, 실패에 대한 막연한 불안감과 같은 것들이 깊숙이 뿌리를 내리고 무서우리만치 빠른 속도록 자라나 내면의 정원을 가득 채우게 된다. 이렇게 되면 각자의 성향과 성격에 따라 '신경성'이란 단어가 앞에

붙은 병인 고3병이 생기게 된다.

고3병의 치료책

그렇다면 고3병의 치료책은 무엇일까? 감사하게도 이 치료책은 예방책도 되기에 아직 고3병 증세가 나타나지 않은 학생들도 꼭 숙지해두기를 부탁한다. 치료책은 두 가지다. 마음의 치료책과 육체의 치료책이다. 우선 영혼의 정원에서 자라나고 있는 여러 무서운 마음들을 뽑아내야 한다. 그리고 욕심으로 얼룩진 내면의 토양을 새롭게 바꾸어야 한다. 땅의 체질을 개선하는 작업이 필요한 것이다. 그러기 위해서 먼저 해야 할 일은 현재 나의 공부 실력, 마음 상태, 그리고 몸 상태 모두를 정확하게 파악해야 한다. 냉정하게 나의 상태를 내면과의 대화 시간(자기반성의 시간, 명상의 시간, 기도 시간)을 통해 정확히 파악해야 한다. 정해진 마음관리 시간으로 부족하다면 공부 시간을 줄여서라도 우선적으로 파악해야 한다.

이제 파악했으면 그것을 노트에 솔직하게 써 보자. 자가 진단을 상세하면서도 단호하게 노트에 적어 보아라. 그것을 다 썼으면 현재의 자기 상태가 어떤지 유심히 보아라. 아마도 인정하기 싫은 자신의 모습과 상태일 것이다. 두 번 다시 쳐다보기 싫은 모습일 것이다. 그 모습과 상태를 현재의 나로 인정하라. 나의 욕심이 만든 허상의 나를 철저하게 깨 버리고 너무나 연약하고 상처입고 냄새나고 누추한 나의 현상태, 즉 있는 그대로의 모습을 얼싸안아라. 그 모습이 바로 나 자신이다. 그런 내 모습을 정직하게 나의 모습으로 받아들여라.

이 과정은 많이 힘들 것이다. 아픔도 수반될 것이다. 하지만 지금의 나약한 나를 받아들이는 순간 입시지옥 속에서 나를 지탱시키고 있던 욕심의 허상과 작별을 고할 수 있다. 나의 목표 대학과 학과가 실제의 나와 너무나 거리가 멀다는 것을 인정하기는 참 힘든 일이다. 수험 기간 내내 열심히 공부해도 성취할 수 없다는 사실을 받아들이기가 어려울 것이다. 나의 꿈과 목표가 좌절될 수 있다는 현실을 받아들이기는 쉽지 않다. 하지만 해야 한다. 하지 않으면 죽음을 부르는 마음의 병들에서 벗어날 수 없다. 냉철한 현실을 인정하기 싫어도 인정해야 다시 시작할 수 있다. 정말 다시 태어나 역전하고 싶으면 먼저 철저하게 현실을 직시하라.

자살의 유혹에서 벗어나자

신경성 병들은 상호작용을 일으킨다. 한 병이 다른 병들을 더 악화시키고 또 다른 병을 생기게 한다. 악순환이 반복되고 심화된다. 이런 병들은 내면을 잔인하게도 완전히 파괴시켜 나간다. 그들의 파괴는 멈춤을 모른다. 그들이 원하고 추구하는 궁극적인 목표는 자살이다.

2008년 11월 3일 한 일간지에 자살에 대한 기사가 실렸다. 2008년 6월 경제협력개발기구(OECD) 건강자료(Health Data)에 의하면, 우리나라는 OECD 국가 중 자살률이 세계 1위국이며, 전체 사망자 중 51.4퍼센트가 자살로 죽은, 10년째 자살률 1위 국가이다. 우리나라의 자살자는 2000년 6,437명에서 지난해 1만 2174명으

로 늘어났다. 하루 34명, 1시간에 1.4명이 자살하고 있다. 지난 8년 동안 매년 평균 13퍼센트씩 늘었고, 8년 새 2배 가까이 증가했다. 그 중에서 성적 비관으로 죽은 학생만 271명, 거의 하루 1명꼴로 성적을 비관하며 목숨을 버렸다. 더욱 놀라운 것은 초등학생들까지 성적비관으로 자살하고 있다는 점이다.

2008년 10월 29일에는 '성적 비관 초등생 자살'이란 제목의 기사가 신문에 났다. 28일 광주 광산구에 사는 박아무개(43)씨의 집 작은방에서 박씨의 아들(10)이 목을 매 자살했다. 성적비관 때문이었다. 박군은 최근 중간고사 성적이 1학기 때보다 떨어진 것에 대하여 비관하고 자주 울었다고 한다. 성적을 비관하여 자살을 하는 중고등학생들에 이어 이제는 초등학생까지 자살행렬에 가담하고 있다. 이것이 한국의 현실이다.

수험생이라면 누구나 한번쯤은 이런 충동을 느낀다. '그냥 다 끝내고 싶다. 그냥 사라져 버렸으면 좋겠다. 지긋지긋하다. 책 같은 것은 두 번 다시 보기 싫다. 나는 왜 이럴까? 정말 살기 싫다. 너무 힘들다. 이렇게 힘들게 사는 것보다 차라리 일찍 죽는 것이 낫겠다.' 성적을 비관하여 실제로 자살한 숫자의 열 배의 학생들이 자살 시도를 한다고 한다. 자살 충동을 느끼는 학생 수는 그보다 훨씬 더 많다. 잔인한 현실이다.

나의 실수를 반복하지 않기를 바라며

나 역시 예민하고 소심한 성격 탓에 늘 남들보다 고민도 많고 걱정도 많았다. 그리고 고3 때는 허리 디스크로 인해 극심한 고생을 겪었다. 10년이 지난 지금까지도 병은 완치되지 않았고 이제는 퇴행성 디스크로 발전하여 치료 중이다.

누군가 내게 미리 이 책에서 말해 준 것처럼 학업 계획 관리법, 시간관리법, 마음관리법, 건강관리법 등을 체계적으로 중요한 시기마다 말해 주었다면 허리 디스크로 이만큼 고생하지는 않았을 것이다. 나는 고3 이맘때쯤 허리 디스크 판정을 받았다. 그런데 시험 공부한다는 이유와 부모님께 걱정을 끼쳐 드리지 않겠다는 이유로 부모님께도 자세히 알리지 않고 꾹 참고 진통제만 먹으며 공부했다. 그것이 얼마나 어리석은 일이었는지 나는 시간이 흐른 뒤 절감하고 있다. 결국 나는 시험을 한 달 앞두고 병원 신세를 지게 되었고 그후 매일 병원 치료를 받아야 했다. 그해 나는 원하는 대학과 학과에서 떨어졌다. 그리고 다시 시험을 준비하는 기간에도 허리 디스크는 쉴 새 없이 나를 괴롭혔다. 대학에 가서도 거의 하루걸러 한 번씩 물리 치료와 허리근육강화 운동 요법을 받아야 했다. 나는 대학 시절 MT 한 번 가지 못했다. 몸이 아파서였다. 긴 시간이 지난 지금도 나는 이 몹쓸 친구 때문에 힘들다. 물론 오랜 치료와 운동으로 예전보다 많이 좋아졌다. 하지만 보통 사람만큼 건강하지는 않다.

나는 나의 쓰디쓴 실패와 좌절의 과정을 이 책을 읽는 후배들이 미리 알고 밟지 않기를 바란다. 그런 심정으로 한 자 한 자 이 책을 쓰고 있다. 고3 때 얻은 병으로 나는 너무 힘들어 자살도 생각했었다. 남들이 보기에는 멀쩡해 보일지는 몰라도 아픈 내 자신이 너무 싫었다. 처음에는 다른 사람들에게 아프다고 얘기를 했지만 시간이 지나면서 얘기하지 않게 되었다. 세상은 아픈 사람들을 곁으로는 위로하는 척하지만 뒤에서는 욕한다는 것을 시간이 지나면서 알게 되었기 때문이다. 인간은 자신이 경험하지 않은 일에 대해서는 무지할 수밖에 없다. 정말 아파 보지 않으면 고통을 상상할 수는 있어도 가슴 깊이 이해할 수는 없다. 피상적인 위로와 동정은 오히려 고통을 받는 사람들에게 지울 수 없는 상처를 주기도 한다.

그러기에 고3 때 찾아오는 몹쓸 병들을 치료하기 위해서는 항상 마음관리에 힘써야 한다. 매일 갖는 마음관리 시간을 비옥하게 가꾸기를 부탁한다. 우선 자신의 연약함을 철저하게 인정하고 받아들여라. 설사 현재의 상태로 나의 목표와 꿈이 좌절될지라도 그 상태를 인정하고 감싸 안기를 바란다. 그러고 나서 다시금 시작하면 된다. 아직 포기하기에는 이르다. 아직 늦지 않았다. 역전의 기회는 긴 인생 속에서 늘 찾아온다. 뜻을 새롭게 정해 다시 시작하는 사람들에게 기회는 꼭 오게 마련이다.

그런 기회가 어떤 사람에게는 재수를 통하여 찾아올 수도 있고 어떤 사람은 삼수, 더 하면 사수 혹은 그 이상이 되어 군 제대 후 본인이 준비하고 노력하였을 때 찾아올 수도 있다. 그러니 남들보다 늦었다는 상대적 박탈감과 자기 비하의 수렁에 빠지지 마라. 그것은 죽음에 이르는 무서운 생각이다.

그리고 수험생 시절 열심히 공부했지만 자신이 목표하는 대학과 학과에 떨어질 수도 있다. 늦게 정신을 차려 열심히 했지만, 준비한 기간이 너무 짧아 실패할 수도 있다. 그러나 자신에게 부족한 실력을 보완하기 위해 다시금 시작할 수 있는 기회는 언제나 있다. 인내와 절제로 다시 도전하여 자신에게 주어진 시간을 비옥하게 가꾸다 보면 언젠가는 목표하는 대학과 학과에 갈 수 있다.

당장 그런 기회가 주어지지 않아 원하지 않는 대학이나 학과에 진학할 수도 있다. 그럴 때 학생들이 느끼는 좌절은 매우 깊다. 그러다 학업 의욕을 상실한 채 대학 시절을 흘려보내는 경우도 많다. 이럴 때는 좌절된 꿈에 대한 치료가 필요하다. 좌절된 꿈의 치료에는 크게 두 가지 방법이 있다.

첫 번째는 좌절된 상태에서 벗어나기 위해 다시 노력하여 새롭게 자신의 원래의 꿈을 향해 도전하는 것이다. 두 번째는 좌절된 상태를 있는 그대로 인정하고 그 삶에서 내가 할 수 있는 최선의 노력을 하는 것이다. 좌절된 상태를 부정하지 말고 그 삶 가운데서 내가 할 수 있는 최선을 다해 승부를 거는 것이다. 긍정적 마음을 가지고 현재 상태에서 나의 꿈을 향해 전심전력하라. 내가 갈 분야에서 성공한 사람들의 책을 적어도 100권 정도 읽고 그들이 어떤 역경을 이기고 성공하게 되었는지 독서를 통해 배우고 내 것으로 만들라. 그들의 시행착오를 보면서 그들과 동일한 시행착오를 하지 않으려고 몸부림쳐라. 그러면 여러분이 비록 지방 대학의 평범한 학과에 갔을지라도 얼마든지 꿈을 현실로 만들 수 있다.

이 두 가지 방법은 수험생들에게 참 귀중한 도구가 될 것이다. 어느 것을 선택하든 선택에는 책임이 뒤따른다. 그 책임을 회피하지 말고 최선으로 정면돌파하라. 행복은 멀리 있지 않다. 순간순간의 과정을 즐기라. 그것이 바로 행복이다. 새롭게 뜻을 결단하여 최선을 다해 정면으로 돌파하고자 한다면 얼마든지 좌절과 실패 가운데서도 다시 행복해질 수 있다.

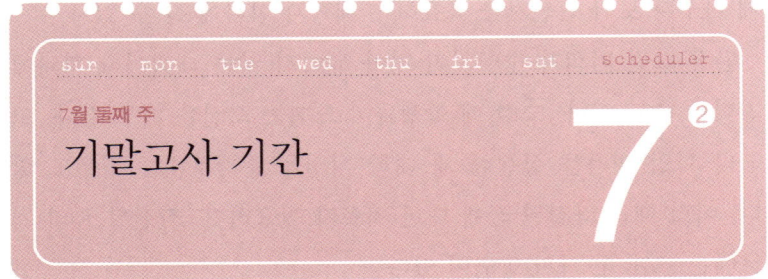

　평소처럼 시험을 담담하게 준비하기 바란다. 특별히 방학 전에 보는 시험은 더욱 마음관리에 힘써 여름방학 초반에 공부 리듬과 생활 리듬이 깨지지 않도록 유의한다.

　고3 1학기 기말고사를 위해 최선을 다하는 여러분을 위해 힘이 나는 글을 선물로 드립니다. 보고 힘을 내기 바랍니다!

계속 가라

〈다니엘 마음관리 365일〉 중에서

어느 추운 1월 아침, 위스콘신 주 북부의 슈피리어호 남쪽 연안의 작은 마을에서 있었던 일입니다. 해마다 호수 위에서 열리는 개 썰매 경기가 토요일에 시작되었습니다. 1마일 거리의 코스는 빙판 위에 작은 전나무들을 박아 마련되었죠. 호수 옆에 있는 언덕은 경사가 급해서, 그 위에 서면 코스 전체를 다 볼 수 있었습니다.

그것은 청소년들의 경기였는데, 참가팀들은 여러 마리의 개가 끄는 큰 썰매와 덩치 큰 청년들로 이루어진 팀에서부터, 개 한 마리를 매단 자그마한 썰매를 가진 여섯 살 가량의 어린이까지 다양했습니다.

출발 신호가 울리자마자 모두들 앞서 달려 나갔지만, 그 꼬마는 눈에 띄게 뒤처졌습니다. 다른 팀과 너무 멀리 떨어져 있어서 마치 혼자 달리고 있는 것 같았죠.

코스를 반 가량 지날 때까지는 모두들 잘 달렸습니다. 그러나 그즈음 2위를 달리던 팀이 선두팀을 따라잡기 시작했고, 경기가 과열되는 바람에 선두팀에게 지나치게 바짝 달라붙어 결국 개들이 서로 싸우기 시작했죠.

이윽고 각 팀들이 도착하면서 다른 팀 개들도 싸움에 휘말렸습니다. 아무도 그 상황을 통제하지 못했고, 곧 경기는 개들의 싸움으로 난장판이 되었습니다. 개들이 서로 물어뜯고 짖어대며 나뒹구느라 썰매와 선수들과 개들이 뒤범벅이 되어 아수라장이 되었습니다.

선수들은 그 난장판 가운데서 개들을 쳐내고 때리기도 하면서, 이들을 떼 놓으려고 무진 애를 썼습니다. 소년들은 알래스카인 특유의 쉰 목소리로 소리를 질러대고 호각을 불며, 있는 힘껏 싸움을 말렸죠. 정말 난장판이었습니다.

구경꾼들이 있는 자리에서 얼핏 보면, 그 모습은 선수들과 썰매, 개들의 거대한 소용돌이였습니다. 그 때 아주 작은 개가 끄는 작은 썰매를 탄 그 꼬마가 이들에게 다가가는 것이 보였습니다. 꼬마는 간단하게 개를 몰아서 이 난장판을 돌아 지나갔습니다. 아무도 못한 일을 소년 혼자서 해내었지요. 아이는 군중들의 환호 가운데 결승선을 지나 일등을 했으며, 유일한 완주자가 되었습니다!

그는 결승선에서의 인터뷰에서 어떻게 해냈냐는 질문을 받았습니다. 그러자 소년의 대답은 의외로 간단했죠. "전 계속 달렸을 뿐이구요, 또 내 개가 싸우지 않게 했어요. 그게 다예요!"

가끔 중학생들과 대화를 하다가 깜짝 놀랄 때가 많습니다.

"선생님 저 정말 이제 공부 포기했어요. 공부하기가 정말 지긋지긋해요."

공부하는 것이 쉬운 일은 분명 아닙니다. 그런데 중학교 2학년이 벌써 공부를 포기한다는 것은 아직 너무 이른 것 같습니다. 고등학생들도 마찬가지입니다. 『다니엘 주단위 내신관리 학습법』에서 이미 누누이 강조한 것처럼 아직 역전의 기회가 많습니다. 내가 현재 할 수 있는 최선을 다해 묵묵히 하고 있는 것에 집중하십시오. 지나간 시간에 연연해 하지 말고 한 시간 한 시간 현재에 집중하여 남은 시간을 비옥하게 가꾸십시오. 마음을 다시 단단히 동여매십시오. 오늘부터 다시 시작입니다(*^^*).

7월 셋째 주

숨을 고르며
여름방학 공부 준비하기

7 ③

기말고사를 본 후 본격적인 여름방학 공부를 위해 잠시 쉬면서 계획을 세우도록 한다. 수능을 보기 전 마지막 여름방학은 무척 중요한 기간이다. 현재 자신의 실력에 맞는 정교한 공부 계획이 필요하다. 무리한 공부 계획은 세우지 않는 것보다 못하다. 자신이 여름방학 기간 할 수 있는 만큼 적당한 공부 계획을 세우고 실천하도록 한다. 고3 여름방학 공부 계획을 세울 때 주의할 점은 그동안 공부한 내용들을 잘 정리하는 것과 실전 문제 풀이를 통해 실전감각을 기르는 것에 초점을 두는 것이다. 이 두 가지 점을 유의하여 고3 여름방학 공부 계획을 세우도록 한다.

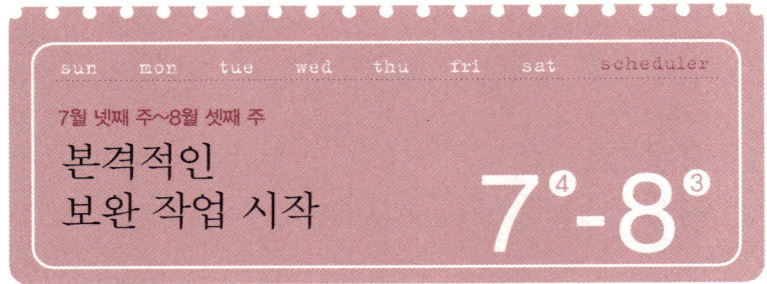

이 시기는 본격적으로 여름방학에 접어드는 때이다. 1학기 기말
고사가 끝난 다음부터는 본격적인 방학 체제로 전환하여 계획을
미리 세워 두도록 한다. 일단 두 번의 여름방학을 고등학교에서
보냈다. 기존의 여름방학 계획처럼 새벽, 오전, 오후, 저녁 네 부
분으로 나누어 계획을 세우도록 한다. 여름방학 때 가장 중요한
것은 여름방학 기간 동안 국·영·수 공부와 병행하며 암기 과목
정리를 마무리하는 것이다.

최상위권 : 과목별 실전 감각을 정교하게

1~2월 고2 겨울방학 기간을 통해 최소한 암기 과목 두 개는 이
미 철저하게 정리했다. 그리고 3~7월 동안 나머지 암기 과목들도
정리했다. 따라서 이제 더 새롭게 정리할 과목은 없다. 이제 여름
방학 동안에는 학기 중 공부해 두었던 암기 과목을 다시금 정리하

면 된다. 정리할 때 실전 모의고사를 풀면서 주요 내용을 한 번 더 읽어 보면 무난하다.

적어도 암기 과목의 경우 하루 혹은 이틀에 한 번꼴로, 국·영·수는 이틀에 한 번꼴로 실전 모의고사 문제들을 풀어 보기 바란다. 시간을 꼭 정확하게 재면서 문제를 푸는 연습을 해야 한다. 최상위권 학생들은 작년 시험에서 떨어진 상위권과 최상위권 재수생들과 선의의 경쟁을 해야 한다. 그러므로 정신을 바짝 차리지 않으면 재수를 할 가능성도 그만큼 높아진다.

재수생들이 가지고 있는 장점은 여러 가지다. 그중 한 가지를 꼽자면 실전 경험을 풍부하게 쌓았고 그동안 배운 것을 자신의 지식으로 체화했다는 점이다. 고등학교 때는 진도에 맞추어 기계적으로 암기하는 공부 패턴이 지배적이다. 하지만 재수 학원을 다니며 창의적 사고와 논리력 향상에 많은 시간을 할애하여 이전에 기계적으로 암기한 내용들을 심화 학습 하였을 것이다.

따라서 고3 최상위권 학생들은 여름방학을 이용하여 각 과목별 실전 모의고사를 적어도 이틀에 한 번 정도는 풀고 정리하는 형식의 공부를 해야 한다. 이렇게 공부하려면 이미 모든 과목들에 대한 기본적인 정리와 복습이 되어 있어야 가능하다. 이제 최상위권 학생들은 자신이 가지고 있는 장점들을 최대한 살려 공부하도록 한다. 여름방학부터는 그동안 갈고닦은 진주들을 보기 좋게 잘 정리하고 엮어 최상품으로 만들어야 하는 시기다. 이때가 바로 대학입시 준비 기간에서 가장 중요한 시기다.

상위권 : 최상위권 도약과 대기권 돌파라는 두 마리 토끼 잡는 법

상위권 학생들은 이때가 최상위권 도입을 확고히 다질 수 있는 시기다. 겨울방학과 학기 중 암기 과목을 정리한 학생들이라면 적어도 암기 과목에서는 최상위권의 수준을 갖추었다고 말할 수 있다. 본격적인 점수차는 국·영·수에서 판가름 날 것이다. 만약 국·영·수 중에서 아직도 부족하고 자신이 없는 과목과 해당 영역이 있다면 실전 모의고사를 풀고 정리할 때 최대한 보완 작업을 해야 한다.

최상위권 도입에 꼭 필요한 것이 있는데 바로 실전 마음관리다. 이것은 최상위권 학생들이 대기권 돌파를 위해서도 반드시 해야 할 훈련이다. 가급적 대학입시 시간과 비슷하게 모의시험을 보도록 한다. 시간대 배치와 시간 배분도 실전 시험과 동일하게 만들면 만들수록 더 실전처럼 느끼게 되어 효과적이다. 모의고사를 실전 시험처럼 긴장하고 볼 수만 있다면, 그리고 적어도 30회분 이상 그런 경험을 축적할 수만 있다면 그는 최상의 예민함과 집중력을 갖추게 될 것이다. 이것은 모의고사를 실전 시험처럼 반복하여 푸는 과정에서만 생기는 능력이다. 실전 시험에서만 느끼는 묘한 긴장감과 집중력을 반복하여 훈련하다 보면 기존에 내가 가지고 있던 집중력이 새로운 수준으로 업그레이드되는 것을 느낄 수 있다. 이것이 바로 대기권 돌파를 꿈꾸는 학생들이 가지는 무서운 집중력이다.

이런 집중력을 경험한 사람들은 알 것이다. 문제를 풀 때, 아주 옛날에 슬쩍 보았던 내용이 그 책의 몇 장 어느 부분인 것까지 상세히 기억이 되살아나는 것을 느끼는 경험이다. 일부러 외우려고 했던 것이 아닌데도 마치 일부러 외웠던 것처럼 선명하게 기억이 난다. 여름방학부터 상위권 학생들이 모의고사를 실제 수능시험처럼 마음관리를 하며 풀 수 있다면 최상위권 도약도 무난하다.

그러기 위해서는 일단 내면의 질서가 건강하게 잘 잡혀 있어야 하고 강해야 한다. 그 동안 이 책이 강조한 마음관리를 꾸준히 해온 사람들이라면 가능할 것이다. 하지만 아직 그런 단계에 본인이 도달하지 못했다고 생각하는 학생들은 매일매일 마음관리 시간을 통해 강한 자신감과 꿈을 향한 강렬한 열정을 회복해야 한다. 마음관리 시간을 통해 자신에게 주어진 귀한 재능들을 하나씩 발견하고 갈고 닦을 수 있으니 마음관리에 더욱 힘쓰길 간곡히 부탁한다.

한 달 동안 암기 과목 정리를 다 끝낸다는 것은 쉬운 일이 아니다. 따라서 상위권 학생들은 너무 욕심을 부리지 말고 늦어도 9월 하순까지 끝낸다는 마음으로 차근차근 문제를 풀며 정리하기를 바란다.

중위권 : 정교하고 예리한 계획으로 시행착오를 최대한 줄여라

중위권에 속한 학생들은 여름방학 때 해야 할 것이 정말 많다. 국·영·수 복습이 다 끝나지 않은 상태이기에 부족한 국·영·수 과목을 복습하면서 암기 과목도 함께 정리해야 하기 때문이다. 국·영·수와 암기 과목 시간 배분은 일대일 정도로 한다. 우선 영어와 수학 중에서 아직 복습이 다 끝나지 않은 과목은 절반의 시간을 배분하고 이 기간 동안 복습을 끝내면서 모의고사 문제집을 적어도 한 권 정도는 풀어 보도록 한다. 그리고 오전이나 저녁 공부 시간에 집중력을 높여 문제를 풀며 내용 정리를 하도록 한다. 국어 공부는 따로 특별히 하지 않는 대신 모의고사 문제를 착실하게 풀면서 틀린 문제 위주로 정리하도록 한다.

암기 과목 공부는 자신이 지원할 대학에서 요구하는 암기 과목 수에 따라 공부하면 된다. 보통 서울 소재 대학교는 사탐 세 과목 정도를 요구한다. 서울대학교의 경우 사탐 네 과목을 요구한다. 예를 들어 사탐 세 과목을 선택하여 공부하는 학생이라면 8월 동안 자신 있는 사탐 두 과목을 정리한다. 9월은 나머지 한 과목을 집중적으로 복습하도록 한다. 사탐 혹은 과탐을 정리할 때 내용 정리를 자세히 할 시간이 충분하지 않기에 실전 모의고사 문제를 풀면서 주요 내용 위주로 정리한다. 단 틀린 부분에 대해서는 교과서를 이용하여 그 부분을 다시 한번 읽어둔다.

중위권 학생들은 영어와 수학의 목표를 지나치게 높게 잡지 않는 것이 좋다. 그저 수능에서 중간 난이도의 문제는 실수하지 않고 풀겠다는 마음으로 정리하는 것이 좋다. 그런 마음으로 시작하다 보면 생각보다 더 좋은 결과를 얻을 수 있다. 오히려 처음부터 부족한 영어와 수학에 지나치게 높은 목표를 설정하게 되면 공부하면서 받는 중압감에 눌려 도중에 멈추는 일이 많다.

하위권 : 다시 시작할 수 있는 기회를 놓치지 말자

이 책으로 나름대로 마음관리를 하고 큰 욕심 없이 차근차근 다시 공부하기로 결심한 학생들은 여름방학을 이용하여 중위권 공부 계획을 참고하여 계획을 세워 보도록 한다. 단 영어와 수학 모두 약하기 때문에 두 과목 모두 비중 있게 다루어야 할 것이다. 따라서 시간이 부족할 것이다. 하지만 대충대충 진도만 나가지 말기를 바란다. 진도를 다 못 끝내더라도 하나하나 착실하게 해 나가야 한다. 그렇다고 너무 늦게 나가서도 안 된다. 영어와 수학 진도가 10월 말까지는 끝날 수 있도록 계획을 잡아 공부하도록 한다. 암기 과목은 8월과 9월에 나누어 공부하도록 한다.

하위권 학생들에게 새벽 공부는 꿈같은 일이다. 물론 무더운 여름날 오후 공부도 힘들기는 마찬가지다. 하지만 마음관리를 통해 새롭게 뜻을 정한 하위권 학생들이라면 새벽 공부 방식으로 생활 패턴을 다시금 조정할 필요가 있다. 도저히 그것이 불가능하다고 느껴진다면 저녁형 공부 스타일로 최선을 다하도록 한다.

단순히 대학입시에서 좋은 성적을 내는 것에만 얽매이지 말고 자신과의 약속에 충실할 수 있도록 노력해 보자. 공부라는 수단을 통해 나 자신의 인내와 절제를 훈련해 보는 것이다. 그러면서 마음관리 시간을 통해 그 동안 무성하게 자란 내면의 어두운 뿌리들을 하나씩 부지런히 제거하는 작업도 결코 소홀히 해서는 안 된다.

무성하게 자란 어두운 뿌리들은 끊임없이 여러분의 마음속에서 포기를 외칠 것이다. '야, 네가 뜻을 정하고 꿈을 가져? 웃기는 소리하지 마! 그냥 포기해! 안 되는 거 억지로 하면 병난다. 주제 파악해!'

스스로를 비하하는 것에 익숙한 사람들일수록 이 시간은 고통스럽다. 그리고 그 고통을 견디지 못해 그냥 포기하기도 한다. 보통 여름방학이 지나고 나면 대학입시를 포기한 학생들이 뚜렷하게 보이기 시작한다. 아예 공부와 담쌓고 입시와는 관계없는 사람처럼 생활하는 것이다. 이럴 경우 문제는 졸업한 후다. 그런 상태로 재수를 하면 결국 시간 낭비가 될 가능성이 크고, 점수에 맞춰 전문대학이나 지방대학을 가게 되더라도 대학 시절 무엇인가를 꼭 하겠다는 의욕조차 없이 시간을 흘려보내기가 쉽다. 아마도 21세기 현란한 한국의 쾌락 문화가 은밀하면서도 교묘하게 이들을 자신의 종으로 만들 것이다.

설사 하위권 학생들이 정원 미달로 대학에 합격하더라도 마음관리를 통해 자기 인내와 절제를 훈련한 학생들이라면 상황은 달라진다. 이들에게 내가 해 줄 수 있는 충고는 다음과 같다. 우선 자신이 원하는 학과를 지원하라. 그리고 내가 다니는 대학을 남들이 알아주든 알아주지 않든 상관하지 마라. 단지 내가 하고픈 공부를 대학에서는 제대로 한번 해 보겠다고 다짐하고 고3때의 경험을 살려 마음을 잘 관리하며 공부하라. 이러한 학생에게는 새로운 기회가 주어질 것이다. 그러므로 여름방학 기간 찾아오는 포기의 유혹에 무방비로 넘어가서는 안 된다.

다 끝난 싸움이 아니다. 지금부터가 시작이 될 수 있다. 지금 포기하면 미래 역시 포기해야 한다. 지금 힘들어도 몸부림치면 변화는 반드시 찾아온다. 미래가 새롭게 변화할 가능성이 열리는 것이다. 부디 이미 말했던 것처럼 마음의 병들을 그냥 모른 척 지나치지 말고 용기를 가지고 부딪쳐 보기를 인생의 선배로서 부탁한다. 현재의 내 모습을 제대로 알지 못하고, 철저하게 인정하지 않는다면 미래는 신기루와 같이 사라질 것이기 때문이다.

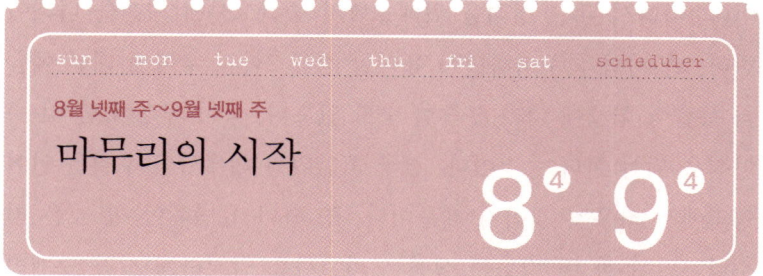

   개학을 한 후 본격적으로 시작된 2학기 고3 수업은 매우 긴장된 분위기 속에서 이루어진다. 여름방학을 어떻게 보냈는지에 따라 학생들의 표정에서 차이가 보인다. 이때부터는 대학입시를 아주 포기한 학생들을 제외하고는 얼마 남지 않은 시험에 최선을 다하고자 모두들 몸부림친다. 일단 개학을 하게 되면 학교 중간고사 기간을 파악하도록 한다. 각 학교들은 보통 2학기 중간고사를 다른 학년보다 좀 더 앞당겨 대학입시 마무리에 전념할 수 있도록 조정하는 경우가 많다.

   대략 9월 말에서 10월 첫 주에 중간고사를 보게 된다.• 개학을 하자마자 최상위권 학생들은 학기 중 공부 체제로 전환하는 동시에 중간고사 공부 체제에 들어가야 한다. 최상위권인 경우 여름방학이 지나고 나면 전과목에 대한 정리가 어느 정도 끝나 있을 것

• 중간고사를 빨리 보는 학교 중에는 9월 중순에 보는 곳도 있다. 각자 다니는 학교의 중간고사 일정을 미리 확보하여 준비하는 것이 필요하다.

이다. 따라서 내신 성적을 위해 2학기 중간고사에 최선을 다해야 한다. 단 시험을 준비하면서 유의할 점은 2학기 국어에 대한 예습과 복습이 학생에 따라 부족할 수도 있으니, 국어 공부에 좀 더 주안점을 둬야 한다는 것이다. 결국 최상위권 내에서의 우열은 언어 영역에서 좌우될 것이기 때문이다. 또 하나 유념해야 할 것은 최소한 3일에 한 번 정도는 실전 모의고사를 엄격하게 시간을 재면서 풀어 실전 감각을 떨어뜨리지 않도록 하는 것이다.

상위권 학생들 역시 최상위권 학생들처럼 공부를 하면 좋다. 만약 아직 마무리가 미흡한 암기 과목이 있다면 이 기간을 통해 마무리하도록 한다. 국어 공부 시간이 부족한 부분은 실전 모의고사를 풀면서 최대한 집중하여 부족한 부분을 보충하도록 한다. 2학기 국어 수업 시간에는 고도의 집중력을 가지고 가급적 수업 시간에 익힌 내용들을 따로 복습하지 않아도 될 정도로 그 시간 내에 이해하고, 쉬는 시간을 이용하여 중요한 내용을 외우도록 한다. 내신 성적의 중요성은 두말하면 잔소리다. 중간고사에 결코 소홀해서는 안 된다.

중위권 학생들은 이 기간을 이용하여 끝내지 못한 암기 과목 공부를 하면서 중간고사 준비에 철저하게 임한다. 일주일에 1회분 정도 주말을 이용하여 각 과목별 실전 모의고사를 풀어 보도록 한다. 시간이 많이 부족하다면 열흘에 한 번 정도라도 중간고사를 공부하면서 실전 모의고사를 풀어 문제 푸는 감각을 놓치지 않도록 한다.

최하위권 학생들은 가능한 모든 시간을 이용하여 내신 시험 위주로 공부한다. 그 동안 부족했던 내신 성적을 만회하기 위하여 이 기간에는 중간고사 각 과목 정리와 공부에 전념한다. 이런 공부는 수학능력시험 준비의 일부이므로 수능 준비를 못하고 있다는 강박관념은 버리도록 한다. 중간고사 준비 방법은 앞에서 고 1·2 때 언급한 내용들을 참고하여 자신에게 맞는 계획을 세워 실천하도록 한다.

한 가지 유의할 것은 자는 시간과 일어나는 시간 훈련을 이 기간에도 꾸준히 지속해야 한다는 것이다. 이 훈련이 몸에 익숙해지기만 한다면 굉장한 히든카드를 여러분 인생에서 가지는 것이기 때문이다. 일찍 자고 일찍 일어나서 새벽 시간은 이용하는 새벽형 인간은 결국 시간관리에서 남들보다 앞서 나갈 수밖에 없다. 고등학교에 다니는 동안 대충 흘려보낸 시간은 새벽형 시간관리를 통해 때가 되면 만회할 수도 있다. 그러니 인내심과 자기절제를 통하여 새벽형 시간관리법을 확고히 몸에 익히도록 한다.

10월 첫째 주

중간고사 기간,
생활 리듬을 유지하며
최선을 다하기

10 ¹

중간고사 기간은 평소처럼 시험에 임하면 된다. 특별히 유의할 것은 건강관리다. 내신 공부와 수학능력시험 공부를 동시에 병행할 때 마음과 육체의 부담이 매우 크다. 따라서 중간고사 기간 내에 어떤 과목의 성적이 예상보다 좋지 않을 때 마음에 이는 동요가 예전보다 훨씬 클 수 있다. 이때 자칫 마음관리를 소홀히 하게 되면 생활 리듬이 깨지면서 피로가 누적되어 건강마저 균형을 잃을 수 있다. 이 점을 명심하면서 몸과 마음의 건강관리에 힘쓰기 바란다.

사랑이 필요합니다

〈다니엘 마음관리 365일〉 중에서

어떤 사람이 다음과 같은 광고를 써 붙였다.

"강아지 세일."

강아지를 보러 온 사람들 중에 어린 소년이 있었다.

"저, 아저씨, 강아지가 너무 비싸지 않으면 저도 한 마리 사고 싶어요." 라고 그 소년은 말했다.

"글쎄다, 이 강아지들은 10,000원씩인데."

그 소년은 울상을 지으며 "저는 겨우 1,600원밖에 없는데요. 구경만 좀 해도 될까요?"

"아 그럼. 얼마든지 보렴. 누가 아니. 또 아저씨가 그 값에 줄 수 있을지."

그 아이는 다섯 마리의 복슬 강아지들을 죽 훑어보더니

"제가 들으니까 이 중에 한 마리가 다리를 잘 못 쓴다고 하던데요." 라고 말했다.

"그래, 그렇지만 그 녀석은 평생 동안 다리를 절 텐데."

"아, 그게 제가 사고 싶어 하던 강아지예요. 제가 그 강아지 값을 조금씩 갚아 나가면 안 될까요?"

"그렇지만 항상 다리를 절 텐데."

그 말을 들은 소년은 싱긋 웃으며 바지 한쪽을 걷어 올리더니 그곳에 부착되어 있는 조임쇠를 보여 주었다.

"저도 잘 걷지 못해요." 라고 말한 다음 그 강아지를 불쌍하다는 듯이 쳐다보며 소년은 이렇게 말했다.

"제 생각에 저 강아지는 많은 사랑과 보살핌이 필요할 것 같아요.

저도 그랬거든요. 절뚝발이로 사는 것은 쉬운 일이 아니니까요."

"그래, 가지고 가라. 너라면 이 강아지를 잘 보살필 수 있을 거다. 돈은 내지 않아도 된다."

주인은 그 강아지를 선뜻 내주었다.

그 소년은 자신이 절름발이였기 때문에 그 강아지를 그렇게 불쌍하게 볼 수 있었던 것이다.

우리가 당하는 고난과 어려움을 통해 우리는 더 큰 사랑을 할 수 있는 사람으로 준비되고 있음을 늘 잊지 마시길 부탁드립니다.

사랑하는 귀한 후배님들.

하루하루 공부한다는 것은 쉽지 않답니다. 그렇지만 참고 노력할 만한 충분한 가치가 있는 일입니다.

오늘 하루 내게 주어진 귀한 시간 정말 아껴 쓰시기를 간곡히 부탁드립니다.

대학입시 한 달 전

$10^②$-$11^①$

　이제 대략 한 달 후면 수학능력시험이 있다. 이 시기를 어떻게 관리하고 보내느냐에 따라 수십 점이 올라갈 수도 있고 수십 점이 떨어질 수도 있다. 이 기간의 승패 여부에 따라 한 단계씩 업그레이드가 가능하다. 물론 그 반대 역시 가능하다. 이 기간에 가장 중요한 것은 마음관리와 시험 마무리 정리이다.

　어떻게 수능을 한 달을 앞두고 효과적으로 마음관리를 하며 시험 마무리를 할 수 있을까? 어떻게 하면 많은 학생들의 희비가 엇갈리는 이 중요한 시기를 가장 능률적으로 보낼 수 있을까? 이 한 달간 많은 학생들의 마음은 지옥과 천국을 오간다. 어떤 날은 공부가 잘되는데 어떤 날은 너무 공부하기가 싫다. 실전 모의고사를 풀어 보니 어느 날은 점수가 잘 나왔는데 어느 날은 점수가 엉망이다. 고3병에서 아직 헤어나지 못한 학생들의 고통과 통증은 상상을 초월한다. 책상에 앉아 있지만 너무 불안하고 초조해서 실제로는 아무 것도 머릿속에 들어오지 않는다. 그냥 쉬고 싶어도 마음이 너무 불안해서 맘 편히 쉬지도 못한 채 마지못해 책상에 앉아 있다. 시험에 떨어질 것 같다는 생각과 내가 원하는 대학에 합격할 수 없다는 생각이 내면의 정원을 초토화시킨다. 이때가 가장 많은 학생들이 자살을 시도하는 시기 중 하나이다. 너무 힘든 시기다. 하지만 힘든 위기를 잘 극복하는 사람들에게는 큰 기회가 주어지는 시기이기도 하다. 이때는 분명 고난과 고통의 시기이지만 피하지 않고 정확하게 직시해야 한다. 피할 수 없는 고통은 기쁜 마음으로 즐겨야 한다. 그런 과정을 통해 인내심이 생긴다. 어떻게 마음먹느냐에 따라 고통스런 과정이 참을 만한 시간으로 바뀔 수도 있다.

마음관리 시간을 철저하게

우선 지금까지 매일 두 번, 새벽과 저녁 공부 시간 전에 했던 마음관리 시간을 줄여서는 안 된다. 오히려 그 시간을 필요하다면 10분 정도 늘려도 상관없다. 내면세계의 질서를 잘 유지하는 데에 들이는 시간을 아껴서는 안 된다. 만약 이 시기에 마음의 질서를 잘 유지하면서 한 달간 마무리 정리를 할 수만 있다면 그는 시험 당일 자신의 실력을 120% 발휘할 수 있다.

여기저기서 들어 보았을 것이다. 어떤 학생은 최상위권에서도 상위 실력을 가졌는데 시험 당일 너무 긴장하고 불안해서 가진 실력을 다 발휘하지 못하고 시험을 망쳐 결국 원하는 대학에 가지 못했다는 이야기. 어떤 학생은 중위권 정도의 실력이었는데 시험 당일 자신이 가진 실력을 다 발휘하고 그 이상의 집중력으로 시험을 보아 상위권 이상의 점수를 받은 이야기. 시험 당일 어떻게 시험을 보느냐에 따라 그 동안 힘들게 공부한 결과가 좌우된다.

시험 당일 시험을 잘 보기 위해서는 시험 보기 한 달 전 미리미리 특별한 마음관리와 마무리 공부가 필요하다.[*] 매일 정해진 마음관리 시간을 줄이지 말고 늘릴 수 있으면 좀 더 늘려 자신이 왜 불안하고 초조한지 집중적으로 살펴보아야 한다. 물론 대학입시 결과에 대한 두려움과 시험 불안감이 주원인일 것이다.

그리고 현재 불안하고 초조해서 내가 얻는 것이 무엇인지 생각해 본다. 만약 불안하고 초조한 마음으로 공부해서 점수가 단 1점이라도 오른다면 그런 상태로 공부를 해 나가면 되지만 현실은 그렇지 않다. 따라서 순간순간 찾아오는 불안과 초조, 걱정과 근심을 잘 치워 버려야 한다. 만약 점심때 너무 불안하고 초조하다면 잠시 공부를 멈추고 심호흡을 하며 마음관리 시간을 갖도록 한다. 내가 왜 공부를 하는가? 무엇을 위한 공부인가? 나는 정직하게 나의 실력을 인정하고 받아들이는가? 만약 노력 부족으로 시험에 떨어진다면 나는 어떻게 할 것인가? 재수를 할 것인가 아니면 그냥 점수에 맞추어 대학에 갈 것인가? 자신에 대한 깊은 반성과 재결단을 해야 한다.

● 『다니엘 마음관리 365일』 10~12월편 부록에 수능 30일 전부터 수능일까지 매일 마음을 관리하는 방법이 상세히 나와 있다. 참조하면 많은 도움이 될 것이다.

실패를 두려워하지 않는 당당함으로

이 시기 마음관리에 있어서 효과적인 방법은 이번 대학입시가 내 인생의 끝이 아니라는 것을 늘 스스로에게 말하는 것이다. 막말로 시험 한 번 떨어졌다고 해서 인생이 끝나는 건 아니다. 하지만 많은 학생들이 너무 비장한 각오로 자신을 채찍질하는 데에만 익숙하여 실패를 받아들이는 데 인색하다. 우리 주변을 살펴보면 모든 일이 일사천리로 순탄하게 진행되어 성공한 사람은 별로 없다. 무수한 실패와 시행착오를 반복한 끝에 성공은 찾아온다. 단지 성공한 사람들이 다른 사람들과 다른 점은 실패한 후에 그것으로 끝이라 생각하지 않고 다시 뜻을 향해 도전한다는 것이다. 왜 실패했는지에 대해 철저하게 자기반성을 하고 부족한 부분을 보완하고 고친다. 그리고 실패하기 전의 좁은 마음보다 더 큰 마음의 정원을 가지고 다시 도전한다. 그러다 또 실패를 하면 또다시 자기반성을 통하여 모자란 부분을 보완한다. 실패가 창피할 수 있으나 그것이 자기 비하와 혐오처럼 왜곡된 모습으로 자라도록 내버려두지 않는다. 정직하게 실패를 인정하고 다시 뜻을 정해 실천한다.

많은 학생들이 수학능력시험을 자신의 인생이 달린 가장 중요한 문제로 생각한다. 너무나 비장한 각오로 이 시험에 임한다. 물론 중요한 시험이다. 하지만 시험은 매년 한 번씩 있다. 평생에 한 번 있는 시험이 결코 아니다. 그런데 많은 학생들이 마치 평생에 딱 한 번 있는 시험처럼 여기고 이 시험에서 실패하면 마치 인생의 낙오자가 된 것처럼 착각한다.

구름 너머에는 태양이 있다

　우리 사회 전반에 흐르는 일류 지향의 사회 분위기와 성적 지상주의는 학생들의 숨통을 조인다. 학생들의 내면의 정원에는 늘 이런 어두운 구름이 뒤덮여 있어 구름 저편에 밝은 태양이 있다는 것을 보지 못한다. 태양을 보지 못하기에 내면의 정원에는 사랑, 기쁨, 인내, 선행, 자비, 부드러움, 평안, 절제와 같은 생명의 열매들이 자라날 수가 없다. 잠시 자라는가 싶어도 금세 걱정과 근심의 잡초만 오히려 무성하게 자라기 시작한다. 이런 잡초들이 내면의 건강함을 다 빼앗아 내면의 땅을 황폐하게 만들고 결국 어떤 생명의 열매도 맺지 못하는 죽음의 땅으로 만들어 버린다.

　이런 문제들을 해결하기 위해서는 이미 고3병 치료책과 예방책에서 언급했듯이 정직하게 자기 자신의 부족한 모습 그대로를 인정하고 받아들이고 용납해야 한다. 그 모습을 그대로 껴안고 사랑해야 한다. 나 자신의 연약함을 인정하고 사랑할 수 없는 사람은 다른 사람을 있는 그대로 사랑할 수 없다.

　그리고 이번 시험이 인생의 끝이 아니고 새로운 시작을 준비할 수 있는 과정이라 생각하라. 좀 더 멀리 보라. 좀 더 긴 안목을 가지고 이 시험을 바라보라. 이 시험 결과로 내가 원하는 대학과 학과에 못 가고 나의 꿈이 일시적으로 좌절될 수 있다. 하지만 그것은 얼마든지 다시 시작하여 만회하고 회복할 수 있는 것이다. 다시 도전할 수 있는 기회가 본인 노력에 따라 얼마든지 생긴다.

　정말 돈이 없어서 재수할 형편이 안 되는가? 그렇다면 본인이 벌어서 공부할 수 있다. 정말 하고자 한다면 길은 생긴다. 노량진 학원가에 가면 많은 학생들이 근로장학생으로 일하면서 공부를 한다. 주변 고시원에서 생활하며 일하는 시간을 제외한 나머지 시간을 아껴 열심히 공부한다. 근로장학생이 못 된 학생들은 인근 식당에서 또는 편의점에서 시급을 받고 일하면서 공부한다. 이런 학생들이 참 많다. 구두를 닦고 신문을 돌리고 우유 배달을 하면서 묵묵히 공부를 하는 사람들이 좋은 성적으로 우수한 대학에 합격하는 일들을 우리는 잘 알고 있다. 정말 도전하고자 하는 학생들에게 경제적 어려움은 장벽이 될 수 없다. 단지 불편할 뿐이다. 하지만 그런 힘든 고난을 이겨내면 정금과 같은 성숙한 자기 인내와 절제력을 배울 수 있다.

부디 긴 안목으로 공부하기 바란다. 아직 끝이 아니다. 주어진 상황에만 눈을 고정해서는 안 된다. 보다 넓고 깊은 시야를 가지고 나의 상황을 면밀하게 살펴보고 공부하는 것이 필요하다. 이렇게 마음관리를 하면서 한 달을 보내기를 간절히 소원한다.

각 실력별 구체적인 마무리 비법

구체적인 입시 마무리 공부 방법은 다음과 같다. 먼저 모의고사를 실전처럼 풀어 본다. 이전에도 언급했지만 모의고사를 실전 시험처럼 풀어 보는 것은 쉬운 일이 아니다. 그런데 입시 한 달 전에는 상황이 다르다. 시험이 얼마 남지 않았다는 생각이 지배적이기 때문에 이때 푸는 모의고사 문제는 실전과 같은 마음으로 풀 수 있다.

따라서 최상위권 학생들은 이틀에 한 번 정도는 꼭 모의고사를 실전처럼 시간을 정해 풀어 본다. 가능하면 실제 입시 시간대에 맞추어 문제를 풀어 보는 것도 좋다. 주로 이런 방법은 재수생들이 해 볼 수 있기에 더 유리하다. 재학생들 중에서도 할 수 있는 여유가 있다면 꼭 해 볼 것을 권한다. 왜냐하면 하루 종일 치르게 되는 수학능력시험을 대비한 체력 안배 요령과 시간관리에 대한 노하우를 실전 모의고사를 통해 얻을 수 있기 때문이다.

상위권 학생들은 적어도 3일에 한 번 정도는 실전 모의고사를 풀고 틀린 문제를 정리해야 한다. 그리고 그 동안 각 과목별로 풀었던 문제집에서 자주 틀렸던 문제들을 매일 3시간 정도 다시 정리한다. 국 · 영 · 수 과목에서 틀린 문제 정리에 1시간 30분에서 2시간, 암기 과목 틀린 문제 정리에 1시간에서 1시간 30분 정도 배분하여 틀린 문제를 확실하게 재정리하도록 한다.

새벽 공부 시간을 이용하여 국 · 영 · 수에서 틀린 문제를 정리하는 것도 효과적인 방법이다. 자신이 약한 부분을 정리하면서 보다 심도 깊은 내용 파악이 필요한 경우는 체크해 두고 주말에 시간을 확보하여 읽어 보는 것도 좋다. 만약 그것이 어려운 경우 토 · 일 새벽 공부 시간을 나누어 해도 좋을 것이다.

중위권 학생들 역시 적어도 3일에 한 번씩은 실전 모의고사를 풀면서 틀린 문제를 정리한다. 이 시기에는 새로운 것을 공부하려는 마음은 버리고 이미 공부한 것들을 다시 확인하고 틀린 문제들을 자기 것으로 확실하게 다지는 것에 중점을 둔다.

그 동안 풀었던 문제집들 중에서 틀린 문제들 위주로 확인하며 부족한 부분은 내용 정리를 하도록 한다. 수학 중에서 특별히 자신 없는 영역이 있다면 그 부분은 중간 난이도의 문제들을 다시 한 번 풀면서 내용 정리를 한다. 특히 국어의 경우 자신 없는 영역이 있을 것이다. 가령 그것이 시 영역이라면 국어 교과서 지문을 자습서를 이용하여 빠르게 한번 죽 읽어 보는 것도 좋은 방법이 될 수 있다.

하위권 학생들은 이 기간에 그 동안 풀었던 각 과목 문제집에서 틀린 부분들을 정리하는 데 온 힘을 쏟는다. 그러고 나서 4일에 한 번 정도 실전 모의고사를 풀어 보면서 문제 푸는 요령과 시간 배분 방법을 터득하도록 한다. 모르는 것이 많고 문제가 잘 풀리지 않더라도 최대한 집중하여 노력하면 나름대로 문제풀이 노하우가 축적되게 된다. 결코 낙심하거나 중도에 포기하지 말기 바란다. 결코 포기할 때가 아니다.

30일 특별 건강관리 체제 돌입

수학능력시험 한 달 전부터는 특별 건강관리 체제로 들어가야 한다. 우선 평소처럼 자는 시간과 일어나는 시간을 철저하게 지켜야 한다. 마무리할 것이 많다고 해서 결코 욕심을 부려서는 안 된다. 이 시기는 새로운 것을 더 습득하는 것이 아니라 그 동안 공부한 내용들 중에서 자신이 약한 부분을 다시 확인·정리하는 것이 일순위다. 아침 식사는 반드시 하고 스트레칭과 간단한 체조를 적어도 하루에 한 번 이상 꼭 하도록 한다. 스트레칭은 하면 할수록 혈액 순환과 피로 회복에 매우 탁월한 효과를 가져다준다. 일주일에 한 번 정도는 따뜻한 탕에 들어가서 반신욕을 하는 것도 좋다. 목욕탕 갈 시간이 아까운 학생들은 집에서 욕조에 따뜻한 물을 받아 10분 정도 반신욕을 한다. 평소보다 몸이 피곤하고 무거운 학

생들은 무작정 자지 말고 스트레칭을 20분 이상 한 후 반신욕을 해 볼 것을 권한다. 몸이 새로워지는 것을 느끼게 될 것이다.

반성은 나의 따뜻한 친구

그냥 자지 말고 잠자기 전에 잠시 오늘 하루를 반성해 보라. 그리고 자기 자신을 긍정적으로 인정하고 현재의 모습을 격려해 주어라. 종교를 가진 학생들은 잠자기 전에 잠시 눈을 감고 시험에 대한 두려움과 불안감을 해소하기 위해 기도를 하는 것도 좋다. 덧붙여 숙면을 위한 기도도 잊지 말기를 당부한다. 종교를 가지지 않은 학생들은 마인드 컨트롤과 명상으로 시험에 대한 중압감을 무거운 외투를 훌훌 벗듯이 던져 버리도록 한다. 5분 정도 배로 깊이 숨을 들이마시고 천천히 내쉬면서 마음을 가다듬고 잠자리에 들도록 한다.

꼭 해야 할 7가지 일들

수학능력시험 전날은 임시소집일이다. 아래의 항목들을 꼭 하도록 하자.

1. 감기에 들지 않도록 옷을 단단히 입고 제 시간에 맞춰 임시소집 학교에 가서 주의사항을 잘 듣고 집으로 돌아온다.
2. 친구들과 어울려 놀면서 길에서 에너지를 소진하지 않도록 주의한다.
3. 집에 와서는 내일 시험을 대비하여 필기 도구와 자투리 시간 때 공부하기 위한 자료들, 수험표 등을 잘 챙겨 둔다.
4. 평소처럼 지내되 가급적 전날은 평소보다 한두 시간 일찍 자는 것도 좋다.
5. 잠이 오지 않을 경우에는 스트레칭을 30분 정도 하고, 반신욕을 하면 금세 잠이 오게 된다.
6. 잠자기 전에 마음관리 시간을 가지면서 그 동안 내가 힘든 시간들을 어떻게 보냈는지 돌아본다.
7. 내일을 위해 푹 잠을 잔다.

주의해야 할 12가지 사항 : 꼭 잊지 말 것!

1. 몹시 긴장해서 아침을 거르는 경우가 많다. 소화에 자신이 없
   는 학생들은 누룽지나 죽을 조금이라도 먹고 가도록 한다.
2. 미리 집에서 따뜻한 차를 보온병에 준비해 가서 쉬는 시간에
   마시면서 조용히 마음의 질서를 잡는다.
3. 어려운 문제를 만났을 때는 당황하지 말고 깊이 생각해 보고
   정답이 바로 나오지 않으면 별표를 해 두고서 쉬운 문제부터
   먼저 풀도록 한다. 시간 배분을 효과적으로 못해 쉬운 문제를
   놓치는 경우가 많다. 심할 경우 답안지 작성 시간이 모자라
   답을 밀려 쓰는 경우도 생긴다. 따라서 쉬운 문제를 먼저 다
   푼 후 별표 친 문제에 집중하도록 한다.
4. 시험 당일은 긴장하지 않으려 해도 저절로 아주 예민해진다.
   그러니 쉬는 시간을 이용하여 간단하게 체조를 하면서 수시
   로 긴장을 풀도록 한다.
5. 쉬는 시간에 친구들과 답을 맞추지 마라. 괜한 에너지 낭비
   다. 마음도 흔들리고 다음 시험에 집중하는 데 적지 않은 시
   간이 든다. 답은 나중에 시험이 끝나고 맞추어도 늦지 않다.
6. 오전 시험이 끝난 후 너무 긴장해 식욕이 없어져서 점심을 대

충 넘기는 학생들이 있다. 약이라 생각하고 적어도 30번 이상 꼭꼭 씹고 또 씹어 먹도록 한다. 많이 씹으면 구강 운동을 통해 정신의 긴장이 풀어진다고 한다. 긴장하면 소화가 잘되지 않으니 소화를 위해서도 반드시 잘 씹어 먹도록 한다.

7. 쉬는 시간에 너무 많은 공부를 하려고 들지 마라. 마음만 초조해질 뿐이고 시험문제를 풀 때 오히려 마음이 어수선할 수 있다. 마음을 푹 쉬게 하면서 에너지를 비축하는 것도 좋은 방법이다.

8. 점심식사 후 시작되는 오후 시험 시간에는 식곤증으로 졸리게 되어 집중력이 떨어질 경우가 있다. 졸린 것을 막기 위해서는 사탕을 준비하여 조금씩 녹여 먹는 것도 좋은 방법이다.

9. 오후 시험 시간에는 피로를 느끼고 오전처럼 빨리 문제가 풀리지 않을 때가 많다. 그때는 당분 보충을 위해 초콜릿이나 사탕 혹은 귤을 먹는 것도 좋은 방법이다.

10. 마지막 시험 시간에는 끝나기 30분 전쯤 해서 시험장 분위기가 점점 어수선해질 경우가 많다. 이미 다 푼 학생들이 답안지를 먼저 내고 나가는 경우도 있다. 이럴 때 마음이 급해지면서 초조해지게 된다. 이러다 답안지 작성할 때 밀려 쓰는 경우도 종종 있다. 주변 분위기가 산만하게 변하더라도 끝까지 시험에만 집중하도록 하라. 마지막 시간이기에 끝까지 긴장을 늦추지 않는 것이 중요하다.

11. 시험이 끝나고 나면 집에 와서 푹 쉬도록 한다. 그리고 답을 맞추어 보도록 한다. 어떤 학생들은 답을 맞추기가 두려워 그냥 자든가 놀든가 그렇게 시험 당일을 보낸다. 성적표가

나올 때까지 기다리는 경우도 있다. 일단 답을 확인하는 것이 좋지만 각자의 판단 하에 결정하기 바란다. 한 가지 당부할 점은 시험이 끝난 다음 너무 들떠 광란의 밤을 보내는 경우가 종종 있다. 자칫 잘못하면 목숨을 잃는 경우도 생긴다. 그 동안 훈련한 자기절제와 인내를 지혜롭게 잘 활용하여 적절하게 놀고 쉬도록 한다.

12. 시험을 망친 후 혹은 시험 도중 원하는 만큼 성적이 나오지 않아 자살의 충동을 느끼고 실제로 자살하는 학생들이 많다. 무척 힘들겠지만 그래도 아직 끝이 아니기에 절대 그런 선택은 하지 말기를 간곡히 부탁한다. 아직 게임아웃이 아니다. 계속 이야기해 온 것처럼 기회가 아직 있다. 시험 볼 때나 시험이 끝난 후 순간적으로 엄습해 오는 자살의 유혹을 과감하게 벗어던져라.

유종의 미를 거두자

시험 이후에는 2학기 기말고사를 보는 학교들이 많다. 어떤 학교들은 아예 수학능력시험 전에 기말고사까지 마치기도 한다. 2학기 기말고사는 수능을 끝낸 뒤에 치르는 마지막 내신 시험이다. 그러므로 이제 모든 힘을 다하여 기말고사에 집중하여 최대한 내신 관리를 하도록 한다. 지금까지 이 책에 나온 것을 토대로 자신만의 시험 계획을 짜기 바란다.

그리고 각 대학 별로 논술과 구술, 면접이 있다. 가고자 하는 대학의 입학 조건을 면밀히 분석하고 진학 지도 선생님과 상의하라. 비록 대학입시에서 원하는 만큼 성적이 나오지 않았더라도 논술과 면접에서 만회할 수 있는 대학도 있다. 정보를 충분히 알아보고 그에 맞춰 원서를 쓰도록 하라. 보통 12월에서 1월 사이에 각 대학 별로 논술과 면접시험이 있다. 학생들은 자신이 지원하는 대학에 맞추어 논술과 면접을 최대한 준비하도록 한다.

글을 마치며

내가 가르친 학생 중에 지수라는 학생이 있었다. 이 친구는 2003년 초에 나를 찾아왔다. 내 강의를 듣고 싶다고 했다. 이 친구는 1999년에 매스컴을 떠들썩하게 했던 인천 호프집 가스폭발 사건으로 전신에 55퍼센트의 3도 화상을 입었다. 그녀는 응급실에서 상태가 심각해져 서울의 화상전문병원으로 옮겨졌고 살 가망성이 20퍼센트도 안되었다고 한다. 그 후 말로는 표현할 수 없는 고통 속에서 하루하루를 보냈다. 중환자실에서만 8개월을 있었으며 몇 번의 수술이 실패하고 마취에서 깨어나지 않아 생과 사를 다투는 무서운 시간을 보냈다고 한다. 이렇게 고통의 시간을 이겨냈지만, 그녀는 전신에 화상 흉터를 가지게 되었다. 왼손가락 2개를 절단했고 나머지 왼손가락과 오른손가락 2개를 제외한 손가락들은 기능을 잃었다. 잠잘 때 눈도 다 감겨지지 않는다.

사진에 있는 지수의 고등학교 시절 모습은 너무나 아름다웠다. 그런 그녀가 이제는 얼굴을 포함해 온몸이 화상으로 뒤덮였다. 그녀는 여러 번 자살을 하려고 했고 삶을 포기하며 지냈다. 그런 그녀가 어느 날 내가 강의한다는 소식을 듣고 나를 찾아온 것이다. 그녀는 내가 2002년에 쓴 『다니엘 학습법』이라는 책을 읽으면서 다시 시작할 수 있다는 자신감을 얻었다고 했다. 그리고 다시금 뜻을 정해 공부하기로 마음먹었다고 했다. 화재 사건 이전에 그녀의 꿈은 의사가 되는 것이었지만 지금의 몸으로는 의사가 되는 것이 불가능하다고 했다. 그러면서 그녀는 새로운 꿈이 생겼다고 했다. 장애인들을 돕고 그들에게 힘을 줄 수 있는 사람이 되고 싶다고 했다. 그리고 여성 대통령이 그녀의 장래 포부이다.

늘 자살을 생각했던 그녀는 이제는 새롭게 뜻을 정하여 자신처럼 몸이 아프고 심각한 장애를 가진 사람도 할 수 있다는 것을 보여 줌으로써 수많은 어려운 사람들에게 희망을 주기를 원하고 있다. 나와 지수는 아주 잘 통한다. 왜냐하면 나 역시 오랜 시간 동안 허리 디스크와 허리 통증으로 많은 고생을 하고 있기 때문이다. 마치 나의 옛날 모습을 보는 것 같았다.

지수는 내가 지금까지 해 왔듯이 힘든 투병과 공부 두 가지를 병행해야 한다. 사람들은 지수가 가진 꿈은 실현 불가능하다고 말하지만 그녀는 묵묵히 인내하며 하루하루 최선을 다하고 있다. 그런 지수를 볼 때마다 나 역시 자신을 더 채찍질하게 되고 병을 치료하면서 하루하루 나의 비전을 이루기 위해 준비하고 있다.

이 책을 보는 많은 학생들에게 나와 지수 얘기를 하는 것은 아무리 힘든 상황이고 자살의 유혹이 하루에도 여러 번 느껴지더라도 삶을 그냥 포기하지 말기를 바라는 마음에서이다. 그리고 아무리 힘이 들어도 자신의 꿈과 미래를 그냥 흘려보내지 않기를 바란다. 나 역시 대학입시를 준비하던 시절 부모님이 교통사고를 당해 중환자실에 입원하여 너무나 힘든 시간들을 보내야 했다. 내 몸도 너무 아파 수술을 생각하던 차에 부모님마저 교통사고로 중환자실에 계시는 것을 볼 때 정말 가슴이 갈기갈기 찢어지는 것 같았다. 또 중환자실에 계신 아버지 대신 아버지 일을 도와드려야 했고 대입 공부도 해야 했다. 학원비를 낼 때가 되었지만 달라는 말을 차마 못하는 그 심정도 나는 잘 이해한다. 나 역시 그런 경험이 있었다. 그때는 매일 밤 울었던 기억이 난다. 정말 너무 힘들었고 그냥 모든 것을 포기하고 싶었다. 하지만 온몸에 쇠를 박아 몸을 지탱하는 어머니, 아버지가 중환자실에 계신 모습을 보면서 나는 죽을 수도 없었다. 장남으로서 내가 해 드린 것이라고는 아무 것도 없는데 나마저 삶을 스스로 끊어 버린다는 것은 그분들에게 너무나 잔인한 일이라 생각했기 때문이다.

매일 밤과 새벽을 울면서 기도하였다. 정말 이렇게 살고 싶지 않은데 너무 힘들다고 기도했다. 시간은 흘러 열 명 가운데 두 명 정도 살아나던 상황에 있었던 아버지께서 기적적으로 살아나셨고 조금씩 회복되기 시작했다. 그리고 그렇게 시간이 지나 나는 원하는 학교와 학과에 들어가서 공부할 수 있게 되었다. 그때 본격적인 허리 치료를 받았으면 지금까지 허리 디스크와 허리 통증으로 고생하지 않아도 되었건만 그럴 수 있는 상황이 아니었음을 잘 알기에 나는 현재에 만족하며 감사한다.

지금 돌이켜보면 그때는 너무나 힘들고 슬픈 시간이었다. 하지만 그 시간들을 통해 나는 절제와 인내를 조금씩 배울 수 있었고, 대학 시절 비록 몸은 아팠지만 주어진 상황에 감사하며 하고픈 공부에 전념했다. 만약 내가 그렇게 힘든 과정과 병을 겪지 않았다면 아마도 나는 청소년들을 위해 책을 쓰고 그들에게 강의할 생각은 하지도 못했을 것이다. 하지만 내가 큰 어려움을 겪게 되니 비로소 내 주변에 있는 어려운 사람들의 사정이 남의 일 같지 않게 되었다. 그래서 내가 할 수 있는 일을 찾다가 성적으로 비관하는 학생들을 하나둘씩 만나게 되면서 그들에게 선배로서 조금이나마 도움을 줄 수 있었다.

만약 내가 고3 때 아무런 고통 없이 원하는 대학과 학과에 순탄하게 들어가고 부모님의 교통사고도 없었다면 나는 그냥 나 자신만 아는 대학생이 되었을 것이다. 성공과 야망만을 위해서 무섭게 공부하고 철저하게 자기중심적으로 사는 전형적인 물질만능주의에 찌든 엘리트로 살았을 것이다.

하지만 고통스러운 시간들을 보내면서 나는 새로운 것을 많이 깨닫게 되었다. 나 혼자만을 위해서 사는 것보다 내 이웃을 함께 생각하며 사는 것이 더 기쁜 일이라는 것을 조금씩 알게 되었다. 그렇다고 해서 내가 아주 이타적인 사람은 아니다. 여전히 이기적인 마음과 자기중심적인 마음은 뿌리 깊게 나의 마음의 정원 속에 자리하고 있다. 나 역시 한없이 허물 많은 연약한 인간일 뿐이다. 단지 내가 겪은 힘든 일들을 통해 이웃을 생각하는 마음이 조금씩 조금씩 자라고 있을 뿐이다.

난 이 글을 읽는 학생들에게 꼭 말해 주고 싶다. 나도 한때는 나 혼자만을 위해 사는 인생이 정말 멋있고 제일 좋은 삶이라고 생각했다. 나 혼자만의 성공과 야망 성취가 내게 행복을 가져다 줄 수 있을 거라고 믿었다. 하지만 그렇지 않음을 살면서 알게 되었다. 인생의 행복은 꼭 일류대, 명문대학 인기학과를 나와야만 얻어지는 것이 아니다.

이 책에서 거듭 강조했지만 모든 학생들이 명문대 경영학과나 의학과를 가는 것이 그 해답이 아니다. 각자에게 주어진 재능과 적성은 다르다. 각자에게 맞는 적성을 청소년 시절부터 잘 분별해서 자신의 재능을 가장 잘 개발하고 준비할 수 있는 대학교의 학과에 가면 된다. 공부는 내게 맞는 대학과 학과를 가기 위한 과정이다. 공부라는 하나의 인생 훈련 과정을 통해 우리는 자기절제와 인내를 배울 수 있다. 자기절제와 인내가 점점 훈련될수록 내면세계의 질서가 잡히고 건강해진다. 성숙한 인격에 이를 수 있는 것이다.

그러므로 각자에게 주어진 시간을 그냥 흘려보내지 말고 자신에게 남겨진 시간을 계산할 수 있는 분별력이 우리에겐 필요하다. 부디 이 책을 읽는 학생들 모두가 각자의 상황에서 다시금 뜻을 정해 시작하기 바란다. 더 이상 못 참겠다고 절망 가운데 허덕이는 학생들도 다시금 힘을 내기 바란다. 아직 모든 것을 포기할 때가 아니다. 역전의 기회는 있다. 더 힘든 사람들도 죽고 싶고 다 포기하고 싶지만 참고 다시금 일어선다. 게다가 여러분은 혼자가 아니다. 주변을 둘러보면 나에게 도움을 줄 수 있는 사람이 있게 마련이다. 뜻이 있는 곳에 길이 있다. 하늘은 최선을 다하는 사람을 외면하지 않는다.

물론 각자가 다하는 최선이라는 것도 상대적이다. 하지만 그 마음의 중심이 중요하다. 인생의 행복이 만약 명문대 입학으로 보장된다면 정말 목숨 걸고 공부하라고 말하고 싶다. 하지만 보장해줄 수 없다. 불확실성이 지배하는 포스트모더니즘 사회 속에서 보장이라는 단어는 그 의미가 너무나 희미해졌다. 하지만 아무리 사회가 불확실하고 미래가 불투명하다 하더라도 성실과 인내와 절제로 하루하루 살아가는 사람에게 행복은 멀리 있지 않다. 그런 삶의 과정 속에서 자족을 배우게 되기 때문이다. 인간의 욕심은 끝이 없다. 서울대 의대를 수석 졸업하고 유명한 의사가 되면 인생이 행복할까? 미국 하버드 경영학과를 수석 졸업하고 1년에 수십 억 혹은 수백 억을 버는 사업가가 되면 과연 그것으로 인생의 행복이 보장될까? 그렇지 않다. 우리가 원하는 것을 얻을 때 그 순간은 행복하지만 결국 우리는 또 더 큰 욕심의 감옥에 제 발로 걸어 들어가게 된다. 더 큰 욕심을 만족시킬 때까지 우리 삶은 행복하지 않게 된다. 새롭게 생긴 더 큰 욕심을 만족시키기 전에는 행복할 수 없다고 스스로 생각한다. 악순환의 반복이다. 그렇기 때문에 현재의 내 모습을 인정하고 만족하는 자족 훈련이 필요하다.

나는 귀한 청소년들이 더 이상 성적 비관과 왕따로 자살하는 일이 없기를 바란다. 그것을 위해 작은 힘이나마 돕고 싶다. 나는 나의 꿈을 이 책을 읽는 모든 학생들과 나누고 싶다. 다음에 대학에 들어가면 놀기도 하고 공부도 하고 이성 교제를 하는 등 여러 가지 일들을 하겠지만 이제 말할 한 가지 일은 마음을 먹고 뜻을 정해서 하기를 바란다.

여러분은 고교 시절 힘든 시간들을 각자의 상황에 맞게 보냈을 것이다. 먼저 경험한 선배로서 여러분 주변에 있는 청소년을 따뜻한 마음을 가지고 돕기 바란다. 성적 때문에 내면이 황폐화된 학생들, 왕따를 당해 죽어 버리고 싶은 아이들, 정신적 건강이 무너진 아이들, 경제적으로 어려운 아이들 등 주변에 있는 연약한 청소년들에게 좋은 형과 누나가 되어 주기 바란다. 많은 학생들을 돌보기는 어렵다. 둘도 아닌 단 한 명의 학생을 자신의 친동생처럼 받아들이고 도와주는 운동을 시작하기 바란다. 적어도 그 학생 내면의 건강이 회복되고 다시금 뜻을 정할 때까지만이라도 단 한 명의 연약한 어린 이웃을 돕는 다니엘 생명 살리기 운동에 동참하기 부탁한다.

이 일은 정말 마음을 먹고 뜻을 정하면 할 수 있다. 많은 돈이 필요하지도 않고 긴 시간이 필요한 것도 아니다. 자신이 예전에 힘들 때 누군가 나에게 이렇게 해 주었으면 좋겠다는 생각을 많이 해 보았을 것이다. 바로 여러분이 힘들고 지친 어린 이웃에게 그런 존재가 되어 주는 것이다. 이 일은 놀라운 힘을 가지고 있다. 도움을 받는 학생에게는 무엇과도 바꿀 수 없는 큰 힘과 도움이 된다. 죽어 가는 한 영혼을 살릴 수 있는 귀한 일이다. 이 일은 도움을 받는 사람에게 큰 힘이 되는 것은 물론이거니와 이 일을 하는 사람에게 마음의 행복과 평안을 준다. 돈으로 살 수 없는 행복과 평안이다. 누군가에게 내가 도움이 된다는 사실은 나의 내면의 정원 속에 자라있는 수많은 쓴 뿌리를 뽑아내는 데 매우 탁월한 효능이 있다.

앞으로 사회는 점점 더 혼탁해지고 쾌락은 극에 달할 것이다. 사람들 사이에서 사랑과 희망이라는 단어는 점차 그 의미를 상실하고 미움과 질투와 시기, 그리고 거짓과 속임수와 험담이 더 넘쳐나게 될 것이다. 연약한 사람들을 세워 주기보다는 그러한 사람들을 짓밟고 우뚝 선 사람들을 더 영웅시하게 될 것이다. 과정을 보지 않고 결과만 바라보는 사회 풍조는 더 심해질 것이다. 돈으로 모든 것을 해결하려는 물질만능주의는 더욱 기승을 부릴 것이다. 성적 때문에, 혹은 왕따를 당해서 자살하는 학생들을 지금처럼 그냥 내버려두면 더더욱 늘어날 것이다. 한 마디로 사람 살기가 힘들어질 것이다. 사람들 간의 따뜻한 정은 박물관에나 가야 보게 될 것이다.

그런 사회에서 이 시대의 주역으로 자라는 여러분들이 지금부터 내면의 정원을 잘 가꾸면서 이웃을 생각하는 마음의 씨앗을 뿌려야 한다. 그리고 그것을 혹독한 이기주의와 정신적 병들로부터 잘 자랄 수 있도록 힘써 지켜야 한다. 그런 사람들이 많아질 때 세상이 달라질 수 있다고 생각한다. 나는 단순히 이 책이 고득점 전략을 위한 도구로 전락되지 않기를 바란다. 자기만 아는 엘리트는 사회를 병들게 하지만 이웃을 생각하는 평범한 사람은 세상을 치료할 수 있다. 나는 이 책을 통해 후자가 더 많이 나오기를 바란다.

나는 지금도 몸이 아프다. 어떤 때는 너무 아파서 그냥 일찍 죽어 버리고 싶을 때도 있다. 매일 허리 근육 강화를 위해 많은 운동과 스트레칭을 해야 한다. 하루라도 거르면 몸이 몹시 아프다. 힘이 없어도 꾹 참고 해야 한다. 그렇지 않으면 몸이 더 아프기 때문이다.

고3때부터 지금까지 꿈같은 20대를 병과 싸우며 하루하루 보냈다. 그리고 공부했다. 앞으로도 더 많은 준비를 위해 더 공부하고 병과도 싸울 것이다. 20대 초반에는 내 자신이 아프다는 사실을 인정하기 싫어 화가 많이 났다. 왜 내가 이렇게 아파야 하는가? 내가 무슨 큰 잘못을 한 것도 아닌데…… 나름대로 선하게 살려고 하는 내가 왜 아파야 하는가? 삶에 대한 냉소로 나의 마음의 정원이 황폐화되기도 했다. 깊은 좌절과 절망의 수렁 속에서 헤어나려 하지 않고 되려 더 깊이 들어가려 애쓰기도 했다. 깊은 바닥에 처박혀 나오기가 싫을 때도 있었다. 하지만 마음관리 시간과 공부를 통해 나는 인내와 절제를 조금씩 익혀 갈 수 있었고 내가 누군가에게 도움이 될 수 있다는 사실에 큰 위로와 행복을 느꼈다.

몸이 아프고 힘든 사람들도 뜻을 정하고 힘써 노력하면 할 수 있다는 것을 보여 주고 싶었다. 현재 가지고 있는 육체적 고통과 오랜 병으로 생긴 마음의 쓴 뿌리들을 앞으로 더 힘써 치료하고 회복하여 나는 건강해질 것이다. 희망은 뜻을 정하고 힘써 노력하는 자에게 미래의 현실로 나타난다. 때로 너무 힘들어 잠시 좌절할 수는 있지만 희망은 포기하지 않기를 간곡히 부탁한다. 인생의 진정한 성공자는 실패를 한 번도 하지 않는 사람이 아니라 실패할 때마다 다시금 뜻을 정해 힘을 내어 도전하고 또 도전하는 사람이다. 힘을 내자. 귀한 후배들이여 한 번 더. 아직은 포기할 때가 아니다.

나는 꿈꾸고 있다. 성적과 왕따로 비관하는 청소년들이 더 이상 자살하지 않는 그런 꿈을. 그들에게 보다 많은 관심과 사랑이 실질적이면서도 구체적으로 전해질 수 있는 개인이나 공동체 혹은 단체가 많아지기를 꿈꾸어 본다. 공부에 지치고 현재의 성적만을 보고 꿈을 포기하려는 청소년들에게 새로운 비전과 희망을 줄 수 있는 책과 강의들이 더 많아지기를 소원한다. 나보다 더 역량 있고 준비되고 인격이 성숙한 분들이 세상에는 셀 수 없이 많다. 그런 분들이 이 일의 심각성과 중요성을 알고 동참하여 죽어 가는 청소년들을 살리는 일에 힘쓰기를 바라고 꿈꾼다.

살면서 가장 행복하고 즐거운 것은 부족한 나의 책과 강의를 들은 학생들이 새롭게 뜻을 정해 꿈을 향해 달려가는 것을 보는 것이다. 역전의 드라마를 직접 현실로 본다는 것은 정말 기쁘고 행복하다. 대학에 간 친구들 가운데 주변의 어렵고 힘든 친구들을 돌아보며 부족한 선생님의 꿈을 나누는 친구들이 있다. 그들을 보면서 청출어람이라는 사자성어가 얼마나 행복한 말인지 깨닫게 되었다. 재생산이 이루어진다는 사실에 너무 기쁘고 감사하다.

　비록 남들보다 건강하지 못하고 지금도 병과 치열하게 싸우지만 나는 결코 나의 꿈을 포기하지 않는다. 나에게는 꿈이 있다. 나는 앞으로 대한민국과 세계를 변화시킬 따뜻한 마음과 탁월한 실력을 지닌 멋진 21세기 글로벌 리더들을 매년 10명씩, 30년간 300명을 교육시켜 이 삭막한 세상에 배출할 것이다. 그러기 위해 나는 먼저 더 좋은 선생님이 되기 위해 더 힘써 공부하며 노력할 것이다. 그리고 더 좋은 책과 강의를 하고 싶다. 나는 책과 강의를 통해 청소년들에게 새로운 삶의 비전과 희망을 주고 싶다. 청소년들을 실질적인 변화로 이끄는 영향력 있는 책을 쓰는 저자이자 선생님이 되고 싶다.

사랑하는 인생의 후배들에게

지금 아무리 힘들고 모든 것을 포기하고 죽어 버리는 것이 차라리 더 나을 것 같다고 생각하여도 아직은 포기할 때가 아닙니다. 다시금 뜻을 정해 시작할 수 있는 기회는 분명 있습니다. 부디 조금만 더 참고 힘을 내어 다시금 뜻을 정해 시작해 보시기를 부탁드립니다.

힘내십시오. 다시금 희망을 가지십시오. 희망을 마음속에 품고 키워 가십시오. 묵묵히 여러분의 힘든 상황을 참고 또 참고 견디며 노력한다면, 때가 되면 그 희망은 반드시 현실로 이루어질 것입니다. 절대로 희망을 포기하지 마십시오. 희망이 있는 곳에서 행복은 멀지 않습니다. 모두들 다시금 힘내시기를 부탁드립니다.

부록

다니엘 아침형 Study Map

Study Map을 통해 다니엘 아침형 학습법을 실천해 나갈 구체적이고
효과적인 방법을 제시합니다. 차례대로 책을 보시고 아침형 학습법을
몸에 익혀 하나님의 준비된 일꾼으로 거듭나길 바랍니다.

>> 책 보는 순서

1. 어린이 다니엘 학습법

우선 『어린이 다니엘 학습법』을 통해 하나님의 자녀들이 왜 공부를 해야 하는지 구체적인 동기 부여와 마음의 결단을 할 수 있습니다.

2. 다니엘 아침형 학습법

『어린이 다니엘 학습법』을 통해 선명한 동기 부여를 받고 하나님의 방식으로 공부하기로 뜻을 정한 다음 『다니엘 아침형 학습법』을 통해 실질적으로 어떻게 하나님과 한 팀이 되어 공부할 것인지 구체적으로 실천할 수 있습니다. 총 7단계의 단계별 학습 계획이 상세하게 나와 있어서 하나님과 한 팀이 되어 자기 주도형 다니엘 아침형 학습을 체계적으로 적용할 수 있습니다. 한 가지 유의할 부분은 부모님과 함께 다니엘 마음관리 시간을 갖고 부모와 자녀가 함께 다니엘 아침형 학습을 실천하는 것이 중요하다는 점입니다.

3. 다니엘 마음관리 365일

다니엘 아침형 학습을 본격적으로 시작하면서 함께 보는 책입니다. 매일 아침 다니엘 마음관리 시간을 통해 규칙적인 마음관리를 하여 왜 공부해야 하는지에 대한 선명한 목적을 다시 확인하고 지치거나 낙심될 때 다시금 마음을 북돋아 주어 마음에 더러운 찌꺼기들을 거르게 해 줍니다. 공부에 대하여 의욕이 많이 떨어지거나 뜻대로 공부가 잘되지 않을 때 성경 다음으로 학생들에게 꼭 필요한 마음의 보약이 되는 책입니다.

4. 다니엘 학습 플래너

매일 아침 다니엘 마음관리 시간을 이용하여 1시간 단위로 공부 계획을 구체적으로 세울 수 있는 플래너입니다. 하루 생활하는 동안 수시로 플래너를 보면서 시간관리, 목표 관리, 영성 관리를 하며 자신이 지금 계획한 목표대로 가고 있는지 방향 관리까지 할 수 있는 만능 학습 플래너입니다.

5. 다니엘 건강관리법

다니엘 마음관리로 매일 영혼을 관리해 주고 『다니엘 건강관리법』을 통해 매일 규칙적인 신체 건강을 관리할 수 있습니다. 청소년 시절 건강관리를 잘못 하면 아무리 공부를 열심히 하고자 해도 그 목표를 이루기가 어렵습니다. 청소년 시절 찾아오는 다양한 질병들을 어떻게 예방하고 효과적으로 치료하며 건강하게 학업에 임할 수 있는지에 대한 구체적인 건강관리 지침서입니다.

1. 다니엘 학습법

우선 『다니엘 학습법』을 통해 하나님의 자녀들이 왜 공부를 해야 하는지 구체적인 동기 부여와 다니엘처럼 마음에 결단을 할 수 있습니다.(이미 초등학교 1~4학년에 『어린이 다니엘 학습법』을 본 학생들도 학년이 올라가 5학년 이상이 되면 『다니엘 학습법』을 보게 하는 것이 매우 좋습니다.)

2. 다니엘 아침형 학습법

『다니엘 학습법』을 통해 선명한 동기 부여를 받고 하나님의 방식으로 공부하기로 뜻을 정한 다음 『다니엘 아침형 학습법』을 통해 실질적으로 어떻게 하나님과 한 팀이 되어 공부할 것인지 구체적으로 실천할 수 있습니다. 총 7단계의 단계별 학습 계획이 상세하게 나와 있어서 하나님과 한 팀이 되어 자기 주도형 다니엘 아침형 학습을 체계적으로 적용할 수 있습니다. 한 가지 유의할 부분은 부모님과 함께 다니엘 마음관리 시간을 갖고 부모와 자녀가 함께 다니엘 아침형 학습을 실천하는 것이 중요하다는 점입니다.

3. 다니엘 3년 150주 주단위 내신관리 학습법

『다니엘 아침형 학습법』과 병행하여 매주 어떻게 공부를 해야 하는지 중학교 3년, 고등학교 3년 총 6년의 스터디 맵을 담고 있습니다. 주 단위의 정교한 학습 방법으로 실력을 업그레이드할 수 있습니다.

특별히 내신 관리와 대학 입시 준비에 큰 도움을 줄 수 있습니다.

4. 다니엘 마음관리 365일

『다니엘 아침형 학습』을 본격적으로 시작하면서 함께 보는 책입니다. 매일 아침 다니엘 마음관리 시간을 통해 규칙적인 마음관리를 하여 왜 공부해야 하는지에 대한 선명한 목적을 다시 확인하고 지치거나 낙심될 때 다시금 마음을 북돋아 주어 마음에 더러운 찌꺼기들을 거르게 해 줍니다. 공부에 대하여 의욕이 많이 떨어지거나 뜻대로 공부가 잘되지 않을 때 성경 다음으로 학생들에게 꼭 필요한 마음의 보약이 되는 책입니다.

5. 다니엘 건강관리법

다니엘 마음관리로 매일 영혼을 관리해 주고『다니엘 건강관리법』을 통해 매일 규칙적인 신체 건강을 관리할 수 있습니다. 청소년 시절 건강관리를 잘못하면 아무리 공부를 열심히 하고자 해도 그 목표를 이루기가 어렵습니다. 청소년 시절 찾아오는 다양한 질병들을 어떻게 예방하고 효과적으로 치료하며 건강하게 학업에 임할 수 있는지에 대한 구체적인 건강관리 지침서입니다.

6. 다니엘 학습 플래너

매일 아침 다니엘 마음관리 시간을 이용하여 1시간 단위로 공부 계획을 구체적으로 세울 수 있는 플래너입니다. 하루 생활하는 동안 수시로 플래너를 보면서 시간관리, 목표 관리, 영성 관리를 하며 자신이 지금 계획한 목표대로 가고 있는지 방향 관리까지 할 수 있는 만능 학습 플래너입니다.

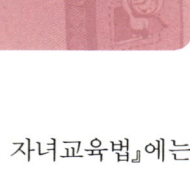

1. 우선 『다니엘 자녀교육법』을 봅니다. 『다니엘 자녀교육법』에는 김동환 선생님을 어려서부터 어떻게 하나님의 방식으로 양육했는지에 대한 상세한 방법들이 들어 있습니다. 김동환 선생님의 어머니인 박삼순 님의 구체적인 신본주의 학습 원리들을 그대로 담고 있습니다. 크리스천 학부모로서 어떻게 자녀를 하나님 방식으로 양육해야 하는지 고민하는 학부모님들이 자녀들을 양육하기 전에 먼저 보아야 할 책입니다.

2. 『다니엘 자녀교육법』을 다 보았다면 자녀의 나이에 맞는 책을 위에 설명한 대로 준비하셔서 자녀와 부모가 함께 그 책을 꼭 읽어야 합니다. 가급적 아이에게 주기 전에 먼저 부모가 읽은 다음 자녀에게 권하는 방법이 매우 효과적입니다.

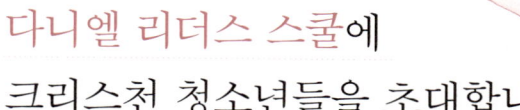

다니엘 리더스 스쿨에
크리스천 청소년들을 초대합니다.

안녕하세요, 귀한 독자 여러분.
『다니엘 학습법』의 저자 김동환입니다.

제가 5년간 준비한 아주 특별하고 기쁜 소식을 사랑하는 여러분께 먼저 자세히 전해 드리게 되어 하나님께 감사드립니다.

탁월한 신앙과 실력, 따뜻한 마음을 겸비한 21세기 다니엘과 같은 하나님의 준비된 일꾼을 양성하는 다니엘 리더스 스쿨이 하나님 은혜로 세워져서 신입생을 모집합니다.

그동안 다니엘 학습을 실천하고자 했으나 혼자 하기가 너무 버거워 중도에 포기한 학생들이 있었습니다. 이제 다니엘 리더스 스쿨에서는 학생들이 전원 기숙 생활을 하며 매일 새벽 저의 설교로 새벽예배를 시작하여 다니엘 아침형 학습을 저에게 직접 배우고 실천합니다.

하루 3번의 예배를 통해 철저한 기독교 신앙을 무장시키며 학생 개인의 실력별, 진도별 학습자 중심의 다니엘 학습 교육이 이루어지는 곳이 바로 다니엘 리더스 스쿨입니다.

인본주의 성적 지상주의 교육체제 속에서 현재 성적만을 보고 하나님이 주시는 비전을 포기한 채 무기력하게 시간을 흘려보내는 수많은 믿음의 청소년들이 하나님 안에서 새롭게 꿈과 비전과 실력을 회복할 수 있는 다니엘 리더스 스쿨에 귀한 믿음의 후배들을 신입생으로 뽑고자 합니다.

지원 조건은 신앙을 가장 중요한 기준으로 봅니다. 두 번째는 마음 됨됨이를 중시합니다. 성적은 학생을 선발하는 기준에 들어가지 않습니다. 이기적인 크리스천 엘리트를 양성하는 곳이 아닙니다. 확고한 신앙을 바탕으로 하나님이 주신 달란트대로 실력과 인격을 겸비한 인재를 교육시켜 21세기 하나님의 마음을 시원하게 하는 하나님의 일꾼 양성이 다니엘 리더스 스쿨의 존재 목적입니다.

하나님 자녀에게는 하나님 자녀에게 맞는 신본주의 학습 원리가 있습니다.

하나님 안에서 새롭게 뜻을 정해 하나님의 방식으로 다시 공부하고 하나님이 주신 비전과 꿈을 다시 회복하려는 청소년들을 신입생으로 찾습니다.

다니엘 리더스 스쿨에 대한 자세한 내용과 문의는
홈페이지 www.dls21.net에 있습니다.
자녀를 21세기 다니엘과 같은 믿음의 인재로
교육시키고 싶으신 분들의 많은 관심 부탁드립니다.

● 다니엘 리더스 스쿨 학생들의 세 가지 약속

1. 하나님께 효도하고 부모님께 효도하자.
2. 진실된 신앙, 탁월한 실력, 따뜻한 마음을 가진 크리스천 인재가 되자.
3. 21세기 다니엘이 되어 하나님께 영광을 돌리자.